Martin Bormann

Leben gegen Schatten

BONIFATIUS /Kontur
Band 9012

Zum Buch:

Ein Leben im Schatten berühmter Eltern zu führen erweist sich für viele „Kinder" als Problem. Ein Leben gegen den Schatten eines Vaters Martin Bormann, des Sekretärs Adolf Hitlers, zu leben ist dagegen eine Titanenarbeit. Martin Bormann wurde 1930 als ältestes von zehn Kindern geboren, seine Taufpaten waren Adolf Hitler und Ilse Hess. Als Kind lebte er mit seiner Familie in der Umgebung des „Führers" auf dem Obersalzberg. Auf der „Reichsschule der NSDAP" in Feldafing am Starnberger See erhielt er eine nationalsozialistische, antikirchliche Erziehung, die ihn den Tod Hitlers und das Kriegsende 1945 als „das Ende" erleben ließ. In den Wirren des Zusammenbruchs verlor er die Verbindung zu seiner Familie und strandete unter falschem Namen bei einer Bergbauernfamilie im Salzburger Land. Die Erfahrung der praktizierten christlichen Nächstenliebe dieser „einfachen" Menschen führte ihn nach und nach zum katholischen Glauben – ein Weg, der mit dem Eintritt in die Ordensgemeinschaft der Herz-Jesu-Missionare und dem Theologiestudium ein vorläufiges Ende fand. Bei seiner Arbeit in der Kongo-Mission (heute Zaire) geriet er zeitweise als Geisel in die Hände der Simba-Rebellen. Zurück in Deutschland, ließ er sich 1971 nach einem schweren Autounfall durch päpstliche Dispens von den Ordensgelübden entbinden und arbeitete bis zu seiner Pensionierung als Religionslehrer. Seit 1987 ist er Mitglied der Gruppe „Täterkinder – Opferkinder" von Prof. Dan Bar-On (Ben-Gurion-Universität).

Zum Autor:

Martin Bormann, Jahrgang 1930, ältestes von zehn Kindern des Sekretärs Adolf Hitlers, Martin Bormann. Nationalsozialistische Erziehung in der Reichsschule der NSDAP in Feldafing am Starnberger See. Nach dem Zusammenbruch 1945 fand er zum katholischen Glauben. Eintritt in die Ordensgemeinschaft der Herz-Jesu-Missionare und Theologiestudium. Priesterweihe. Arbeit in der Kongo-Mission. 1971 Laisierung. Bis zur Pensionierung Religionslehrer in Hagen.

Martin Bormann

Leben gegen Schatten

Gelebte Zeit – geschenkte Zeit
Begegnungen – Erfahrungen – Folgerungen

18.10.99

Martin Bormann

BONIFATIUS
Druck · Buch · Verlag
PADERBORN

Die Deutsche Bibliothek – CIP-Einheitsaufnahme

Bormann, Martin:
Leben gegen Schatten : gelebte Zeit – geschenkte Zeit ;
Begegnungen, Erfahrungen, Folgerungen / Martin Bormann. –
5. Aufl. – Paderborn : Bonifatius, 1999
  (Bonifatius Kontur ; Bd. 9012)
  ISBN 3-87088-901-2

„Ich will dich rühmen, Herr,
Denn du hast mich aus der Tiefe gezogen"
                    (Ps 30,2a)

5. Auflage 1999

ISBN 3-87088-901-2

© 1996 by Bonifatius GmbH Druck · Buch · Verlag Paderborn

Gesamtherstellung:
Bonifatius GmbH, Druck · Buch · Verlag, Paderborn

Inhaltsverzeichnis

Vorwort

Noch während meiner Dienstzeit als Lehrer bin ich von Freunden, manchmal auch von Schülern aufgefordert worden, aufzuschreiben, was ich in meinem Leben erfahren, erlebt, durchlebt, überlebt habe. Nach meiner Pensionierung habe ich zunächst Texte aus dem III. Reich zusammengestellt und auf einer Diskette auf den Weg gebracht, die dokumentieren, mit welchen Mitteln die totalitäre Macht gefestigt wurde – als Arbeitshilfe für alle Kollegen, denen der Gegenstand dieser Diskette mit dem Titel „nie wieder! – ... statt dessen ..." Anliegen ist wie mir.[*] Diese gegenwärtigen Aufzeichnungen schließen sich von der Motivation her an die erste Arbeit an, führen sie weiter und darüber hinaus, weil der persönliche Aspekt zur Geltung kommt, die persönliche Erfahrung in der Bearbeitung der Zeit des III. Reiches und der Rolle der NS-Ideologie – und mein Vater darin an seinem Platz hat, obgleich mir nur schwach erinnerlich und nicht völlig erkennbar.

Spuren –

Spuren sind Zeugnis davon, daß jemand hier gegangen, etwas hier „passiert", „vorübergegangen", -gefahren ist, überquert oder durchquert hat oder etwas geschehen ist; Spuren im Sand, im Schnee, im Gras, auf Erdboden, auf Wegen, die noch natürliche Wege sind (auf asphaltierten oder betonierten Wegen und Straßen hinterlassen lebendige Wesen allenfalls Unfallspuren, häufig nur bis zur Unkenntlichkeit entstellte Kadaver). Die Fahrrinnenspuren der Römerstraßen mancherorts sind nicht die

---

[*] Diese Texte sind in erweiterter Form 1995 in der Reihe „Schwerpunkte" des rpi (Religionspädagogisches Institut) Loccum erschienen. Die Reihe „Schwerpunkte" bietet Text- und Bilddokumente, Analysen und Vorschläge für den Unterricht in allgemein- und berufsbildenden Schulen (Geschichte, Gesellschaftslehre/Politik, Religion und Ethik), hrsg. von Michael Künne.

Spuren der Menschen, nicht der Pferde, lebendiger Wesen, sondern nur die Spuren der eisernen Reifen der Räder, die in der immer gleichen Spur den Stein zerschliffen.

Spuren *in uns* hinterläßt jede wirkliche Begegnung mit Menschen. Auch sie sind mehr oder weniger flüchtig oder dauerhaft, je nach Art und Intensität der Begegnung; und manche Begegnung hinterläßt unter Umständen „Unfallspuren", schmerzhaft, vielleicht schwer heilend, Narben hinterlassend.

Jegliche Spur ist Zeugnis der Vergänglichkeit, der Wandelbarkeit und der Wandlungen unseres Daseins. Aber in allen Wandlungen unseres Daseins gibt es eine Konstante: In der Bibel, im Buch Exodus, Kap. 3, Vers 14, ist da „Einer, der da ist", der für uns Menschen immer und überall da ist, gegenwärtig bei uns, aber für uns nicht verfügbar. Dennoch hinterläßt dieser Eine stets Gegenwärtige Seine Spuren in unserem Leben.

Wie oft und eindringlich ich dieses „Dasein, Dabeisein" in meinem Leben erfahren habe, ist Gegenstand dieser Aufzeichnungen, zu Seinem Lobpreis und Dank, für Leser vielleicht auch Anregung, im eigenen Leben nach solchen Spuren des stets gegenwärtigen Liebenden, Bergenden, Behütenden Ausschau zu halten, vielleicht sogar gewahr zu werden, daß dieser „Ich bin da – für Euch" die Fülle des Lebens ist, die sich uns schenken will.

Einleitung

Beim Niederschreiben dieser Aufzeichnungen sah ich mich immer wieder genötigt, Daten und Fakten nachzusehen, weil sich in den Jahren bis 1945 so vieles um mich herum ereignet hat, was ich überhaupt nicht wahrgenommen habe, weil es außerhalb meines damaligen Horizontes geschehen war – der ja an die Aufmerksamkeit und das Aufnahmevermögen gebunden ist. Um dem Leser dieses Nachsuchen zu ersparen, habe ich vor allem in den ersten beiden Kapiteln meine später aus historischen Quellen gewonnenen Einsichten und Erkenntnisse kurz zusammengefaßt wiedergegeben. Dadurch kann ich deutlich machen, daß ich zwar Zeitgenosse der berichteten Geschehnisse war, aber für einen „Zeitzeugen" einfach zu jung. Darum bitte ich um Nachsicht. Dem Leser wird es so leichter fallen, den historischen Kontext des Berichteten herzustellen. Vielleicht greift der eine oder andere dann auch selbst zu den in der Bibliographie genannten Quellen, um sich des Hintergrundes noch deutlicher kritisch zu versichern.

I.

Ein Kind für den „Führer"

Am Anfang – Liebe

Irgendwann im Jahr 1929 begann mein Leben in der liebenden Begegnung meiner beiden Eltern. Am Montag, 2. September 1929, ist standesamtlich und evangelisch-kirchlich die Eheschließung in München-Solln beglaubigt: Martin Bormann, * 17. Juni 1900 in Halberstadt, Landwirt, und Gerda Buch, * 23. Oktober 1909 in Konstanz, Kindergärtnerin, mit den Trauzeugen Adolf Hitler („Führer" der NSDAP, für meinen Vater) und Hans Walter Buch (Vorsitzender des Untersuchungs- und Schlichtungsausschusses der NSDAP, d. i. nach 1933 „Oberster Parteirichter", für seine Tochter).

Im April 1930 erblickte ich das Licht der Welt in Grünwald, damals ein ländlicher Vorort Münchens rechts der Isar, über dessen „alte Rittersleut'" es ein volkstümliches G'stanzl gibt. Über die Umstände meiner Geburt wurde mir folgendes sehr viel später von der jüngeren Schwester meiner Mutter erzählt, die zu der Zeit noch in ihrem Elternhaus lebte: Mein Geburtstag war ein Montag. Das Besondere war, daß mein Vater, das schöne Wetter nutzend, die Fenster an jenem Wochenende gestrichen hatte, und deshalb mußten sie noch offenstehen. Irgendwann am frühen Morgen setzten bei meiner Mutter die Wehen ein – unerwartet früh, denn eigentlich wurde ich zwei Monate später erwartet. Der Vater hielt es für einen „Blinddarm", und das wäre bei einer Hochschwangeren ja sehr gefährlich gewesen. Er telefonierte also mit seiner Schwiegermutter in Solln, und die bat ihn dringend, sie doch gleich abzuholen. Vater fuhr also mit seinem Hanomag-„Komißbrot" los und war vielleicht eine Stunde später mit ihr zu Hause zurück. Sie war gerade Großmutter geworden, denn – ich weiß nicht wie, aber – ich war schon da, und meine Großmutter hat mich abgenabelt und die vorgeschriebenen Formalitäten veranlaßt.

Der evangelische Geistliche, der meine Eltern kirchlich getraut hatte – später Professor an der evangelisch-theologischen Hochschule „Augustana" in Neuendettelsau –, hat mich auch getauft. Meine Taufpaten: Adolf Hitler (kath.) und Ilse Heß (ev.). Sie hielt mich über das Taufbecken, denn die Eltern waren evangelisch, und der Katholik Adolf Hitler konnte in der evangelischen Kirche nicht Taufpate sein.

Als sich wieder Nachwuchs ankündigte, zogen meine Eltern mit mir nach Icking im Isartal. Dort kamen meine Zwillingsschwestern Erengard Franziska (Erengard: „Wächterin der Flur") und Ilse zur Welt. Da Mutter Probleme hatte, die beiden „Nimmersatten" durch Stillen zu ernähren, empfahl ihr der zugezogene Arzt, nichtabgekochte Kuhmilch mit der Flasche beizufüttern. Beide Schwestern und Mutter erkrankten an Tuberkulose, bei mir war der Tuberkulintest auch positiv, aber die Krankheit brach nicht aus. Erengard starb nach wenigen Monaten an „galoppierender Schwindsucht". Bei Mutter und Ilse zeigten sich verschiedene Formen von Drüsentuberkulose, beide wurden operiert. Anschließend waren wir drei für mehr als ein Jahr in Mösern bei Seefeld in Tirol im Sanatorium.

Im Sommer 1933, im Sommer nach der „Machtergreifung", wurde die nächste Schwester geboren. Zu der Zeit waren Mutter und ich bereits in unserem neuen Zuhause in der Margaretenstraße in Pullach bei München, Ilse mußte noch weiter im Sanatorium bleiben.

Erst nach diesem Umzug setzen meine ersten Erinnerungen ein. So fiel ich eines Tages bei den Großeltern in Solln aus dem Fenster eines ebenerdigen Raumes so unglücklich, daß ein spitzer Stein hinter dem Unterkiefer durchdrang bis unter die Zunge. Für meine Mutter und die Großeltern muß es ein arger Schock gewesen sein. Mein Vater war wohl nicht dabei – aber das weiß ich nicht sicher. Ein Trost: Es ist nichts zurückgeblieben, was immer die „Erwachsenen" damals mit mir gemacht haben.

* * *

Die letzten drei Monate meines dritten und die ersten drei meines vierten Lebensjahres entschieden nicht nur über die nächsten 12 Jahre meines Lebens, sondern über das Leben aller – für vie-

le, allzu viele auch über das Sterben – Deutscher und in vielen anderen Ländern lebender Menschen. Die Ereignisse, die um mich herum geschahen, konnte ich damals noch nicht wahrnehmen, geschweige denn ihre Bedeutung erfassen. Das blieb der Erarbeitung viele Jahre später vorbehalten:

Am 30. Januar 1933 war Adolf Hitler vom Reichspräsidenten Paul v. Hindenburg zum Reichskanzler ernannt worden. Außer Hitler waren nur noch zwei Minister des Kabinetts Mitglieder der NSDAP. Die übrigen Mitglieder der Reichsregierung waren fünf parteilose Sympathisanten Hitlers und zwei Mitglieder der Deutschnationalen Volkspartei.

Schon am 1. Februar 1933 verordnete der Reichspräsident auf Antrag Hitlers die Auflösung des Reichstags, nachdem sich die Bildung einer arbeitsfähigen Mehrheit als unmöglich herausgestellt hatte. Die Wahlen wurden für den 5. März festgesetzt.

Doch am 27. Februar brennt der Reichstag. Die Schuld wird vom neuen Regime sofort den Kommunisten angelastet. Reichsinnenminister Frick legt schon am nächsten Tag den Entwurf einer „Verordnung zum Schutz von Volk und Staat" vor, die der Reichspräsident durch seine Unterschrift noch am 28. Februar in Kraft setzt. Damit werden sieben Artikel der Weimarer Verfassung außer Kraft gesetzt, die die Freiheit der Person (Art. 114), die Unverletzlichkeit der Wohnung (Art. 115), das Brief-, Post-, Telegraphen- und Fernsprechgeheimnis (Art. 117), die freie Meinungsäußerung in Wort und Schrift (Art. 118), die Versammlungsfreiheit (Art. 123), die Vereinigungsfreiheit (Art. 124) und den Schutz des Eigentums vor Enteignung ohne Entschädigung (Art. 153) gewährleisteten.

Die tatsächliche Urheberschaft der Brandstiftung ist trotz des damaligen Todesurteils des Reichsgerichts gegen den Angeklagten van der Lubbe und der Freisprüche für vier weitere Angeklagte nicht hinreichend abgeklärt; trotz neu aufgetauchter Dokumente und Zeugenaussagen ist die Beweisführung für eine Urheberschaft von NS-Tätern noch strittig. Aber die erlassene Verordnung zum Schutz von Volk und Staat war ein wichtiger Schritt zur wirklichen Machtergreifung Hitlers und der NSDAP. Er beginnt am nächsten Tag – mit dieser Verordnung im Rücken – den Wahlkampf. Den Reichstagsabgeordneten der KPD werden *die Diäten gesperrt, die am 1. März fällig gewesen wären. Außerdem verbieten alle Landesregierungen auf Ersuchen der Reichsregierung kommunistische Druckschriften und Versammlungen jeder Art. Verhaftungen prominenter politischer Gegner beginnen im ganzen Reich. Die ersten Konzentrationslager werden gegründet.*

Die Reichstagswahlen am 5. März, einem Sonntag, bringen der NSDAP von 647 Mandaten 288. Nach der Wahl beginnen die Entmachtung der Landesregierungen und der Exodus von politischen Gegnern der NSDAP. Die „Eiserne Front" wird verboten (die Eiserne Front war als Zusammenschluß der Wehrverbände der zur Verteidigung der Weimarer Republik entschlossenen Parteien und der freien Gewerkschaften 1932 gegründet worden). Das Tragen von Parteiabzeichen der KPD und der SPD wird ebenfalls untersagt. Dem folgt die Aufhebung der 81 KPD-Mandate im neuen Reichstag. – Die Übernahme aller Länderpolizeien, Schritt für Schritt, durch Reichskommissare an Stelle der bisher zuständigen Länderinnenminister führt zu Lähmung, häufig auch zum Rücktritt der betroffenen Landesregierungen.

*Am 23. März bringt Hitler im Reichstag nach der Regierungserklärung das „**Gesetz zur Behebung der Not von Volk und Reich**" (das sog. „Ermächtigungsgesetz") ein. Damit soll der Exekutive auch die Legislative gesichert werden. Nur die SPD ist dagegen. Von nun an gilt: Reichsgesetze können durch die Reichsregierung beschlossen werden.*

*Nun geht es Schlag auf Schlag. Gemäß dem „**Gesetz zur Gleichschaltung der Länder mit dem Reich**" (1. Gleichschaltungsgesetz) müssen alle Landtage und Gemeindeparlamente nach dem Reichstagswahlergebnis vom 5. März neu- bzw. umgebildet werden. Im „2. Gesetz zur Gleichschaltung der Länder mit dem Reich" werden die noch verbliebenen Landesregierungen entmachtet und vom Reichspräsidenten auf Vorschlag des Reichskanzlers Reichsstatthalter für alle Länder ernannt – mit Ausnahme Preußens, da wird Hermann Göring Ministerpräsident. Das ebenso erlassene „**Gesetz zur Wiederherstellung des Berufsbeamtentums**" regelt in Art. 3: „Beamte, die nicht arischer Abstammung sind, sind in den Ruhestand zu versetzen." Am*

15

1. April war es auf Weisung Hitlers an alle Organisationen der NSDAP (vom 28. März) zum ersten Boykott jüdischer Geschäfte, jüdischer Anwälte und Ärzte gekommen.

Hitlers Geburtstag (20. April) wird zum ersten Mal als nationaler Feiertag begangen.

*Am 1. Mai, durch Reichsgesetz vom 10. April zum "**Feiertag der nationalen Arbeit**" proklamiert, werden im ganzen Reich großangelegte Maifeiern begangen. Aber: Am folgenden Tag besetzen – wie geplant – SA und SS im Handstreich in ganz Deutschland alle Gewerkschaftshäuser, die Redaktionsbüros der Gewerkschaftspresse sowie die Büros der "Bank der Arbeiter, Angestellten und Beamten". Zahlreiche Funktionäre werden festgenommen. Das gesamte gewerkschaftliche Vermögen wird beschlagnahmt, die Konten werden gesperrt. An die Stelle der gewählten Gewerkschaftsvertreter werden von "Aktionskomitees zum Schutze der deutschen Arbeit" kommissarische eingesetzt (die Vorbereitung der "Deutschen Arbeitsfront" unter Robert Ley).*

Der neugewählte SPD-Parteivorstand beschließt einige Tage später, eine Auslandsstelle in Prag aufzubauen, und zieht schließlich dorthin um. Daraufhin verfügt der Generalstaatsanwalt die Beschlagnahme des gesamten Vermögens der SPD; davon sind auch alle parteieigenen Zeitungen und Zeitschriften betroffen. Hitler gibt die Gründung der "Deutschen Arbeitsfront (DAF) bekannt und die Ernennung von Robert Ley zu ihrem Führer. Am 10. Mai brennen in fast allen Universitätsstädten "artfremde" Bücher, solche aller Autoren, die nicht nationalsozialistisch oder deutschnational, sondern gegen Rassismus, Faschismus, Nationalismus sind.

Ende Mai ist in allen deutschen Ländern die "Gleichschaltung" der Landesregierungen mit der Reichsregierung abgeschlossen.

*Im Juni kommt es zur "**Köpeniker Blutwoche**". SA und SS dringen in Wohnungen von Funktionären und Mitgliedern der SPD, der Gewerkschaften und der KPD ein, verschleppen und mißhandeln mehrere hundert Personen; eine Reihe von ihnen wird ermordet. – Die "Kampfringe" der Deutschnationalen Front, die Jugendgruppen des Bismarckbundes und der Großdeutsche Jugendbund werden vom Reichsjugendführer Baldur v. Schirach aufgelöst.*

Nachdem das Vermögen der KPD bereits Ende Mai beschlagnahmt worden war, wird nun ebenso das Vermögen der SPD beschlagnahmt, soweit es nicht schon mit dem Gewerkschaftsvermögen eingezogen worden war. Die SPD wird als volksfeindlich erklärt, sämtliche Mandatsträger werden von der Ausübung ihrer Mandate und Ämter ausgeschlossen. Der frühere Reichskanzler Bauer (SPD) und über 3.000 Sozialdemokraten werden innerhalb einer Woche verhaftet. – Nach der Köpeniker Blutwoche (21.-26. Juni) bleiben 70 Personen verschwunden, 21 Morde sind nachweisbar.

Die noch verbliebenen politischen Parteien lösen sich nacheinander selbst auf, Teile schließen sich der NSDAP an. Hitler kann vor den in Berlin versammelten Reichsstatthaltern erklären: „Die politischen Parteien sind jetzt endgültig besiegt."

Am 14. Juli erläßt die Reichsregierung das „Gesetz gegen die Neubildung von Parteien". Art. 1 lautet: „In Deutschland besteht als einzige politische Partei die Nationalsozialistische Deutsche Arbeiterpartei."

Damit ist die „Machtübernahme" der NSDAP abgeschlossen. Eine Ablösung der Regierung Hitler auf demokratischem Weg ist nicht mehr möglich. Mangels eines Gerichtshofes über der Regierung unterliegt die Regierung der NSDAP auch keiner höchstrichterlichen Kontrolle hinsichtlich der Verfassungstreue mehr.

Was folgte, war die erste Reichstagswahl ohne Alternativen zur Liste der NSDAP, verbunden mit der Volksabstimmung über den Austritt aus dem Völkerbund (12. November 1933). Die Ergebnisse: Von 95,3 Prozent abgegebener gültiger Stimmen erhält die NSDAP 92,1 Prozent Ja-Stimmen der Zustimmung zur bisherigen Politik, für den Austritt aus dem Völkerbund von 96,3 Prozent der abgegebenen gültigen Stimmen 95,1 Prozent Ja-Stimmen.

✳   ✳   ✳

Erste frühe Erinnerungen

Bei den frühen Erinnerungen habe ich Schwierigkeiten, zu unterscheiden zwischen Erlebtem – und darum Erinnertem – und später durch Erzählungen Erfahrenem, das Erinnerungen geweckt, überlagert, aber auch durch die Erzählung erst „geschaffen" haben kann, so daß ich das wirklich erfahrene Erinnerte nicht immer vom durch Erzählungen „erlernten" Erinnerten zu unterscheiden vermag.

Eine Erinnerung, kaum überlagert: In unserem ersten Haus in Pullach bei München, in der Margaretenstraße mit einem recht großen Garten, hatte unser Vater ein Glashaus aufbauen lassen, in dem man auch schon im Frühjahr ganz schön ins Schwitzen kommen konnte. Davor war auf einer Rasenfläche eine Schaukel. Eines Sommertags, wiederum nicht genau datierbar, aber es war sicher noch vor meiner Einschulung (Ostern 1936), also wahrscheinlich im Sommer 1935, vielleicht auch schon 1934: Ich war die Schwitzerei im Glashaus wohl leid und habe mich auf die Schaukel geschwungen, das kühlt ja. Nach einiger Zeit kam meine Schwester Ilse, geboren 1931 († 1957), und wollte auch schaukeln. Ich war aber erst nach Vaters Intervention bereit, die Schaukel abzugeben, und sprang ab. Da passierte es. Die Schaukel schlug „der Kleinen" vor den Kopf, und sie fiel um – und ich rannte in panischer Angst weg, der Vater mir nach, ob sonst noch jemand, ich weiß es nicht. Im Haus flüchtete ich in den Kokskeller und überstieg das Gestell – ähnlich einer Kartoffelkiste: Vorne konnte auf dem Estrich der Koks weggeschaufelt werden – und rutschte durch das Gefälle von der Wand her immer wieder nach, wurde aber durch die vordere Bretterwand der Kiste unter Kontrolle gehalten. Der Abstand zwischen diesen Brettern war eng genug, daß der Koks gehalten wurde, aber doch so weit, daß man den Füllungszustand sehen und in diesem Falle ich drüberkraxeln und mich darin verstecken konnte. Ich wurde tatsächlich nicht gefunden. Erst als von den mich Suchenden – Frauenstimmen – versichert wurde, es solle mir nichts geschehen, auch dem Schwesterchen sei nichts passiert außer einer kleinen Beule, erst da wagte ich, mich zu melden. Inzwischen war es draußen schon ziemlich dunkel. Die Suche

Abb. 1: Die Eltern Martin Bormann und Gerda Buch auf dem Weg zur kirchlichen Trauung am 2. September 1929, mit im Wagen die Trauzeugen: Hans Walter Buch und Adolf Hitler

Abb. 2: Besuch der Feldafinger Schulklasse auf dem Obersalzberg im Sommer 1941; in der Bildmitte Martin Bormann sen. mit seinen Kindern Martin, Gerhard und Ilse

wird wohl ein paar Stunden gedauert haben. Verheult und schwarz vom Koksstaub, kam ich aus der Kiste. Nicht nur mir, auch den „Erwachsenen" fiel ein Stein vom Herzen. Die Mutter schloß mich in die Arme und tröstete mich, der Vater schalt, aber es gab keine weitere Strafe. Der Schrecken und die Angst waren genug der Strafe.

Eine weitere „Erinnerung", sicher nur aus Erzählung, nicht aus eigenem Erinnern, aber glaubhaft, noch einmal aus der Zeit der Pullacher Margaretenstraße, mit großer Wahrscheinlichkeit vor der gerade erzählten Erinnerung: Eines Tages kam durch unsere Straße eine Gruppe Studenten der Jesuiten in ihren schwarzen Soutanen. Das Jesuitenkolleg war ja nicht so weit weg, und dem Isartal entlang gab es kühle Wanderwege. Ich soll meinen Vater gefragt haben: „Was sind denn das für komische Negerfrauens?" Vaters Anwort, gemäß der Zeugin, von der ich die Geschichte habe: „Mein Sohn, das ist Schwarzwild." Schwarzwild kannte ich, denn in Vaters Zimmer hing der präparierte Kopf eines Keilers, den er in seiner Mecklenburger Zeit erlegt hatte. – Was bewirkt so eine Äußerung des Vaters im Kopf eines kleinen Jungen, für den der Vater „die Autorität schlechthin" ist? Sicher nicht unmittelbar, daß diese „Negerfrauens" abzuschießen seien, aber wohl doch mittelbar, daß diese „Schwarzen" dem Schwarzwild, also Jagdbarem, näher standen als der eigenen Lebenswelt.

＊　＊　＊

Von der politischen Entwicklung zu dieser Zeit bekam ich nichts mit, was mir in Erinnerung geblieben wäre. Weder an die Aktion zur Eliminierung der Wehr-SA und des Stabschefs der SA, Ernst Röhm, am 30. Juni / 1. Juli 34 (nachdem sich Hitler für die Reichswehr entschieden hatte und gegen die Idee Röhms, eine „Braune Armee" in Analogie zur „Roten Armee" in der Sowjetunion zu schaffen) unter dem Vorwand des sog. „Röhm-Putsches" erinnere ich mich – bei der Aktion wurden auch andere Regimegegner, die keinerlei Beziehung zu innerparteilichen Gegnern Hitlers hatten, sowie eine Reihe von Opfern durch Irrtum, wegen Namensgleichheit mit auf den „Schwarzen Listen" Verzeichneten, ermordet; die prominentesten Opfer waren wohl

der ehemalige Reichskanzler General von Schleicher und seine
Frau sowie der frühere Vorsitzende der Katholischen Aktion im
Bistum Berlin, Erich Klausener – noch an den Tod des Reichs-
präsidenten v. Hindenburg (2. 8. 34), noch an den „stillen
Staatsstreich" Hitlers, der das Amt des Reichspräsidenten mit
dem des Reichskanzlers verband zu unüberbietbarer Machtfül-
le, noch an die Rheinlandbesetzung, mit der Hitler das erste Mal
den Friedensvertrag von Versailles offen brach und Sanktionen
der Siegermächte riskierte. Deren Ausbleiben war Vorausset-
zung für das weitere Verhalten Hitlers und seine Politik in den
darauffolgenden Jahren.

✳   ✳   ✳

Nach den Osterferien 1936 wurde ich in der Volksschule in Pullach eingeschult. Die Oma „Weimar" (die in Weimar wohnte,
Vaters Mutter) war gekommen und hatte mir die „Schultüte",
das damals übliche Geschenk zur Einschulung, spendiert. Nach
dem ersten Schultag durfte ich sie auch noch ins „Café Haben-
schaden" begleiten, von wo aus man eine herrliche Aussicht Isar
aufwärts in das steil abfallende Isartal hatte. Dort gab es für
mich zur Feier des Tages Schokolade und Kuchen.
An die Schulzeit in Pullach habe ich kaum Erinnerungen, es war
eine zu kurze Zeit bis zu den Sommerferien. Die Schule konnte
ich von zu Hause in etwa fünf Minuten zu Fuß erreichen.
Ich erinnere mich, daß ich immer erst nach dem damals noch
allgemein üblichen Schulgebet in die Klasse gehen durfte,
während des Schulgebetes hatte ich auf dem Gang zu warten.
Wenn die Klasse Religionsunterricht hatte, mußte ich immer in
eine andere Klasse gehen und wurde dort „mitbeaufsichtigt",
d. h., ich saß in der letzten Bankreihe, allein, und hatte irgend-
welche Aufgaben zu machen. Diese spärlichen Erinnerungen
weisen jedoch auf, daß meine Eltern bereits vor meiner Einschulung aus der Kirche ausgetreten waren.
Viel später, erst ein paar Jahre nach dem Krieg, erfuhr ich, daß
nur meine Zwillingsschwestern (* 1931) und die ihnen folgende
Schwester (* 1933) noch getauft worden waren. Alle nachfol-
genden Geschwister waren bis nach dem Krieg nicht getauft.

Auf dem Obersalzberg

Im Sommer 1936 zog unsere Familie, inzwischen um zwei Brüder gewachsen (Ende August 34 und im Juli 36), von Pullach bei München auf den Obersalzberg bei Berchtesgaden, wo Hitler schon 1927 das „Haus Wachenfeld" erworben hatte. Pullach war inzwischen eine große Baustelle für die „Reichssiedlung Pullach", die die Angestellten der Parteikanzlei beherbergen sollte (heute ist dort die Zentrale des Bundesnachrichtendienstes).

Nach 1933 war begonnen worden, den Obersalzberg als den „Berg des Führers" umzugestalten, einerseits ein privater Ort zur Erholung und Entspannung, anderseits aber auch mit der Möglichkeit zu vertraulichen und doch auch der Repräsentation genügenden Treffen mit ausländischen Diplomaten.

Hier wuchs Vater eine Rolle als Bauherr zu, die ihn bis in den Krieg hinein neben seiner Tätigkeit im „Braunen Haus", dem Sitz des Stabes Heß, bis zum späteren Bezug des Neubaues am Königsplatz, genannt „der Führerbau", mehr und mehr beanspruchte.

Zunächst bezogen wir das Haus „Hudler", so wohl genannt nach dem Vorbesitzer. Unmittelbar hinter dem Haus war eine riesige Baugrube, denn da entstanden in ununterbrochener Arbeit rund um die Uhr, nachts bei Scheinwerferlicht, die Kaserne für die Wachkompanie mit allen Nebengebäuden und unter dem Kasernenhof der unterirdische Schießplatz; im Anschluß an das Kasernengelände auf der Hangseite die groß angelegte Dienstwagenhalle für die dort dauernd stationierte Wagenkolonne (eine zweite war in Pullach für München im Bau, eine dritte in Berlin; aus diesen drei Kolonnen wurde während des Krieges eine weitere für das Führerhauptquartier gebildet).

Das „Haus Wachenfeld" wurde durch An- und Umbauten in mehreren Bauabschnitten zum „Berghof" erweitert. Der „Gutshof Obersalzberg" wurde gegründet und nach und nach zur einzigen Landwirtschaft auf dem Obersalzberg ausgebaut, vor allem für die Bedürfnisse des „Berghofs" und die mit der „Verwaltung Obersalzberg" sich entwickelnden Dienstleistungen, von der Bereitstellung des Teils der Ernährung, die hier erzeugt werden konnte, bis zur Kläranlage für die Abwässer der immer weiter ausgebauten Kanalisation.

Ich ging in Berchtesgaden in die Grundschule – damals noch „Volksschule" genannt – der Stadt, nicht die der Gemeinde Obersalzberg, die an meinem täglichen Schulweg lag. Der Grund wurde mir nie gesagt; vielleicht, um durch die Trennung von den anderen Obersalzberger Kindern, vor allem von den Kindern der alteingesessenen Bauern, mich nicht zur Zielscheibe werden zu lassen. Später wurde im Zusammenhang mit der neu gegründeten Siedlung Buchenhöhe auch eine Volksschule gebaut, die dann von der immer größer werdenden Kinderschar auf dem Obersalzberg besucht wurde, auch von meinen jüngeren Geschwistern.

Meine Spielkameraden auf dem Obersalzberg waren die etwa gleichaltrigen Kinder von Nachbarn und Angestellten auf dem „Berg": der Sohn des Försters, der noch gleich nach unserem Umzug in das ehemalige Haus Seitz neben uns wohnte, Otto G., der Sohn des Gärtners der Gärtnerei, die an Stelle des Kinderheims Seitz entstand, Eugen B., der Sohn des Kinochefs und -operateurs; Toni (?) und die Söhne des Heizers (Heizungsingenieurs?) der SS-Kaserne, W. und H. M. Wir spielten unsere eigene Welt der „Indianer und Trapper", der „Räuber und Gendarmen", bauten aus Material, das auf den Baustellen herumlag, eine „Inselfestung" in einem Baggerloch voll Wasser, die von einer Gruppe verteidigt, von der anderen bestürmt wurde. Vielleicht bezeichnenderweise siegten immer die Angreifer. Mit Eugen B. hatte ich ein einmaliges Erlebnis, 1938 zum Entsetzen der „Großen": Wir durchkletterten ohne Seil und Haken einen aufgelassenen Steinbruch, der gut von den umliegenden Häusern einzusehen war. Vielleicht waren wir angeregt von den damaligen Versuchen, die Eiger-Nordwand, die „Mordwand", zu bezwingen. Der Berchtesgadener Toni Kurz hatte den Versuch mit seinem Leben bezahlt, aber 1938 hatten es zwei Seilschaften gepackt, die deutsche von Anton Heckmair und die österreichische von Heinrich Harrer. Steinbrüche sind brüchig, den Erwachsenen, die uns sahen, als wir etwa in der Mitte des Aufstiegs waren, wurde angst. Aber sie begriffen, daß ein Anruf zu diesem Zeitpunkt die Gefahr nur erhöht hätte. Also schickte man einen Trupp mit Seilen nach oben. Die warteten, bis wir in der Reichweite der Seillängen unter ihnen waren, riefen uns dann freundlich und ermunternd an und ließen die Seile herunter, damit wir sicheren Halt fassen konnten. Sie machten uns keine Vorhaltungen, sondern meinten nur, das sei doch ein gefährliches Unternehmen gewesen. Das verstanden wir nicht, denn E. hatte den NSKK-Sturzhelm seines Vaters auf dem Kopf und ich immerhin einen „Stahlhelm" aus Pappmaché. – An Schutzengel haben wir damals nicht geglaubt, aber sie haben uns sicher begleitet.

Zu der Zeit wurde auf meines Vaters Betreiben die ursprüngliche Obersalzberger Bevölkerung nach und nach zum Verkaufen ihrer Höfe und Grundstücke gelockt, gedrängt oder mehr oder minder gezwungen, bis auf dem Obersalzberg alles unter Kontrolle eingezäunt und gesichert war – in einem in drei Zonen konzentrisch um den „Berghof" abgegrenzten Sperrgebiet. Für jede dieser drei Zonen gab es Lichtbildausweise, wobei Inhaber von Ausweisen für die innerste Zone automatisch auch die beiden anderen, Inhaber von Ausweisen für die mittlere Zone auch die äußere Zone betreten durften.

Das gesamte Sperrgebiet war von der Außenwelt durch einen hohen Maschendrahtzaun, mit mehreren Reihen Stacheldraht als Krone, getrennt, der zusätzlich durch regelmäßige Streifengänge überwacht wurde. Auch die Zonen innerhalb waren voneinander durch Zäune getrennt. An den Straßenübergängen von außen ins Sperrgebiet und zwischen den Zonen waren Wachhäuschen, die nur nach Vorzeigen des Berechtigungsausweises für die zu betretende Zone passiert werden durften. Das Ziel des Unternehmens war, innerhalb des Sperrgebietes nur absolut zuverlässige Leute im Sinne der Parteiführung zu haben und deren Versorgung möglichst unabhängig von außen zu machen.

Die innerste Zone umfaßte den „Berghof", Hitlers Obersalzberger Residenz, und das „Gästehaus" für offizielle Gäste des Berghofs sowie das Teehaus am Mooslander Kopf, beliebtes Ziel von Spaziergängen Hitlers mit seiner engeren Begleitung.

In der mittleren Zone lagen die Kaserne der SS-Wachkompanie, die Dienstwagenhalle, das Haus Bormann und das Haus des

SS-Verwaltungschefs, das frühere Gasthaus „Zum Türken", nun Sitz des Sicherheitsdienstes für den Berghof und für die Torwache am Übergang von der mittleren zur innersten Zone. Das Haus Göring lag ebenfalls in dieser mittleren Zone, hatte aber bei der Straßeneinfahrt zum Haus Göring und der dazu gehörigen Adjutantur ein eigenes Wachhaus. In der mittleren Zone gab es noch Wohnhäuser für die verheirateten Dienstränge der Dienstwagenhalle, Verwaltungsgebäude und später auch einen Kindergarten für diesen Bereich.

In der äußeren Zone lagen der Gutshof mit all seinen Einrichtungen und Gebäuden sowie die Unterkünfte der Zivilangestellten und Arbeiter der Verwaltung Obersalzberg und der „Platterhof", heute noch „General Walker Hotel".

Nach etwa einem Jahr zogen wir aus dem Haus „Hudler", das anschließend abgerissen wurde und dem Verwaltungsgebäude am Vordereck Platz zu machen hatte, in das Haus „Seitz", das der Leiter des Kinderheims gleichen Namens nach der Verlegung des Kinderheims ebenfalls verlassen hatte. Es wurde noch zweimal erweitert, so daß es als „Haus Bormann" am Ende etwa die achtfache Wohnfläche hatte. Es sollte ja als Ergänzung zum „Gästehaus" des Berghofs besondere Gäste des Berghofs aufnehmen können. An der Stelle des abgerissenen Kinderheimes entstanden auf zwei großen Terrassen Gewächshäuser für Gemüsezucht und daran anschließend in zwei Kavernen im Berg eine Champignonzucht.

1938 war ein besonderes Jahr: Am 12. Februar kam Österreichs Bundeskanzler Kurt v. Schuschnigg auf den Obersalzberg. Es ging um die Vorbereitung „der Heimholung der Heimat des Führers in das Deutsche Reich", so wurde uns das damals gesagt. Was im „Berghof" damals wirklich abgelaufen ist, das erfuhr ich – wie die meisten Deutschen – erst etwa ein Jahrzehnt später.

Kurz nach diesem Besuch Schuschniggs auf dem Obersalzberg durften meine Schwester Ilse und ich unsere Eltern zur Familie Krupp v. Bohlen und Halbach begleiten, die damals auf ihrem Besitz im Blühnbachtal weilte. Das Blühnbachtal erstreckt sich vom Steinernen Meer im Westen zum Salzachtal im Osten, ziemlich genau in West-Ost-Richtung. Im Norden wird es begrenzt durch das Hagen-Gebirge, im Süden durch das Hochkönigmassiv. Zu erreichen ist es auf der Straße nur von Tenneck aus, das an der Straße von Hallein nach Bischofshofen, wenige Kilometer nördlich der alten Burg Hohenwerfen, liegt. Es war für uns zwei Kinder unsere erste Auslandsreise, eingetragen noch in die Pässe unserer Eltern. Die Fahrt ging über die Grenze bei Markt Schellenberg und dann die Salzach aufwärts bis Tenneck, dann die Bergstraße hinauf ins Blühnbachtal. Worum es bei diesem Treffen unseres Vaters mit dem Vater (Gustav) und dem Sohn (Alfried) Krupp ging, weiß ich nicht. Ich kann nur mutmaßen: Der Vater Krupp war seit 1933 von Hitler ernannter Vorsitzender der sog. „Adolf-Hitler-Spende der deutschen Wirtschaft" in Berlin, deren Fonds aus Spenden der deutschen Industrie, verwaltet von unserem Vater, der NSDAP zuflossen. Das alles wußte ich damals nicht, es findet sich in den historischen Quellen. Es mag um Berichterstattung über den Schuschnigg-Besuch und um die Vorbereitung des „Anschlusses" Österreichs gegangen sein, in welcher Form auch immer. Vielleicht waren wir Kinder auf dieser Fahrt dabei, damit dieser Besuch als unverfänglicher Privatbesuch aussah. Vater war in Zivil und hatte keinen Fahrer dabei. Aber die Fahrt mit dem großen schwarzen Mercedes „Nürburg" mit Münchener Kennzeichen – II-A – war schon auffällig, denn diese Fahrzeuge fuhren (fast) nur bei der „Führerkolonne", und alle Autokennzeichen am Obersalzberg waren vor dem Krieg II-A-Kennzeichen. – Für uns Kinder waren unmittelbar interessant zwei „Rhönräder", die von zwei jungen Leuten, etwa doppelt so alt wie wir beide, meisterhaft bewegt wurden. So ein Gerät hatten wir noch nie gesehen. Und über das Zuschauen kamen wir auch nicht hinaus, weil unsere Körperlänge noch nicht ausreichte, um die einander zugeordneten Streben erreichen zu können (unser Alter: sechs und sieben Jahre!). Auf dem Rückweg hätte es fast noch einen Unfall gegeben: Kurz vor der Grenze bei Markt Schellenberg fuhr ein reichlich „gefüllter" Radfahrer in nicht berechenbaren Schlangenlinien vor uns her und brauchte fast die ganze Fahrbahnbreite. Wir waren aber im Ausland, und in Österreich wurde damals noch links gefahren. Vater wollte sicher Ärger unbedingt vermeiden, sosehr er sich selbst auch dabei ärgerte und das auch nicht verbergen konnte. Er fuhr also näher auf, aber langsam und vorsichtig, blendete das Licht auf und ab und hupte zweimal kurz. Der zweite Fanfarenstoß hatte zur Folge, daß der Mann tatsächlich ganz nach links auswich – und mit seinem Rad in den Straßengraben rutschte. Als er heil mit seinem Rad wieder hochkam, fuhren wir weiter. Vater war erleichtert und konnte jetzt auch über diesen Vorfall lachen.

⁕   ⁕   ⁕

Am 12. März trat Schuschnigg als Bundeskanzler zurück. An seine Stelle trat der Nationalsozialist Arthur Seyß-Inquart, der nach dem Besuch Schuschniggs auf dem Obersalzberg auf Druck Hitlers in Wien Innenminister geworden war. Er rief „zur Aufrechterhaltung der Ordnung" deutsche Truppen ins Land. Österreich wurde an das Deutsche Reich angeschlossen und dieser Anschluß durch Volksabstimmung in Deutschland und Österreich mit überwältigender Mehrheit bestätigt. Wir erlebten es durch die Rundfunksendungen und durch die Wochenschauen mit.

⁕   ⁕   ⁕

Im Sommer 1938 – genau: am 15. September, aber das mußte ich nachsehen – kam der britische Premierminister Sir Neville Chamberlain auf den Obersalzberg. Von dem Zusammenhang mit der „Sudetenkrise", der Bereitschaft der deutschen Führung, auch mit Gewalt, unter Risiko eines Krieges, das „Sudetenland" „heimzuholen ins Reich", nachdem das mit Österreich so glatt gegangen war, und von dem Versuch Chamberlains, einen Krieg auf jeden Fall zu verhindern, wußten wir Kinder damals nichts, hätten den historischen Horizont ja auch nicht begreifen können. Dennoch war es auch für uns „irgendwie" wichtig, ein Ereignis. Wir hatten gehört von diesem Mann in Frack und Zylinder und immer mit Regenschirm. Wir wollten ihn sehen, und wir durften sehen, aber nicht gesehen werden. Wir hockten hinter der Brüstung des umlaufenden Balkons im ersten Stock unseres Hauses und spähten durch die Lücken zwischen den Pfosten. Wir sahen. Vor dem „Berghof" war nur eine kleine Abordnung der „Leibstandarte" in schwarzer Uniform mit weißem Koppelzeug und weißen Handschuhen angetreten, denn der Platz war recht begrenzt. Sie standen in einer Reihe längs des oberen Teils der Auffahrt. Die Treppe war frei gelassen, aber jenseits der Treppe unter dem großen Fenster standen einige Trommler, die zum Präsentieren der Gewehre bei der Ankunft der Wagen einen Wirbel schlugen.

Nach der Zeit des Wartens war nur wenige Minuten etwas zu sehen, dann verschwanden die Gäste nach dem Empfang durch Hitler am oberen Ende der Treppe mit ihm im „Berghof".

Meine Geschwister konnten 1941 am 13. Januar in ähnlicher Weise den Empfang von König Boris III. von Bulgarien und am darauffolgenden Tag den des rumänischen Staatschefs Marschall Antonescu beobachten, ich war zu der Zeit schon in Feldafing in der Schule. Daß es bei diesen beiden Besuchen um Hitlers letzte diplomatische Vorbereitungen für den Angriff auf die Sowjetunion ging, das erfuhren nur die ganz wenigen damals Eingeweihten.

Ein weiteres Erlebnis möchte ich anführen, weil es das erste wirklich historische Ereignis ist, an dem ich teilgenommen habe, auch wenn ich die Tragweite dessen, was da wirklich geschah, erst sehr viel später begriff: Am 29. September 1938 wurde das Münchener Abkommen geschlossen. Aus diesem Anlaß war in München vor dem „Führerbau" eine Tribüne errichtet worden, auf der die Staatsgäste – Chamberlain, Daladier und Mussolini mit „dem Führer" – eine Parade an sich vorbeiziehen ließen. Ich war mit einem uniformierten Begleiter auf der Straßenseite gegenüber der Tribüne hinter den absperrenden Uniformierten und trug meine erste Pimpfenuniform – eigentlich war ich dazu noch nicht berechtigt, denn ich war noch keine zehn Jahre alt und auch noch nirgends als „Pimpf" aufgenommen. Wahrscheinlich sollte ich aber dort „ins Bild" passen. Ich weiß nicht mehr, welche Truppenteile da vorbeimarschierten, es dauerte lange.

Zwei Episoden vergesse ich nicht. Die erste: Der Tambourmajor der berittenen Musikkapelle warf vor der Tribüne seinen Stock in kunstvollem Drehen hoch in die Luft, so daß dieser mehrere Saltos schlug; aber beim Versuch, ihn zu fangen, verfehlte er ihn

*Abb. 3: Neujahr 1941 auf dem Obersalzberg, mittlere Reihe,
4. v. l. in Uniform: Martin Bormann, Patensohn Adolf Hitlers*

Abb. 4: Das Haus Bormann auf dem Obersalzberg

knapp, der Stab fiel zu Boden. Da sprang ein Mann in schwarzer Uniform mit einem Satz von der Tribüne zwischen die Pferde, hob den Stab auf und reichte ihn dem Tambourmajor; dann kehrte er auf seinen Platz auf der Tribüne zurück. Mussolini beglückwünschte ihn emphatisch (derselbe Offizier ging Jahre später als „Oberster SS- und Polizeiführer in Italien" zu Papst Pius XII., um über dessen Kontakte einen Sonderwaffenstillstand für die deutschen Truppen in Italien zu verhandeln).

Die zweite: nachdem die Parade und eigentlich wohl alles Wesentliche vorbei war – die Staatsgäste der Westmächte hatten den „Führerbau" schon verlassen, mein Begleiter hatte mich mit hinein in das Gebäude genommen. Was alles noch vor dem nun Folgenden lag, daran erinnere ich mich nicht mehr. Wir wurden gerufen und gingen die große Freitreppe in den oberen Stock hinauf. Am oberen Ende der Treppe standen Hitler und Mussolini zusammen und – etwas zurück, zwischen den beiden – mein Vater. Hitler, mein Pate, stellte mich Mussolini als den Sohn seines Mitarbeiters B. vor, und ich durfte Mussolini die Hand geben. Alles Weitere habe ich vergessen. – Ich weiß nichts mehr: wie ich die Treppe wieder runter kam, wie ich nach Hause kam auf den Obersalzberg, das alles ist nicht mehr auffindbar in meiner Erinnerung, nur dieser Augenblick oben auf der Treppe, wie fotografiert.

✳   ✳   ✳

Dem „Münchener Abkommen" folgten ab dem 1. Oktober der Rückzug der Tschechen aus dem Sudetenland, dessen Besetzung durch deutsche Truppen und die Eingliederung ins Deutsche Reich, wie im Münchener Abkommen vertraglich vorgesehen. – Die Hintergründe für die „Selbstauflösung" der Tschechoslowakei, für die Unabhängigkeitserklärung der Slowakei, für den Einmarsch der deutschen Truppen in die tschechischen Gebiete sowie die folgende Proklamation dieser Gebiete als „Reichsprotektorat Böhmen und Mähren" (14.-16. März 1939) verstanden wir damals noch nicht.

✳   ✳   ✳

Im Sommer mußte Mutter zu einer Kur nach Bad Elster im Erzgebirge. Am Ende dieser Kur durften meine Schwester Ilse und ich mit dem Wagen, der Mutter wieder nach Hause bringen sollte, für eine Woche zu ihr fahren und mit ihr von dort aus einige Ausflüge machen, nach Eger, Karlsbad, Marienbad und Prag. Dann fuhren wir zusammen nach Hause auf den Obersalzberg.

Dort wurde gebaut, gebaut, gebaut: Straßen, nach dem Anschluß Österreichs mit Ingenieuren und Arbeitern von dort, die Kehlsteinstraße und das Kehlsteinhaus als repräsentatives Ausflugsziel für Gäste Hitlers, Siedlungen für die Angestellten und Arbeiter der „Verwaltung Obersalzberg", eine überdimensionale Kinobaracke (nach dem Krieg abgebaut und als Notkirche in München wieder aufgestellt), ein Postamt und ein Ladenzentrum beim Platterhof, der erheblich erweitert und umgebaut wurde.

✳ ✳ ✳

Der Krieg beginnt

Der Krieg begann wie die Beseitigung der parlamentarischen Demokratie: mit einem vorsätzlichen verbrecherischen Akt, der dem politischen Gegner angelastet wurde; am 27. Februar 1933 der Reichstagsbrand; zum Kriegsbeginn wurde der Anlaß des deutschen Angriffs, der angebliche Überfall auf den Sender Gleiwitz, von deutscher Seite fingiert.

Die Idee stammte von Reinhard Heydrich. In der Nacht vor dem deutschen Angriff sollten entlang der deutsch-polnischen Grenze SD-gelenkte Trupps, verkleidet als polnische Freischärler und Soldaten, Grenzzwischenfälle vortäuschen. Diese „Polen" hatten die Aufgabe, den deutschen Sender in Gleiwitz kurze Zeit zu besetzen und ein paar deutschfeindliche Tiraden in polnischer Sprache ins Mikrofon zu schreien. Wie in Gleiwitz, so rollten auch an den anderen zwei Stellen Scheinangriffe gegen Deutschland ab.

Hitler erklärte in seiner den Zweiten Weltkrieg eröffnenden

Reichstagsrede am 1. September, in der Nacht zuvor sei es zu 14 Grenzzwischenfällen, darunter drei ganz schweren, gekommen. Adolf Hitler hat den Krieg gewollt und seinem Volk und der Welt aufgezwungen, weil er darin den einzigen Weg sah, die „ihm aufgetragene Weltherrschaft der germanischen Rasse" aufzurichten.

Am 8. Mai 1945 endete der Krieg mit der bedingungslosen Kapitulation Deutschlands und mit der Teilung des verbleibenden Kerngebietes in vier Besatzungszonen. Viel schwerer aber lasten die mehr als 55 Millionen Toten, die ungezählten Kriegsversehrten, die zerstörten Familien. Die Kriege und „begrenzten Konflikte" seit 1945 – je nach Zählweise zwischen vier und fünf Dutzend – sind sicher nicht allein Folgen des letzten Weltkrieges, aber die ursächliche Abhängigkeit vieler dieser Konflikte von dem großen Krieg ist unleugbar. Dennoch halte ich es nicht für möglich, dieses ganze Leid, die Summe all dieses Unglücks nur den Deutschen anzulasten, im Hinblick auf das III. Reich und den II. Weltkrieg. Wir Deutschen sind – wie alle anderen Völker – eingebunden in das weltweite internationale Beziehungsgeflecht, trotz der Isolierungsversuche der deutschen Regierung nach 1933. Das NS-Regime in Deutschland war nur ein Glied in einer langen Kausalkette. Keine Generation kann sie einfach unterbrechen. Aber aus den Kausalzusammenhängen zu lernen, sollten wir fähig sein und dadurch friedensfähig werden.

Ob mein Vater von dieser Heydrichschen „Eröffnung" des Krieges wußte? – Ich weiß es nicht. Es scheint mir eher unwahrscheinlich, weil er zu dieser Zeit noch Stabsleiter des „Stellvertreters des Führers" und vor allem mit den Bauvorhaben auf dem Obersalzberg befaßt war. Aber er war damals täglich bei Hitler, und von daher wäre es möglich, obgleich er mit militärischen Fragen und Außenpolitik nichts zu tun hatte.

✳   ✳   ✳

Etwa 1942 oder 1943, das vermag ich nicht mehr genau zu sagen, verlagerte sich die Bautätigkeit zunächst auf Bauten für den Flak-Schutz des Obersalzbergs, wiederum Straßen, Quartiere für die Truppen und nun auch Stellungen für die Waffen im Tal und auf geeigneten Bergen. Gleichzeitig begann mit enormem Aufwand die Untertunnelung des gesamten Obersalzberggebietes, um Schutzräume gegen Fliegerangriffe für die Menschen und für Vorräte zu schaffen. Es entstand ein Tunnelnetz von mehreren Kilometern Länge, so daß im Fels die Bewegung zwischen den einzelnen Wohnabschnitten möglich und von jedem Ort aus jeder Ausgang als Fluchtmöglichkeit erreichbar war, ein „Termitenbau".

Dazu entstanden im Berg die Feuerleitzentrale für das Flaksystem und die technischen Einrichtungen für die Versorgung aller Gänge und Wohnbereiche mit Wasser und elektrischer Energie sowie mit Frischluft, die vor dem Einblasen durch entsprechende Gasschleusen giftfrei gemacht werden konnte.

Im weiteren Verlauf befürchtete „man" wohl auch die Möglichkeit eines „Kommando-Unternehmens" gegen den Obersalzberg und sicherte deshalb alle Eingänge mit Gasschleusen und einem System von Schießkammern zur Verteidigung der Eingänge gegen Angriffe von außen. – Das Gesamtsystem ist nie fertiggestellt worden, aber der einzige Tote des Bombenangriffs vom 25. April 1945 war ein Soldat, der einen Bombenblindgänger zu entschärfen suchte. Die Gebäude der innersten und der mittleren Zone wurden bei dem Fliegerangriff am 25. April 1945 weitgehend zerstört und im wesentlichen später abgetragen. Nach dem Krieg mußte dieses ganze Labyrinth so gesichert werden, daß niemand hineinkommen und sich dort verlaufen konnte, d. h., die Zugänge wurden zugemauert oder so nachhaltig zerstört, daß ein Öffnen nur mit großem technischem Einsatz möglich wäre.

Inzwischen ist der Obersalzberg von den US-Streitkräften freigegeben und geräumt, und die bayerische Staatsregierung wird mit dem Landkreis Berchtesgaden über die weitere Verwendung und Gestaltung dieses Gebietes Sorge tragen, denn es ist zweifellos ein Gebiet, über dessen weitere Verwendung vor dem Hintergrund seiner Vergangenheit von 1933-1945 sensibel und verantwortungsbewußt entschieden werden muß.

Feldafing

Nach dem Erlebnis in München ging zunächst das Leben völlig normal für mich weiter. Die wunderbare Sommerferienwoche mit Mutter und Ilse in Bad Elster und die Ausflüge von dort aus waren ein letzter Höhepunkt vor dem Krieg gewesen. Im Frühjahr 1940 bestand ich die Aufnahmeprüfung für die Oberschule Berchtesgaden. Inzwischen war der Polen-Feldzug zu Ende, aber Hitlers „Friedensappell" vom 6. 10. 39 hatte keine Wirkung gehabt. Die Sowjetunion hatte am 30. 11. 39 ihren Winterkrieg gegen Finnland begonnen, der am 12. 3. 40 durch den Abschluß des sowjetisch-finnischen Friedens unter Gebietsverlusten für Finnland, aber unter Wahrung seiner Selbständigkeit beendet worden war. Am 9. 4. 40 hatten der Einmarsch deutscher Truppen in Dänemark und die Landung in den norwegischen Häfen begonnen; am 30. 4. 40 war diese sog. „Operation Weserübung" abgeschlossen.

Von alledem merkten wir Schüler vor allem, daß unsere jungen Lehrer zur Wehrmacht einberufen und durch bereits pensionierte alte Lehrer, neuerlich zum Dienst verpflichtet, ersetzt wurden. Am 7. April hatte das Schuljahr 1940/41 für uns begonnen. Einer dieser reaktivierten Lehrer in Berchtesgaden war mein Geschichtslehrer, Dr. M. Sein Unterricht bestand vor allem darin, daß er uns in jeder Geschichtsstunde eine Folge aus seinen Geschichtsquellen diktierte. Wahrscheinlich war er mit den inzwischen offiziell eingeführten Geschichtsbüchern nicht einverstanden. Diese Form, Geschichte nur diktiert zu bekommen, verleidete mir die Freude an der Schule so sehr, daß ich diesen Unterricht schwänzte. Das führte nach wenigen Wochen zu einem „blauen Brief" mit der Androhung der Entlassung von der Schule. Meine Mutter war entsetzt, aber doch verständnisvoll und telefonierte mit unserem Vater, der im Führerhauptquartier, damals im Sonderzug in der Eifel, war. Vaters Reaktion: meine sofortige Versetzung nach Feldafing in die „Reichsschule der NSDAP", die unter der Schirmherrschaft der Parteikanzlei stand, und seine Weisung an die dort verantwortlichen Erzieher, aus mir einen „anständigen Deutschen" zu machen. Am 10. Mai 1940 begann der Feldzug gegen Frankreich, und ich wurde von meiner Mutter am 10. Mai 1940 in Feldafing abgeliefert.

Diese Schule war am 1. April 1934 formell von der Obersten SA-Führung als „9 klassige nationalsozialistische Oberschule" für die Heranbildung des Führernachwuchses der SA gegründet worden und hatte nach den Osterferien (damals Schuljahresbeginn) die ersten Schüler aufgenommen. Genau ein Jahr vorher war es zu dem ersten Boykott gegen jüdische Geschäfte, gegen jüdische Ärzte und Rechtsanwälte gekommen. Gewalt „gegen Sachen", aber auch bereits gegen Personen war das Ergebnis. Die Folge war eine erste Auswanderungswelle deutsch-jüdischer Bürger, die ihres religiösen Bekenntnisses wegen Schlimmes voraussahen und sich entschlossen, Deutschland zu verlassen – wie schlimm es werden sollte, konnte keiner voraussehen. Sie ließen ihren gesamten nicht beweglichen Besitz, Grundstücke, Häuser, Firmen, zurück.

In Feldafing hatte eine Reihe begüterter jüdischer Bürger gewohnt. Ihre verlassenen Villen waren die ersten Internats- und Schulgebäude der neuen Schule, zum Teil regulär, zum Teil billig gekauft („Notverkäufe"), zum Teil „übernommen", weil fluchtartig verlassen.

Für den Anfang mit dem ersten Jahrgang reichte es. Möbliert wurde einfach, mit Militärspinden und -betten. Es war zunächst etwas provisorisch, aber das war bald überwunden – „spartanische Erziehung" war ohnehin Erziehungsziel. Die Lehrer wurden geworben aus Mitgliedern der SA mit Lehrbefähigung für „Oberschulen" (wir fassen das heute unter allen Arten des Gymnasiums, mancherorts auch unter der Oberstufe der Gesamtschulen zusammen). Die Lehrpläne waren von Anfang an die staatlichen, erweitert durch ein Mehr an Sport, dazu durch „Wehrsport" und die entsprechende ideologische Schulung, die sich erst allmählich entwickelte.

*   *   *

Etwa um dieselbe Zeit wie die von der OSAF gegründete Schule in Feldafing entstanden ähnliche Unternehmungen anderer Gründer:

Adolf-Hitler-Schulen, initiiert vom Gründer und Leiter der Deutschen Arbeitsfront, dem „Reichsorganisationsleiter" Robert Ley. Träger dieser Schulen sollte die NSDAP sein, de facto übernahm die Reichsjugendführung die Organisation des Unterrichts und stellte die Erzieher; die Finanzverwaltung der DAF war „Schulträger" sowohl für die AHS als auch für die „Ordensburgen", die darauf aufbauen sollten. Ab 1937 war der Name „AHS" von Hitler offiziell gutgeheißen. Ab 1941 wurden sie auch als „Reichsschulen der NSDAP" bezeichnet, ohne daß sich in der Sache Wesentliches geändert hätte.

Nationalpolitische Erziehungsanstalten (NPEA, volkstümlich auch „Napola"): Internatsschulen in staatlicher Trägerschaft. Die ersten wurden 1933 gegründet als Nachfolgeschulen der 1919 verbotenen Kadettenanstalten. Diese Gründungen wurden angeregt vom Reichsminister für Wissenschaft, Erziehung und Volksbildung, Bernhard Rust. Durch die Einrichtung einer „Inspektion" für diese Schulen unter SS-Obergruppenführer Heißmeyer wurden diese eine Domäne der SS. Die Lehrer und Erzieher trugen die Uniform und hatten Dienstränge der SS, die Schüler waren ab 1936 Mitglieder der HJ.

Um die Verwirrung zu vollenden: Ab 1943 gab es auch drei „Reichsschulen", die zum NPEA-Verband gehörten. Sie lagen aber außerhalb des Reichsgebietes, zwei in den Niederlanden, eine in Belgien.

Fazit: Die RSF (Reichsschule der NSDAP) in Feldafing unterstand seit dem „Röhm-Putsch" (1934) als „NS-Oberschule Starnbergersee" der obersten Führung der NSDAP, der Partei-kanzlei. Ab 1940 hieß sie offiziell „Reichsschule der NSDAP, Feldafing" (RSF). Sie hatte keine Parallele unter den späteren gleichnamigen Schulen, die als AHS oder NPEA gegründet waren und andere Zuständigkeiten hatten.

Aber: In allen drei Schulformen war die Berufswahl formal frei – auch wenn die AHS und die NPEA Schulen zur Heranbildung von Führungskräften für die Parteigliederungen sein sollten. Eine Feldafinger Besonderheit: Freiwillige sollten sich nicht zur Waffen-SS oder Luftwaffe melden – die erstere war eine aus der Allgemeinen SS hervorgegangene Truppe, die als nationalsozialistisch galt, die zweite galt als bereits hinreichend nationalsozialistisch durchsetzt. *Die Kriegsmarine, vor allem aber das Heer galt es nationalsozialistisch zu „durchdringen". Feldafinger sollten keine Parteikarriere anstreben, sondern die „nationalsozialistische Durchdringung" aller Berufe, besonders der „Eliten", gewährleisten.*

* * *

Als ich nach Feldafing kam, waren eine Reihe Neubauten gerade fertig und bezogen, andere waren im Bau, aber auch die alten Villen wurden noch genutzt; freilich hatten sie neue Namen bekommen, die nicht mehr an die früheren Besitzer erinnerten. Aber das Provisorium war noch da: „Biologie-/Chemiebaracke" und die „Essensbaracke" – eine Baracke von der Größe eines Bierzeltes der Münchener Oktoberwiese!

Zunächst hatte ich es nicht leicht, denn alle anderen waren auf dem Weg über ein strenges Reichsausleseverfahren dorthin gelangt, und ich kam als „Strafversetzter". Ich mußte mich sehr anstrengen, die geforderten Standards zu erbringen. Besonders im Sport fiel mir das schwer. Aber nach einiger Zeit gehörte ich doch dazu.

1941 wurde der Schuljahreswechsel, damit die Versetzung in die nächste Klasse, vom bisherigen Ostertermin reichseinheitlich auf Anfang und Ende der Sommerferien verlegt. Das erste Schuljahr in Feldafing endete für uns dadurch erst im Juli 1941, das zweite Schuljahr begann Anfang September. Das war für mich insofern günstig, als ich über diesen Zeitraum denselben Erzieher und dieselben Truppführer hatte (zwei Schüler der jeweiligen Abschlußklassen, die dem Klassenerzieher als Helfer im Internatsdienst zugeteilt waren). Zu Beginn des zweiten Schuljahres waren alle drei an die Front eingezogen worden.

Die lange Zeit von April 1941 bis zum Schuljahresende im Juli wurde unterbrochen durch ein dreitägiges „Pfingstlager", das mit einem Gepäckmarsch begann, dann folgten der Lageraufbau, Verpflegung aus der Gulaschkanone, Geländespiel mit Kartenkunde, Tarnübungen und Übungen zum richtigen Bewegen im Gelände, ein nächtlicher Überfall, schließlich Lagerabbau und Rückmarsch. Das Ganze lief unter dem Titel „vormilitärische Ausbildung".

Vor den Sommerferien gab es in der Zeit nach der Reifeprüfung des betroffenen Jahrganges noch eine besondere Veranstaltung für meine Klasse, eine Einladung auf den Obersalzberg mit Besuchen des Gutshofes, des Kehlsteinhauses und des Königssees. Die Fahrt zum Kehlstein erfolgte in den Fahrzeugen der Kolonne der Dienstwagenhalle. Auf dem Königssee gab es eine Bootsfahrt bis zum Obersee und einen Besuch von St. Bartholomä.

✵   ✵   ✵

Wenn ich mir die Zeit dieser „Fahrt" vergegenwärtige, der Rußlandfeldzug hatte am 22. Juni begonnen, dann frage ich mich, was das Motiv dieser Einladung war. Der Obersalzberg lag wie im Frieden, der „Führer" war in seinem Hauptquartier in Ostpreußen. Empfangen wurden wir auf dem Obersalzberg von meinem Vater, der als Leiter der Parteikanzlei Schirmherr der Schule war und nach dem Englandflug seines bisherigen Chefs, Rudolf Heß als „Stellvertreter des Führers", zwar nicht an dessen Stelle getreten war, die nie mehr besetzt wurde, aber als „Sekretär des Führers" (dem Titel nach erst 1943) nun doch nur noch diesen einen Chef, Adolf Hitler, hatte. Im nachhinein war diese Fahrt ein letztes Erleben von Frieden, zu einem Zeitpunkt, der im Rückblick eine Wiederkehr dieses Friedens ausschloß. Mit der Überschreitung der Demarkationslinie zur Sowjetunion hin, dem für Hitler entscheidenden Angriff zur „Erweiterung des Lebensraumes des Deutschen Volkes", war die Niederlage als Kriegsende programmiert. Die deutsche Kriegserklärung gegen die USA am 11. 12. 1942, aus „Bündnistreue" gegenüber Japan, dem nach dem japanischen Überfall auf Pearl Harbor, 7. 12. 1942, am 8. 12. 1942 die USA den Krieg erklärt hatten, beschleunigte diesen Prozeß nur noch. Die Entscheidung war mit dem Beginn des Rußlandfeldzugs gefallen. Deutschland konnte diesen Krieg nicht mehr gewinnen, die NS-Herrschaft konnte eine deutsche Niederlage nicht überleben. Vielleicht ahnte mein Vater etwas von dieser Konsequenz und wollte sich und uns noch einmal die Vision eines „nationalsozialistischen Friedens" erleben lassen.

✵   ✵   ✵

Im Winter 1944 war meine Klasse noch einmal auf dem Obersalzberg zur Aufführung eines Theaterstückes „Ulrich von Hutten", das unser Erzieher mit uns eingeübt hatte. Wir hatten es in Feldafing für unsere Schule aufgeführt, dann in der SS-Junkerschule in Bad Tölz; danach durften wir es auf dem Obersalzberg nochmals aufführen. Aufführungen in breiterer Öffentlichkeit wurden dann aber als „zur Zeit nicht opportun" von der Parteikanzlei nicht genehmigt, weil das Stück zu deutlich antikirchlich, antichristlich war. Man wollte in dieser Zeit die kirchentreuen Gläubigen nicht mit diesem Stück verschrecken.

Jedes Jahr gab es vor den Sommerferien ein Sportfest um die „Siegernadel" des „Jungvolks" bzw. der HJ, abhängig vom Geburtsjahrgang, jeden Winter ein Skilager, jeweils für die Parallelklassen der gleichen Geburtsjahrgänge: 1941 am Spitzingsee, 1942 in Walchsee, Tirol, 1943 und 1944 wieder am Spitzingsee und 1945 im Kühtai, Tirol. Neben dem durch die Allgemeine Schulordnung vorgeschriebenen Schulsport gab es an zwei Nachmittagen noch Internatssport und einen Wehrsportnachmittag.

Die Schule verfügte über einen gut gedrillten Fanfarenzug, einen Musikzug mit einem relativ reichen Märsche-Repertoire, ein gut geschultes gemischtes Orchester und einen ebenfalls beachtlichen Schulchor, die bei gegebenen Gelegenheiten auch öffentlich in Erscheinung traten und anerkannt waren.

Ab dem zweiten Schuljahr gab es statt des „Religionsunterrichts" – den wir in der ersten Klasse noch hatten (das war eine Einführung in die germanischen Götter- und Heldensagen, davor hatte es auch in Feldafing christlichen Religionsunterricht gegeben, aber das wußten wir nur mehr vom Hörensagen) – „Nationalpolitischen Unterricht". Zunächst lernten wir die 25 Punkte des Parteiprogramms kennen, im Schuljahr darauf folgte das Standardwerk: Adolf Hitlers „Mein Kampf"; zu Beginn der fünften Klasse bekamen wir Alfred Rosenbergs „Mythus des 20. Jahrhunderts", der aber nicht mehr im Unterricht angesprochen, sondern am Ende hinter Spinden im Keller versteckt wurde.

Mit dem Beginn des Schuljahres 1941/42 hatten wir eine „Baukompanie" aus dem KZ Dachau in einem neu errichteten Barackenlager mit Zaun und Wache auf dem Schulgelände. Dadurch wurde noch bis zum Ende des Schuljahres 1943/44 im Schulgelände weitergebaut. Wir hatten die arbeitenden Häftlinge und die Wachen nicht anzusprechen, konnten aber doch beobachten. Die Wachen waren mit auf der Baustelle, hatten aber keine Funktion, außer dazusein. Die Arbeitsaufsicht lag offenbar bei den beiden Kapos. Sie jedenfalls trieben recht brutal ihre Mithäftlinge an, besonders der eine, der zu seiner Häftlingskleidung eine schwarze Schirmmütze statt des „Häftlingskrätzchens" trug und außerdem schwarze Stiefel statt der Holzschuhe. Als einmal ein Häftling entwichen war und nach langer Suche, im Schilf des Seeufers im Wasser stehend, gefunden wurde, war es dieser Kapo, der den Mann bei Arbeitsschluß im Lager mit einer Bierflasche niederschlug, was Kameraden einer Klasse beobachten konnten, die oberhalb dieses Lagers ihr Quartier in einer Villa hatten.

Mit dem Beginn des Schuljahres 1944/45 wurden wir an den Nachmittagen für den „Volkssturm" ausgebildet; die Ausbilder waren erfahrene Soldaten des Heeres, die, meist nach schweren Verwundungen, nicht mehr frontverwendungsfähig waren. Die Ausbildung umfaßte die infanteristischen, vor allem die panzerbrechenden Waffen. Die beiden 5. Klassen (die Jahrgänge 1929/30, der Jahrgang 1929 war bereits „gemustert" für die Einberufung zur Wehrmacht) und die beiden 4. Klassen (die Jahrgänge 1930/31) waren in diese Ausbildung einbezogen.

Nach den Weihnachtsferien 1944/45 trat der schulische Unterricht noch mehr zurück, denn diese vier Klassen mußten nun an verschiedenen Orten um unsere Schule herum „schanzen", d. h. „Feldbefestigungsanlagen" einfacher Art anlegen. Meine Klasse wurde südlich von Tutzing zum Ausheben eines Panzergrabens und von Schützenlöchern eingesetzt, obgleich Tutzing als Lazarettort galt.

Bevor die Feldafinger Geschichte endet, noch etwas zu meinen Ferien: In Feldafing konnten die Schüler gemäß der allgemeinen Ferienordnung im Sommer in die großen Ferien und zu Weihnachten und Ostern nach Hause fahren. In diesen Oster- und Weihnachtsferien waren einige Male auch Klassenkameraden auf dem Obersalzberg bei meiner Familie zu Gast. Meine großen Ferien waren je eine Woche zu Anfang und zum Schluß Ferien im eigentlichen Sinn, freie Zeit zu Hause. Die andere Zeit, also jeweils im Sommer gute vier Wochen, war ich von meinem Vater dienstverpflichtet, damit ich nicht dem Schlendrian verfiele. Im Sommer 1940 arbeitete ich in der Gärtnerei am Obersalzberg; im Sommer 1941 und 1942 auf dem Gutshof Obersalzberg; im Sommer 1943 auf einem Gut in Mecklenburg. Diese Sommerferien auf dem Gut Alt Rehse am Tollensesee, zu denen ein Feldafinger Obersalzberger Kamerad mitkommen konnte (Erntehelfereinsatz!), waren für uns beide zwar körperlich anstrengend, aber trotzdem eine herrliche Ferienzeit – meine schönste –, Willi M. wird es nicht viel anders empfunden haben. Es war – fast – wie im Frieden, keine Fliegergefahr, wir hörten kaum Nachrichten, Fernsehen gab es noch nicht, zum Zeitunglesen hatten wir vor allem keine Zeit. Unsere Arbeit: Jeder hatte jeden Tag von Arbeitsbeginn bis -ende in der Zeit der Getreideernte eine „Hungerharke" zu fahren; das ist ein einspännig zu fahrender mechanischer Rechen. Nach dem Frühstück zäumten wir unsere Zugpferde an, bestiegen sie und ritten zu den Rechen aufs Feld. Dort wurde eingespannt, und dann ging es mal im Trab, mal im Schritt hinter den Wagen her, die von Hand mit den Getreidegarben, die in Schobern standen, beladen wurden, aufgepitzt mit Gabeln, zum Fuder gepackt von Knechten oder Mägden auf dem Fuhrwerk. Wir hatten das zurückgebliebene Stroh bzw. die Getreidehalme mit den Rechen zusammenzuziehen, und wenn der Rechen voll war, wurde er mittels eines Hebelarms neben einem der großen gummibereiften Wagen, der gerade beladen wurde, angehoben, damit das Zusammengezogene mit verladen werden konnte. Diese Wagen wurden in der Regel vierspännig gezogen.

Damals gab es dort zwar Bindemäher, d. h., die Getreidegarben wurden von der Maschine gemäht, zusammengefaßt und gebunden, aber noch keine Mähdrescher, wie sie heute allgemein üblich sind. Gedroschen wurde nach der Ernte auf dem großen Innenhof des Gutes. Man versprach sich davon eine gründlichere Trennung des Getreides vom Unkrautsamen. Das war ja bedeutsam für die nächste Aussaat. Beim Dreschen halfen wir natürlich auch mit – und in den Pausen machten wir mit dem

Luftgewehr Jagd auf die unzähligen Spatzen, die auf dem Dreschplatz liegengebliebene Körner suchten.

Für uns besonders erfreulich, wenn auch in den ersten paar Tagen schmerzhaft waren die morgendlichen Reitstunden (vor dem Frühstück, von sechs bis sieben Uhr), die uns ein Rekonvaleszent aus dem großen Lazarett neben Gut und Dorf gab, ein früherer Turnierreiter, der auf dem Gut zwei Pferde für die Hohe Schule zuritt. Er gab uns Reitunterricht, wie er früher bei der berittenen Truppe üblich war. Er hat uns manches Kunststück beigebracht, wobei wir ihn sehr bewunderten, denn ein Arm samt der Hand war durch einen schlimmen Schußbruch gelähmt. Um diese Hand konnte er den Zügel nur gewickelt halten.

Eines Abends haben Willi und ich uns als Pärchen verkleidet und den Dorfkrug besucht; Willi, ein Jahr älter als ich, war der Mann. Wir haben ein wenig Theater gespielt zum Gaudium der übrigen Gäste. Daran erinnerte sich nach der Wiedervereinigung Deutschlands ein alter Knecht des Gutes beim Besuch der Gutsfrau jenes Sommers 1943 im Gespräch ganz spontan.

An den Krieg erinnerte uns nur ein fröhlicher polnischer Kriegsgefangener, nur daran zu erkennen, daß er seine rautenförmige Schirmmütze als Chefkutscher der Getreidewagen, Meister im vierspännig Fahren, immer trug. Ein erzählter Vorfall ließ einmal den Krieg nahekommen: Eine Arbeitsmaid, die von einem Urlaub zurückkam, wurde auf dem Weg vom Bahnhof in Penzlin nach Alt Rehse im Wald von zwei entkommenen Kriegsgefangenen angefallen. Sie hat sich zur Wehr gesetzt und den sie von vorn Angreifenden so abgewehrt, daß er laut aufschrie und die Hände vors Gesicht schlug. Der zweite ließ daraufhin ebenfalls von ihr ab. Wie die Nachsuche am nächsten Tag ausgefallen ist, haben wir nicht erfahren.

Beeinträchtigt wurden für mich diese insgesamt so schönen Ferien nach der ersten Woche durch eine Furunkulose, vielleicht durch die Ernährungsumstellung. Von Nacken und Schultern bis knapp unter die Gürtellinie wurde nach und nach der ganze Rücken von Geschwüren bedeckt. So mußte ich täglich abends ins Lazarett, die „reifen" wurden geöffnet und ausgeräumt und dann mit Salbe behandelt, die aufkeimenden mit Salbe eingetrocknet, soweit das gelang. Nachdem der Sommer schön und heiß war und wir in Turnhose und Stiefeln auf der Hungerharke saßen, war ich gut von Willi zu unterscheiden, denn mein ganzer Rücken war mit einem großen Stück Mull verpflastert. Das war besonders deshalb lästig, weil ich nicht im See schwimmen, sondern nur bis zur „Unterkante Pflaster" ins Wasser durfte. Beim Reiten war ich aber nicht gestört, so konnte ich – mit Vorsicht – auch mein Pferd in den See in die Schwemme reiten.

Einmal konnte Vater einen Aufenthalt in Berlin nutzten und aufs Gut kommen, dessen Verwalter ein alter Freund von ihm war. Ich durfte die beiden bei einem Ausritt begleiten und war sehr stolz über diesen ersten Ausritt ins Gelände. Dazu bekam ich ein „maßgeschneidertes" Pferd, ein Panjepferd, das genau zu meiner Körpergröße paßte. Wie dieses Pferdchen nach Alt Rehse gelangt war, weiß ich nicht. Es stand aber bei den Reitpferden mit im Stall. Unsere Reitstunden bekamen Willi und ich auf einer Trakehnerstute „Püppi". Aber der kleine „Iwan" war für vielleicht vierzehn Tage „mein" Pferd.

Nach der Getreideernte hatten wir beide etwas mehr Freizeit, Ferien, nicht ganz eine Woche. Beim Kartoffelklauben wurden wir nicht mehr eingespannt. Aber dann mußten wir wieder zunächst nach Hause auf den Obersalzberg, dann nach Feldafing in die Schule.

Den Sommer 1944 war ich auf dem Obersalzberg. Zu der Zeit waren durch Luftangriffe bei Tag alle Verkehrswege durch „Tieffflieger" – Jagd- oder Schlachtflugzeuge, vor allem der westlichen Alliierten – erheblich gefährdet. Es kam auch immer wieder zu Angriffen auf zivile Ziele, bis hin zu Bauern auf dem Feld. Einmal wurden auch in Feldafing von einem Tieffflieger Schüler beschossen, Gott sei Dank keiner getroffen, weil der Jäger wegen der steilen bewaldeten Böschung hinter unseren letzten Häusern hochziehen mußte. Der Obersalzberg war bis dahin noch nicht angegriffen worden und wurde – bei Meldungen über Anflüge, die ihm gelten konnten – vorsorglich „vernebelt" mittels aus Fässern abgelassener chemischer Substanzen. Vor der provisorischen Fertigstellung der Luftschutzbunker im Berg wurde unsere Familie bei „Voralarm" vor dem eigentlichen

Fliegeralarm mit den Ferienkindern auf die Liegeret-Alm gebracht, die mit dem Auto vom Obersalzberg aus zu erreichen war. Dort waren die Felswände rundherum so nah und so hoch und steil, daß ein Luftangriff dort unmöglich erschien.

Ich wurde der Dienstwagenhalle zugeteilt und machte dort in der Fahrschule, die bewährte Frontfahrer wieder an deutschen Straßenverkehr gewöhnen sollte – allerdings mit den Sonderregelungen, die für die „Führerkolonnen" galten –, meine Fahrschule und den Führerschein für PKW, obwohl ich erst 14 Jahre alt war und noch ein Kissen im Kreuz und eines unter dem Po brauchte, um an die Pedale zu gelangen und über das Lenkrad zu sehen. Da wir für den Fahrschulwagen kein Ersatzrad, sondern nur ein Stück Schlauch und ein Stück Reifenmantel (gegen Durchschläge) sowie Gummilösung und Handpumpe hatten, waren wir oft genug am Reifenflicken. – Das waren die ersten Anzeichen dafür, daß in dem enger werdenden noch von deutschen Truppen beherrschten Gebiet die Rohstoffe knapper, die industriellen Kapazitäten zum Teil zerstört, der Rest erheblich gestört, die Infrastruktur weitgehend beschädigt oder schon unbrauchbar war. Noch hofften wir auf „die neuen Waffen", aber der Zweifel am „Endsieg" breitete sich aus, auch wenn er in der Regel nicht ausgesprochen wurde, weil das allein inzwischen schon lebensgefährlich war. „Defätismus" (geäußerte Mut- und Hoffnungslosigkeit) war ein strafwürdiges Verbrechen und zog in jedem Fall unangenehme und gefährliche Folgen nach sich; es konnte als „Wehrkraftzersetzung", als „Verrat" (mit verschiedenen Vorsilben) bis hin zu einer wie immer vollzogenen Todesstrafe geahndet werden.

Insgesamt waren alle diese Ferieneinsätze eine gute Vorbereitung auf mein späteres Leben, auch wenn ich kein Gut in Mecklenburg bekam, wie das mein Vater für mich eigentlich vorgesehen hatte.

II.

1945 – ein Ende und ein neuer Anfang

Zusammenbruch – und Leben!

Ende April 1945 wurde die „Reichsschule der NSDAP Feldafing" (am Starnberger See) aufgelöst. Die Schulgebäude wurden von einem einziehenden Lazarett genutzt. Die jüngeren Jahrgänge blieben als „Lazaretthelfer" in Feldafing zurück, soweit sie nicht nach Hause gelangen konnten; die Klassen der Geburtsjahrgänge 1929-31 sollten als Volkssturmeinheit (mit besonderer Ausbildung zur infanteristischen Panzerbekämpfung) an die Südfront. Die Fahrt endete jedoch in Steinach am Brenner mit der Einquartierung im „Hotel Post", weil sowohl die Straßen- als auch die Eisenbahnverbindung nach Süden „durch Feindeinwirkung" unterbrochen waren. Sicherlich aber auch – was wir damals nicht erfuhren –, weil die Südfront unter Marschall Kesselring und mit Vermittlung durch den SS-Obergruppenführer Wolff kapituliert hatte. Am 30. April wurde auch der Steinacher Rest der RSF aufgelöst. Wir bekamen Lebensmittelkarten, Geld, Lebensmittel und den Auftrag, uns „nach Hause durchzuschlagen".

Hier setzte mein Sonderfall ein. Meine Mutter war mit meinen Geschwistern und den Kindern, die aus dem Ruhrgebiet bei uns aufgenommen waren, nach dem Fliegerangriff auf den Obersalzberg am 25. 4. 45 im Bus nach Südtirol gebracht worden. Der Bus passierte vor unserem Hotel, und nach dem Frühstück wurde mir das mitgeteilt, das war am 26. oder 27. April. Am 29. April erhielt ich zunächst den Auftrag, mich nach Wolkenstein/Grödnertal – Südtirol – zu meiner Familie „durchzuschlagen". Das wurde aber so bald widerrufen, daß ich nicht aufbrechen konnte. Die Mutter käme mit den Kindern aus Südtirol zurück wegen der Partisanentätigkeit dort, um im Salzburger Land untergebracht zu werden, hieß es nun.

Also bekam ich einen Marschbefehl nach Salzburg. Ein Kamerad aus der Parallelklasse wollte mich dorthin begleiten. Am

30. April wurden wir von dem Verbindungsmann der Parteikanzlei beim Rest unserer Schule bis nach Jenbach in Tirol mitgenommen. Dort befand sich das letzte Quartier der Parteikanzlei in einem Gasthof.

Am frühen Morgen des 1. Mai gegen zwei Uhr wurde der Funkspruch aufgefangen, der „Führer" sei im Kreis seiner Getreuen in Berlin gefallen. Für mich war das das Ende.

Im Rückblick wird klar, daß alles danach bereits zum neuen Anfang gehörte. – Um vier Uhr ließ der Kommandeur dieses buntgemischten Haufens antreten und machte den Männern Mut zum Leben, um weitere Kurzschlußhandlungen abzublocken, denn einige hatten sich nach dem Funkspruch in der Nacht erschossen, andere mochten ähnliche Gedanken hegen. Der Major sprach davon, daß die Kirschen wieder blühen, daß Mütter und Frauen und Kinder auf die Männer und Väter warten, daß jetzt Mut zum Leben nötig sei; der Weg in den Freitod sei ein Kneifen aus Feigheit. Anschließend nahm der Major uns beide in seinem Wagen mit nach Berchtesgaden.

Ich versprach mir ein Weiterkommen vom Obersalzberg aus; wir sind also zu Fuß hinauf. Dort war alles in Auflösung. Im Platterhof, der auch von einer Bombe getroffen war, traf ich im Keller den Privatsekretär meines Vaters mit wenigen Leuten beim Abendessen.

Zunächst bekamen auch wir etwas zu essen. Dann schüttelte er über meinen Marschbefehl den Kopf. Die Familie bleibe in Wolkenstein, und zwar unter dem Namen „Bergmann". Dann änderte er meinen Namen auf dem getippten Dokument mit dem Stempel „KLV-Lager 39, Steinach a. Brenner" wenigstens in „Bärmann". Vom Obersalzberg aus war die Aussicht inzwischen sehr gering, nach Südtirol durchzukommen. Ich sollte deshalb auftragsgemäß weiter nach Salzburg zu Gauleiter Scheel. Für die Fahrt dorthin wurde ich zwei Mann der im Abmarsch begriffenen „Führerkolonne" beigesellt, die in einem VW Richtung Traunstein aufklären sollten, wie weit die Amerikaner bereits vorgestoßen seien. Kamerad Sch. begleitete mich weiter. Gegen 22 Uhr wurden wir in Salzburg vor der erzbischöflichen Residenz, damals Sitz der Gauleitung, abgesetzt. Erst nach Mitternacht kam ich zum Gauleiter, bis dahin galt es,

auf den hochlehnigen Plüschstühlen an der Wand des weitläufigen Vorsaales zu warten. Der Strom war ausgefallen, einige Kerzen erhellten dürftig die düstere Szene.

Gauleiter Scheel, der wenig später Salzburg als offene Stadt übergab und dadurch vor der Zerstörung bewahrte, schickte mich am frühen Morgen zum Gauhauptmann. Dort bekam ich einen neuen Marschbefehl: als landwirtschaftlicher Praktikant sollte ich mich in der Landwirtschaftsschule in St. Johann im Pongau (von 1939-45 „Markt Pongau") melden.

Von den Glasenbacher Kasernen gingen Transporte in diese Richtung ab. Fahrgelegenheit nach Glasenbach fand sich. Von dort aus ging es auf einem LKW weiter, aber kurz vor Werfen war die Fahrt für diesen Tag zu Ende. In einer Scheune wurde Quartier gemacht. Kamerad Sch. hatte auf dieser Fahrt einen Landsmann gefunden, dem er sich weiter anschließen wollte. So trennten wir uns.

Am nächsten Tag kam ich gegen Mittag in St. Johann an und meldete mich in der Landwirtschaftsschule. Mein Glück: Die waren gerade beim Essen, und so bekam ich wieder einmal warme Verpflegung. Im übrigen aber war doch großes Erstaunen über diese Zuweisung eines landwirtschaftlichen Praktikanten aus Berchtesgaden von Salzburg aus zu diesem Zeitpunkt. Mir war gar nicht wohl zumute, zumal ich der einzige Schüler war. Alle anderen waren nach Hause gegangen.

Am Nachmittag dieses 3. Mai sah ich von meinem Zimmerfenster aus im Markt einen schwarzen Mercedes-Benz Nürburg, wie sie bei den „Führerkolonnen" gefahren wurden, und hoffte, daß das doch die Mutter mit den Geschwistern sein könnte. Mit klopfendem Herzen rannte ich über die Brücke auf Suche nach dem Fahrzeug, das in der allgemeinen Verstopfung der Straßen ohnehin langsamer sein mußte als jeder Fußgänger. Aber es war nicht meine Familie. Doch es war ein Fahrzeug vom Obersalzberg, eine Reihe bekannter Gesichter.

Ich fragte mich durch zum Kolonnenchef, Hauptsturmführer G. (der seit 1934 dabei war), und bat ihn, mich der Kolonne anschließen zu dürfen. Das schien mir in jedem Fall sicherer als die merkwürdige Rolle als landwirtschaftlicher Praktikant unter so auffälligen Umständen. Hier verwandelte ich mich außerdem in „Martin Bergmann, SS-Schütze". Das Soldbuch sei durch „Feindeinwirkung" verlorengegangen, deshalb bekäme ich diesen Soldbuchersatz (ein Blatt mit meinem neuen Namen, dem richtigen Geburtsdatum, Stempel und Unterschrift). Außerdem bekam ich feldgraue Kluft. Der Chef nahm mich mit in seinen Wagen. Bis zum 8. Mai war ich mit dieser Kolonne unterwegs. In Saalbach im Pinzgau erreichte uns die Nachricht vom Waffenstillstand.

Gott sei Dank war die Absicht des Kolonnenchefs, über den Radstätter Tauern nach Süden zur 6. SS-Armee Sepp Dietrichs zu gelangen, am Widerstand der Kolonne gescheitert, die ja außer Hand- und Faustfeuerwaffen nicht über kriegsmäßige Bewaffnung verfügte. Die Einsichtigen wollten natürlich lieber in westalliierte Gefangenschaft geraten oder überhaupt versuchen, sich der Gefangenschaft zu entziehen, als unmittelbar vor dem absehbaren Ende der Kampfhandlungen noch den Heldentod oder mit sowjetischer Gefangenschaft vielleicht noch Schlimmeres zu finden, ohne dabei dem Vaterland noch irgendwie zu dienen.

Einer der „alten Kameraden" vom Obersalzberg, Lakierermeister, Vater einer kinderreichen Familie, meuterte, d. h., er ließ seinen gesunden Hausverstand zur Geltung kommen. Daraufhin wurde er vom Kollegen „Chef" zum Tode verurteilt, ebenso wie seine sieben „Mitverschworenen"; im Morgengrauen sollten sie erschossen werden.

Der Chef ließ den „Spieß" das Erschießungskommando aus Unterführern der Kolonne zusammenstellen, befehligen wollte er die Exekution selbst. So geschah es – nicht ganz. Denn als der Chef das Kommando gab: „Feuer!", schwenkte der „Spieß" seine MP gegen den Chef und kein Schuß löste sich. Der „Spieß" entwaffnete den Kolonnenführer und übernahm das Kommando. Die Fahrt ging zurück in den Pongau. Im ersten Fahrzeug saß der Kolonnenchef auf seinem angestammten Platz rechts vom Fahrer, dahinter der „Spieß" mit der MP, der seinen Chef „bewachte", hinter dem Fahrer wurde ich eingeladen.

In Saalbach im Pinzgau wurde nach dem Empfang der Nachricht vom Waffenstillstand die Auflösung der Kolonnen beschlossen (inzwischen hatten wir die zweite der drei Kolonnen

*Abb. 5: In Feldafinger
Schuluniform 1943*

*Abb. 6: Die Mutter und Schwester Eike im Lazarett in Meran
1946, kurz vor dem Tod der Mutter*

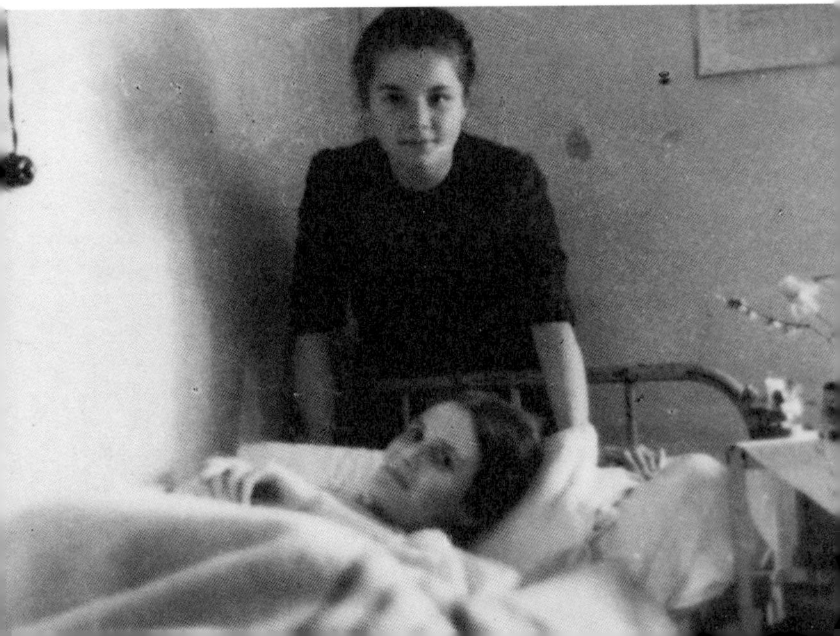

vom Obersalzberg dort vorgefunden). Bei dieser Kolonne befand sich mein Onkel Albert, der jüngere Bruder meines Vaters, mit seiner Frau und dem während des Bombenangriffs auf den Obersalzberg im Berchtesgadener Krankenhaus geborenen Sohn und dem sechzehnjährigen Sohn aus der ersten Ehe seiner Frau (dessen Vater schon vor dem Krieg in den USA gestorben war), außerdem begleitete eine RK-Schwester die Familie, denn nach der Niederkunft war der Mutter kein Tag Ruhe gegönnt gewesen. Dieser Gruppe konnte ich mich anschließen. Die einzelnen Fahrzeugbesatzungen sollten versuchen mit den Fahrzeugen soweit wie möglich in Richtung Heimat zu gelangen. Wir schlossen uns einer Gruppe an, die über den Hirschbühel vom Pinzgau zurück nach Bayern wollte, denn in Österreich war die Wiedererrichtung eines selbständigen Staates absehbar, außerdem zeigte sich da und dort eine rot-weiß-rote Widerstandsbewegung gegen die sich auflösenden deutschen Truppen. Wir fuhren am Morgen des 9. Mai los und kamen ohne Schwierigkeiten bis Weißbach bei Lofer (im Saalachtal). Dort beginnt die Hirschbühelstraße, die über die Grenze zum Hintersee in die bayerische Ramsau führt.

Im Hintertal, nach der ersten Steigungsstrecke, war die Fahrt zu Ende, denn zwei Straßenbrücken waren zerstört, und zwar so, daß wir auch nicht an den Trümmern vorbei durch den Bach fahren konnten. Also wurde abgeladen. Alles, was wir nicht schleppen konnten, im wesentlichen Lebensmittel, wurde notdürftig im Wald versteckt – so notdürftig, daß wir später nicht mehr viel davon wiederfanden, weil andere es gefunden hatten und gebrauchen konnten.

Unser Glück war, daß wir auf diese Weise einen Fußsteig abseits der Straße weiterzogen. Wir waren noch nicht sehr weit auf diesem Steiglein durch die Bergwiesen, das durch Gebüsch gegen Einsicht von der Straße recht gut gedeckt war, als wir unter uns an den Trümmern der talinneren Brücke einen Jeep mit Soldaten der anderen Seite sahen. Um Haaresbreite wären wir zusammengeraten! So ging es weiter bis zum letzten Bauern im Hintertal, dem Querleitner. Dort war nur der alte Bauer zu Hause, um das Vieh zu versorgen. Frau und Töchter hatte er zum abgelegenen Futterhof eines Nachbarn gebracht. Er ließ uns in der

Scheune nächtigen. Am ganz frühen Morgen zogen die Männer in kleinen Gruppen nach einer genauen Wegbeschreibung des Bauern abseits der Straße weiter. – Sie konnten zwar alle die Grenze ohne Kontakt mit den Marokkanern, die hier die Kampfspitze der Alliierten bildeten, überschreiten, aber früher oder später wurden alle gefaßt und fanden sich im Lager Moosburg wieder, einem Lager vor allem für SS-Angehörige, deren Zugehörigkeit zu Verbänden, die mit Menschenrechtsverletzungen in Verbindung gebracht wurden, erst noch zu klären war.

Wir blieben bei dem Bauern. Ich fühlte mich außerstande zum Marsch über die Berge, denn ich hatte mir noch in Steinach, wie eine Reihe Kameraden, eine Fleischvergiftung zugezogen (heute nennt man das Salmonellose), deren Brechdurchfall mich inzwischen schon erheblich geschwächt hatte. Ich wurde ohne viel Fragen vom Bauern aufgenommen. Ich gab mich als Vollwaise aus München aus; die Eltern und Geschwister seien dort bei einem Bombenangriff umgekommen. Von Albert hatte ich erfahren, daß das Einwohnermeldeamt von München-Stadtmitte völlig ausgebrannt sei. Die Anschrift „Kaufingerstraße 25" sei darum goldrichtig und nicht überprüfbar. Jedenfalls habe ich als „Martin Bergmann aus München, Kaufingerstraße 25" dreizehn Registrierungsfragebögen für amerikanische und österreichische Stellen ausgefüllt und nie Schwierigkeiten bekommen. Sogar den „Viersprachen-Ausweis für Ausländer und Staatenlose" bekam ich so.

Onkel Albert mit seiner Familie bekam eine Kammer im Erdgeschoß, und auch die Krankenschwester wurde untergebracht. Unterwegs hatten sie im Hintertal ein weniger schönes Erlebnis: Der Säugling mußte seine Nahrung bekommen, darum bat die Schwester, in Uniform, für die Mutter und das Kind um Milch und um die Möglichkeit, die Milch warm zu machen. Beides wurde verweigert, die „Reichsdeutschen" sollten nur sehen, daß sie „ins Reich" zurückkämen.

Zunächst war ich dem Bauern für nicht viel brauchbar. Die Bäuerin versuchte, mich mit Hausmitteln zu kurieren, nachdem der deutsche Wehrmachtsarzt in dem kleinen Gefangenenlager in Weißbach mir nur zwei Opiumtabletten mitgeben konnte. Ich habe sie nie gebraucht. Sie konnten später dem zweiten heimgekehrten Querleitsohn helfen, der nach viermaliger Flucht aus russischer Gefangenschaft endlich nach Hause durchgekommen, aber schwer angeschlagen war. – Er gehörte zu jenen deutschen Soldaten, die in der CSR in amerikanische Gefangenschaft gegangen waren und eines Morgens sich von russischen Panzern umstellt sahen. Anschließend ist er noch dreimal von den Amerikanern an die Russen „rücküberstellt" worden, Auswirkungen des Handels von Jalta. Sein letzter Fluchtweg führte ihn über die Slowakei nach Ungarn, von dort in die sowjetische Zone Österreichs, weiter in die britische und dann erst von dort aus in die amerikanische Zone, ein wochenlanger Umweg. Das gelang, aber er war krankenhausreif.

Albert und seiner Familie drohte in diesem Sommer 45 die Einweisung in ein Flüchtlingslager in Zell am See, von wo aus reichsdeutsche DPs (Displaced Persons, also irgendwie Versprengte) nach Deutschland in ihre zuständige Besatzungszone zurückgeführt werden sollten. Das wollte die Familie natürlich auf jeden Fall vermeiden. Vom Mooswirt, dem Bruder der Querleitnerin, konnte Albert ein „Beutepferd" kaufen, das dieser in den Tagen des Zusammenbruchs aus Wehrmachtsbeständen auf der Paßhöhe auf seiner Wiese aufgesammelt und in seinen Stall gestellt hatte. Ein anderes hatte der Mooswirt geschlachtet, weil es sein Futter nicht mehr wert war. Auch Querleitn hat davon abbekommen, aber das Gulasch aus diesem Fleisch war das Holz nicht wert, mit dem es gekocht worden war. Der Querleitner baute für die Familie aus seinem „Ersatzteillager" einen Leiterwagen zusammen, eine Plane fand sich auch noch. Mit diesem Gefährt machte sich die Familie Anfang August auf den Weg: über Lofer, Unken, Steinpaß in die amerikanische Besatzungszone Deutschlands, mit einem Passierschein, ausgestellt vom damaligen Loferer Bürgermeister.

Weißbach war damals eingemeindet nach Lofer. Ich war nicht auf dem Passierschein aufgeführt, denn ich war auf der Alm, als diese Geschichte ablief, und der Loferer Bürgermeister weigerte sich, mich nachträglich darauf zu setzen. Ich bin dann zur Kommandantur der Amerikaner nach Zell am See geradelt, aber dort hörte ich nur, der Bürgermeister von Lofer habe überhaupt kein Recht, Passierscheine auszustellen.

Gott sei Dank hatte mir die Tante den ihren auch nicht ausgehändigt, so konnte er mir auch nicht abgenommen werden. Eines erreichte ich: Der Loferer Bürgermeister konnte mich nicht ins Lager nach Zell am See schicken; ich durfte beim Querleitner bleiben. – Ich begleitete die Familie meines Onkels mit dem Rad bis kurz vor Lofer, dann kehrte ich nach Querleitn und auf die Alm zurück. Daß sie wirklich gut durchgekommen waren, erfuhr ich erst 1949, als ich hörte, daß Albert nach seinem Spruchkammerverfahren in Rebdorf bei Eichstätt, einem ehemaligen Kloster und zu der Zeit bayerische Haftanstalt, im „Arbeitslager" war.

Die Hausmittel der Querleitmutter halfen mir schließlich wieder auf die Beine, aber es dauerte bis in den November 45, bis ich den Brechdurchfall endgültig los war. Die sich immer wiederholenden Rückfälle während des ganzen Sommers hatten mich ganz schön geschlaucht. Kleine Hilfsdienste waren alles, was ich schaffte: Kühe hüten oder suchen und zur Hütte treiben, wenn sie mal aus irgendeinem Grund nicht von selbst kamen; die Schafe von der Alm treiben, wenn sie wieder einmal ein Loch im Zaun gefunden hatten, und dann dieses Loch suchen und wieder schließen; giftiges Unkraut mähen und morgens und abends den Stall ausmisten; das war es im wesentlichen. Ich versuchte halt, mich so gut wie möglich nützlich zu machen.

Im Herbst war ich dann mit meiner Sennin auf dem Vorhof/ Futterstall, denn der liegt direkt an der Hirschbühelstraße, kaum fünf Minuten Fußweg vom Gasthof und vom Zollhaus. Der Moos-Wirt war zwar der Bruder der Querleitbäuerin, aber im Zollhaus saßen zunächst die Amerikaner, ziemlich rüde Krieger von der „Rainbow Division", und später die ersten österreichischen Zöllner. Beide Besatzungen waren nicht sehr vertrauenerweckend. Die GIs waren nach Gerüchten z. T. rekrutiert aus Gefängnissen mit dem Versprechen einer Amnestie der Reststrafe.

Die ersten österreichischen Zöllner waren rekrutierte Hilfswillige, damals in erster Linie aus Gefängnissen und KZs befreite „politisch Verfolgte des NS-Regimes", die indes offenbar häufig nicht „politisch Verfolgte", sondern Kriminelle waren, die ihre

Chance zu nutzen gewußt hatten, auch wenn das meist nur eine kurze Weile gutging. Der erste Zollposten auf dem Hirschbühel wurde, mit Ausnahme des Kommandanten, einige Zeit später von der Gendarmerie ausgehoben, weil die Zöllner auf ihren Patrouillengängen entlang der Grenze ziemlich kräftig gewildert hatten. Außerdem kam dabei auch ein florierender Schmuggel der Zöllner auf: Zigarettenpapier gegen Feuersteine; da war ein Rucksack voll schon ein erheblicher Wert für den schwarzen Markt.

Ein Schritt zurück und zwei Schritte vor – oder: Wie auch aus Schwierigkeiten Gutes kommen kann

Im Herbst wurde ich vom Ortsbauernobmann zu einem anderen Bauern im Hintertal dienstverpflichtet, weil inzwischen zwei Söhne vom Querleitner aus Kriegsgefangenschaft heimgekehrt waren, der eine aus amerikanischer Gefangenschaft aus Italien, der andere jener erfolgreich Russen und Amerikanern Entkommene. Die Dienstverpflichtung war unangenehm, weil der neue Arbeitgeber sich die Situation meiner absoluten Abhängigkeit zunutze machte. Die Alternative für mich war aber, in ein „Flüchtlingslager" zur Repatriierung eingewiesen zu werden. Aber Repatriierung – wohin? Das war keine Alternative. Also mußte ich durchhalten.

Ich nutzte die erste Gelegenheit, von dieser Dienstverpflichtung freizukommen, als der zweite heimgekehrte Querleitsohn im Mai 1946 eine Hoferbin im Hintertal heiratete, die Tochter des Nachbarn meines erzwungenen Arbeitgebers. Ich kehrte nach Querleitn zurück, wo ich mich bereits zu Hause fühlte, obgleich angesichts dieser Lage mein „Arbeitgeber" aus der Dienstverpflichtung mir nun plötzlich den Lohn vervierfachen wollte bei gleichzeitiger Verminderung der Arbeitsverpflichtung. Bis dahin hatte ich morgens und abends vollen Dienst im Kuhstall und dann den Tag über alle möglichen Arbeiten auf dem Hof oder im Sägewerk auszuführen. Nun sollte ich Roßknecht werden mit einem klar umrissenen Aufgabenbereich. Doch Querleitn wäre mir sogar ohne Lohn lieber gewesen. Aber ich bekam auch dort einen Lohn, der um die Hälfte den der vergangenen sechs Monate überstieg.

Im Sommer 46 wurde ich durch die ruhig-verständnisvolle Anleitung des Querleitners allmählich zu einer voll brauchbaren Arbeitskraft in der Land- und Forstwirtschaft. Ich fühlte mich wohl bei meinem Bauern, aber dennoch war die Situation des „Untergetaucht-Seins" durch die ständig geforderte Wachsamkeit – um nicht entdeckt zu werden, mit all den ungewissen, aber schlimm vorgestellten Folgen – gespannt.

Aus dieser Notwendigkeit, ständig auf der Hut zu sein, niemandem zuviel zu erzählen, schon um Widersprüche zu vermeiden, ergab sich eine gewisse Isolierung. Ich mied alle Arten von Veranstaltungen, die zu einem vertrauteren oder gar vertraulichen Verhältnis, zu größerer Nähe zu anderen jungen Leuten meines Alters hätten führen können.

Schon im Sommer 45 war eines Tages eine Gruppe von Zivilisten mit einem Passierschein der französischen Besatzungszone (Tirol und Vorarlberg) aufgetaucht, die allerhand fragten, wobei sich herausstellte, daß es Ehemalige einer Gruppe der Einheit von Otto Skorzeny waren, der seinerzeit mit seinen Männern Mussolini in einem spektakulären Handstreich am 12. September 1943 auf dem Gran Sasso aus Gefangenschaft befreit hatte. Sie hatten sich nach ihrem letzten Gefecht am Hirschbühel am 6. Mai in einer „Holzstuben" (früheres Unterkunftshaus für Holzarbeiter) zwischen der Kammerlingalm und der Kalprunalm verborgen und wollten nun wohl einiges „Material", was auch immer, „sicherstellen".

Manches war von den jungen Burschen der Gegend gefunden und ausgeräumt worden, auch automatische Gewehre und haufenweise Munition. Die Folge war eine erhebliche Zunahme der Wilderei gewesen, bis eine Gruppe bei Schießübungen vom Jäger übertölpelt und abgeführt worden war.

Das war wirklich eine echte Übertölpelung! Die Jäger der bayerischen Salforsten auf österreichischer Seite hatten damals ihre Waffen noch nicht zurück, konnten also den Wilderern nichts entgegensetzen. Der Jäger hatte nur seinen Bergstock. Er hörte das Geballere aus automatischen Waffen, pirschte sich an in der Hoffnung, den einen oder anderen zu erkennen (das ist schwer, denn der Wilderer „vermacht" sich, d. h., er hat eine Maske, einen Strumpf o. ä., oder er ist wenigstens gerußt). Er kam bis hinter einen Schützen, der gerade auf eine Scheibe schießen wollte. Er steckte mit einem nachdrücklichen Stoß dem Burschen den Bergstock in den Rücken: „Hände hoch!" Der Stock fühlte sich an wie ein Gewehrlauf, vor allem bei dem Schrecken des Jungen. Der ließ seine Waffe fallen, der Jäger griff rasch und sicher zu, hatte nun die durchgeladene und entsicherte Waffe in der Hand und wiederholte seinen Befehl nochmals für alle. Die Burschen gaben sich geschlagen, mußten auch noch die Schlösser aus den Waffen entfernen, und dann durften sie dem Jäger die Waffen zum Gendarmerieposten nach Weißbach tragen.

Reste des von ihnen Versteckten wollten die Skorzeny-Leute jetzt, nur wenige Wochen nach dem Handstreich des Jägers, mit zwei PKWs abholen, wobei sie allerdings die Bauern nicht nur mit Fragen, sondern auch mit Hausdurchsuchungen und Drohungen erheblich belästigten. Niemand von uns konnte feststellen, ob der französische Passierschein echt war oder eine Fälschung. Die Situation schien recht brenzlig. So lief ich als einziger, der Englisch konnte, auf dem kürzesten Fußweg zu den – gefürchteten! – Amerikanern, um sie um Schutz für die Bauern zu bitten. Bis die mit all ihrem Schießzeug marschbereit in den Jeeps waren, das dauerte eine Weile. Mich nahmen sie im ersten Jeep mit, einen großkalibrigen Colt auf meinen Bauch gerichtet. Ich fühlte mich sehr unbehaglich. Die Situation war ja für mich auch einigermaßen verrückt.

Als wir bei den drei innersten Höfen des Hintertals ankamen, waren die anderen weg; sie hatten Zeit genug gehabt zu verschwinden, denn die Straße vom Hirschbühel herunter ist von den Höfen aus gut einzusehen, und bei einem schnellen Aufbruch war das Zusammentreffen leicht zu vermeiden. Nun fragten die GIs und durchsuchten die Häuser und waren lästig. Aber die andere Bedrohung war gewichen; die kamen nicht wieder.

Es gab immer wieder Situationen, die das Herz im Hals klopfen ließen, etwa wenn ich plötzlich von einem Ramsauer Bauern, der früher jahrelang auf dem Obersalzberg ein sog. „Stammarbeiter" war, erkannt wurde, als er auf die Kalprunalm zu seiner Hütte kam. Eine ganze Reihe von Bauern aus der Ramsau und aus Bischofswiesen bei Berchtesgaden hatten ihr Vieh auf der Lützelalm, „meiner Alm", auf der Kalprun- und auf der Kammerlingalm. Sie alle kamen über den Hirschbühel, am Querleitfutterhof vorbei, wo wir im Sommer das Heu einbrachten und im Spätsommer das Vieh weideten. Und sie waren selbstverständlich seit Jahren mit dem Querleitner bekannt, zum Teil befreundet.

Ein andermal kam völlig unerwartet ein junger Kaplan aus Schneitzelreuth bei Bad Reichenhall (Erzdiözese München-Freising) zum Querleitner. Weißbach war seine Heimat, und er besuchte reihum die Bekannten und Freunde in seiner Heimatpfarrei, sein erster Besuch nach dem Krieg. Als er auf dem Querleithof auftauchte und die Bäuerin mich ihm als Vollwaise aus München vorstellte, wurde mir bei seinen hilfreich gemeinten Fragen und Hilfsangeboten sehr heiß.

Nur einmal habe ich mit einer größeren Gruppe eine Bergtour auf den Großen Hundstod gemacht, bei der alle jungen Leute der Gegend erst die Kalprunalm besuchten, in den Ställen tanzten und schließlich gegen zwei Uhr morgens zum Berg aufbrachen. Wie Gemsen haben wir in der Berchtesgaden zugewandten Wand Edelweiß gepflückt. Drei Stück waren erlaubt. Manche hatten sicher mehr, aber es gab keine Kontrollen im Sommer 1946. Um 8 Uhr waren wir dann so ziemlich alle im Ingolstädter Haus auf einen Malzkaffee. Dann sind wir abgestiegen.

So hätte es eigentlich zunehmend friedlich weitergehen können, wenn ich mir auch das Ende einer solchen „normalen" Entwicklung nicht vorstellen kann. Es kam anders: Schon im Sommer 45, als ich wenig zu tun hatte, weil ich wenig zu tun in der Lage war, fand ich auf der Alm auf der Suche nach Zeitvertreib bei schlechtem Wetter als Lesestoff einen Katechismus und eine katholische Schulbibel meiner Sennin, erste Begegnung mit Dokumenten des katholischen Glaubens, dessen praktische Auswirkungen ich ja so lebendig und wohltuend erlebte. Das machte mich natürlich neugierig, denn noch vor gut einem Jahr hatte ich bei den Aufführungen des von meiner Klasse einstudierten Theaterstücks „Ulrich von Hutten" vor dem Vorhang einen

Vorspruch zu deklamieren, in dem erklärt wurde, daß über dem Kampf gegen den bolschewistischen Weltfeind der Reichsfeind Nr. 1 nicht vergessen werden dürfe: die katholische Kirche.

Dieses Stück war dann vor Aufführungen in anderen Orten wegen seines kirchenkämpferischen Tenors auf Weisung der Parteikanzlei abgesetzt worden. Es kam zur Unzeit. Man wollte sich zu diesem Zeitpunkt keine neuen Feinde in katholischen Kreisen machen, man brauchte sie ja – noch. In Feldafing scheint es damals einen gewissen internen Kulturkampf gegeben zu haben. Ich erinnere mich an das Ausscheiden eines Erziehers, weil er diesen Kurs aus Gewissensgründen nicht mittragen konnte.

Hier stieß ich jetzt auf „Quellenmaterial", das mir erlaubte, diesen „Reichsfeind Nr. 1" in seinen eigenen Dokumenten kennenzulernen. Ich muß sagen, daß dieses erste Kennenlernen von „Quellen" mich tief verwirrt hat, denn es schien mir die Verdummungstheorie voll zu bestätigen: Wer das lehrte, was ich da schriftlich vor mir hatte, mußte doch die Leute für dumm verkaufen. Denn wie konnte ein halbwegs vernünftiger Mensch das glauben?! Dem stand aber meine lebendige Erfahrung gegenüber, daß diese „Verdummung" Menschen befähigte, aus ihrer Überzeugung heraus befähigte, mir – ohne viele Fragen, ohne Neugier und ohne Gegenleistung zu erwarten – als ihrem „Nächsten" jede Hilfe zu geben, die ihnen möglich war.

Sie akzeptierten schweigend, ohne zu disputieren, daß ich mich als „evangelisch" ausgab, aber mit der evangelischen Gemeinde in Lofer, deren Anschrift und Gottesdienstordnung sie mir ungebeten besorgt hatten, keine Verbindung aufnehmen wollte. Sie lebten schlicht und selbstverständlich in einer Weise, die mir beneidenswert schien, ohne Pathos, in einer gelassenen Sicherheit und Demut. Ich hatte – und dafür bin ich sehr dankbar! – durch Gottes Fügung lebendige Christen gefunden, so lebendig, daß ich einer von ihnen werden wollte, trotz der unverstandenen Quellentexte. In Querleitn hatte ich wirklich eine neue Familie und ein Zuhause gefunden. Ich war wie ein jüngster Sohn angenommen, von den Söhnen und Töchtern wie ein jüngerer Bruder, ich gehörte und gehöre bis heute zu ihnen.

Die Zeit der Dienstverpflichtung bei dem anderen Bauern vom

November 45 bis Mai 46 war ein retardierendes Moment, hat die im Sommer 45 begonnene Entwicklung um ein gutes Jahr verzögert, denn dort machte ich die genau gegenteilige Erfahrung – ebenfalls eine heilsame und notwendige Erfahrung für mich: „frommes Wort-Christentum", aber gegenteilige Werke; eine Erfahrung, die viele Menschen aller Zeiten mit vielen von uns Christen machen. In der Gefahr zu fallen steht jeder, und darum nehmen viele Ärgernis an der Botschaft, deren berufene Vertreter selber diese nicht hinreichend glaubwürdig darleben. Die Kirche(n) begleitet durch die Jahrhunderte der Vorwurf der mangelnden Glaubwürdigkeit. Das kann nur durch das christliche Menschenbild selbst korrigiert werden: Erlöst werden Sünder, also unvollkommene Menschen. Unvollkommenheit ist menschliche Natur, auch nach der Erlösung durch Christus. Das Streben nach der Vollkommenheit ist mühsame Lebensaufgabe, die Vollendung aber verheißene Gabe Gottes im Vollendungszustand, den wir „Himmel" nennen. Auch das kirchliche Amt und der Dienst an der Verkündigung der Frohen Botschaft befreien nicht von der menschlichen Schwäche, heben nicht die weiterdauernde Erlösungsbedürftigkeit auf.

Dieses Menschenbild steht natürlich jedem wie immer gearteten Übermenschenwahn diametral entgegen. Angesichts der gegenwärtigen Weltlage in Politik, Wirtschaft, Umwelt wird die Erlösungsbedürftigkeit wie die Unfähigkeit der Menschheit, aus eigener, menschlicher Leistung das Heil für alle Menschen zu wirken und die Schöpfung zu bewahren, wohl zunehmend deutlich.

Die Schatten der Vergangenheit

Schon beim Querleitner wurde ich durch die „Salzburger Nachrichten" – die Tageszeitung, die der Querleitner abonniert hatte, sobald sie erschien – konfrontiert mit Berichten und *Fotos* über all das, was an unvorstellbarem Leid, an Grausamkeiten und perfektionierter Massenvernichtung über Menschen gebracht worden war – von *uns*, vom nationalsozialistischen Staat, von dem von ihm beherrschten und durchdrungenen deutschen

Volk –, über Menschen, die zu „Gegnern", zu „Feinden" erklärt
worden waren, die selbst aber in der Regel nicht wußten, warum ihnen das angetan wurde: Juden, deutsche und europäische,
Zigeuner (Sinti und Roma), Angehörige der slawischen Völker
(nachweislich Arier! Trotzdem wurden ihre Eliten vernichtet),
alle angeblichen „Nicht-Arier", letztlich alle „Nicht-Germa-
nen" – denn der Begriff „Arier" war in der NS-Sprache ebenso
verfälscht wie der Begriff „Semit": Daß *die Ur-Arier die Iraner*
sein könnten, *sind* (vgl. den Titel des Schah: Kaiser *der Arier),*
wurde ebenso ausgeklammert wie die Tatsache, daß die weitaus
größere Zahl der Semiten nicht Juden, sondern Araber und seit
dem 7. Jhd. unserer Zeitrechnung Muslime sind. Als „Arier"
galten allenfalls nach einer eigens für diesen Nachweis entsand-
ten SS-Forschungsexpedition die Hunza im nordwestlichen Ka-
rakorum im heutigen Pakistan.
Tatsächlich steht in der NS-Rasse-Ideologie der Begriff „Arier"
nicht etwa im Sinne der Sprachwissenschaft für die Indo-Ari-
sche Sprachengruppe, sondern etwa im Sinne der blond-blau-
äugigen ario-heroischen Rasse der Ostara-Hefte des Lanz von
Liebenfels als Gegensatz zu den „dunklen Tschandalen", die bei
Hitler in seinem Judenhaß, den er geradezu religiös begreift, in
erster Linie gleichgesetzt sind mit den Juden: *„So glaube ich*
heute im Sinne des allmächtigen Schöpfers zu handeln: Indem
ich mich der Juden erwehre, kämpfe ich für das Werk des
Herrn."[*]
Vor diesem Hintergrund kann ich heute verstehen – was weder
ich noch eines meiner Geschwister damals wußte, was aber die
Akten des Bundesarchivs in den Originalen nachweisen: Der
Stabsleiter des Stellvertreters des Führers, der spätere Leiter der
Parteikanzlei, SS-Obergruppenführer und „Sekretär des Führers", Martin Bormann, war nicht in der Lage, den Vater seines
unehelich geborenen Urgroßvaters ermitteln zu lassen. Damit
war schon der „Ariernachweis" für seinen Großvater nicht
möglich. Wie schmerzlich diese Gewißheit mit den Jahren für

---

[*] aus: Wilfried Daim, Der Mann, der Hitler die Ideen gab, Wien 1985,
Berlin 1991, S. 13; dort aus: Adolf Hitler. Mein Kampf, Jubiläumsaus-
gabe, München 1939, S. 73

ihn werden mußte, läßt sich aus der Dauer und dem materiellen Aufwand ersehen: Vom 19. Januar 1931 (erstes schriftliches Ersuchen unseres Vaters um Nachforschungen in dieser Sache) bis zum 4. Januar 1945 (!), Datum des letzten Aktes in dieser Sache, hat er keine Kosten gespart, um seinen „Ariernachweis" lückenlos zu bekommen – aber er hat es nie mit „krummen Touren" versucht, das heißt doch, daß er diese Sache als „gläubiger Nationalsozialist" ganz ernst genommen hat und es ihm nicht um die bloße formale Erfüllung ging. Die hätte er wahrscheinlich sehr viel billiger und schneller, aber eben nicht ehrlich haben können. Ein Einzeleintrag in diesem Zusammenhang: Am 23. 7. 1944 wird angemerkt, daß er RM 50.000,– gespendet hat für Hinterbliebene von Gefallenen der Waffen-SS.

Ich weiß es nicht, vermag es auch nicht nachzufühlen, was das für ihn, für sein „Sozialprestige" in der damaligen NS-Gesellschaft bedeutet hat, haben mag; die Zahl derer, die darum wußten, war immerhin sehr begrenzt. Da aber, laut Akten immer wieder, der Reichsführer-SS in der Suchaktion genannt ist – die Suche lief über das entsprechende SS-Amt –, könnte es schon sein, daß mehr und mehr das Gefühl eines Ausgeliefertseins an diesen Reichsführer entstand, das in letzter Konsequenz zum Sturz Himmlers geführt haben könnte. Jedenfalls wurde Himmler, der ohne wirkliche militärische Erfahrung war, zum Befehlshaber der Heeresgruppe „Weichsel" ernannt zu einem Zeitpunkt, als diese „Beförderung", die am Zusammenbruch der Ostfront nichts mehr aufzuhalten vermochte, auch als eine Intrige gedeutet werden konnte, ihn zu Fall zu bringen.

Ein Paradox soll noch aufgezeigt sein: Alle diese Suchaktionen zum Nachweis der arischen Abkunft (im Sinne der NS-Ideologie) waren nur durch die aktive Unterstützung der christlichen Kirchen, hier der zuständigen matrikelführenden Pfarrämter, möglich. Bis 1876 waren sie es, die Geburten, Taufen, Eheschließungen beurkundeten (*danach erst* gab es „Standesämter" im „Deutschen Reich").

Die kirchlichen Matrikelstellen wurden mit all den Anfragen zur Begründung von „Ariernachweisen", meist von offiziellen staatlichen oder parteiamtlichen Stellen, überhäuft, und es gab nur wenige, die sich dem entzogen, zu entziehen wagten.

Das deutsche Volk in der Mitte Europas mit all seinen Vorzügen und Fehlern ist das fruchtbare Gemisch der vielen verschiedenen Erbanlagen, die von Nord und Süd, von West und Ost in unserem Lebensraum aufeinandergestoßen sind und sich durchmischt haben – seine Fehler sind in der Regel keine biologisch-genetischen, sondern ideologisch-weltanschauliche Vorurteile gegen andere.

Die Folgen der Engführung der Rasse-Ideologie durch die geistigen Väter dieser Lehre und dann durch den Nationalsozialismus mit allen schrecklichen Konsequenzen – von der Euthanasie bis zum Völkermord an den „Nicht-Erwünschten" und zur Menschenzucht des „Lebensborn" – sollten uns heute sehr wachsam machen gegen jedes Wiedererwachen dieser Ideologie der Unmenschlichkeit und dankbar für die Vielfalt, die sich in unserem Lebensraum durch die von uns ins Land gerufenen „Gastarbeiter" und ausländischen Mitbürger aller Art ergeben hat. So lange es uns *miteinander* gelingt, dieses Miteinander friedlich im Dialog zu gestalten und nicht durch Dirigismus von oben und aggressiven Protest von unten zu blockieren, werden wir alle davon nur Nutzen haben.

III.

Mein Vater – was weiß ich über ihn?

Ja, was weiß ich über meinen Vater? Mein Vater, Martin Bormann, wurde am 17. Juni 1900 als Sohn des Theodor Bormann, Oberpostassistent, und seiner Ehefrau Antonie, geb. Menong, geboren.

Als mein Vater drei, sein Bruder Albert noch keine zwei Jahre alt war, starb ihr Vater an „einer Blutvergiftung" durch eine Verletzung an rostigem Stacheldraht, so wurde es jedenfalls uns überliefert. Die Witwe mit den beiden kleinen Jungen und den beiden Stiefkindern aus der ersten Ehe des Verstorbenen – deren Mutter war im Alter von nur 30 Jahren gestorben – heiratete bald den Witwer ihrer früh verstorbenen Schwester, der seinerseits fünf Kinder in die Ehe mitbrachte. Mit der nur kleinen Witwenrente, weil ihr Mann Theodor nach seinem Militärdienst nicht mehr sehr lange als Postbeamter im Dienst war, konnte sie kaum durchkommen. Diese zweite Ehe beider Partner blieb kinderlos und war offenbar vor allem für die beiden kleinen Stiefsöhne, die ihren Vater verloren hatten, nicht glücklich. Der Stiefvater war sehr streng, aber materiell litt die Familie keine Not. Er war ein formal strenggläubiger evangelischer Christ, tägliche Bibellesung und gemeinsames Gebet waren selbstverständlich, aber auch harte Bußen, drakonische Strafen, wenn die Kinder etwas angestellt hatten (z. B. auf Holzscheiten knien während des Gebets) – und da waren die beiden Jüngsten die am meisten Betroffenen.

Im Alter von 15 Jahren ist Vater von zu Hause weggelaufen, er hoffte, im zweiten Kriegsjahr, 1915, als Freiwilliger zur Armee zu kommen, wurde aber als zu klein und zu schwach ausgemustert. Er ging jedoch nicht mehr nach Hause zurück, sondern verdingte sich in einer Ölmühle, einem kriegswichtigen Betrieb. 1917 wurde er Soldat, kam aber nicht mehr zum Fronteinsatz. Da der Stiefvater noch lebte und dem Hausstand vorstand – „volljährig" wurde man damals ja erst mit 21 – bewarb sich Vater auf eine Lehrstelle in der Landwirtschaft, die er erhielt, und nach seiner Ausbildung wurde er auf einem Gut in Mecklenburg Verwalter. Dort kam er mit dem „Freikorps Roßbach" („Organisation Roßbach") in Berührung, das dort nach dem offiziellen Verbot der „Freikorps" seinen Leuten gruppenweise auf den Gütern Unterschlupf, Arbeit und Brot besorgte.

Im Sommer 1923 kam es dort zu dem „Parchimer Fememord" an einem – angeblichen? / tatsächlichen? – „Verräter". Vater erzählte das so: Er sei von den Roßbachern um Pferd und Wagen gebeten worden, weil die „Abreibung" für den Mann zu hart ausgefallen sei, sie wollten das Opfer nach Hause, d. h. auf das Gut, bringen, dessen Verwalter Vater war. Der Mann hatte früher auf dem Gut gearbeitet, war dann aber mit einigen Schulden verschwunden.

Der gerichtsnotorische Tatbestand: Das Opfer war erschlagen und erschossen und verscharrt worden. Der Führer der Gruppe der Roßbacher, die in diese Tat verwickelt waren, war Rudolf Höß, der spätere Kommandant des KZ Auschwitz, dort 1947 nach Verurteilung durch das oberste polnische Volksgericht zum Tode durch den Strang hingerichtet.

Im Zusammenhang mit den Ermittlungen zu diesem Mordfall wurde auch Vater festgenommen und saß dann bis Ende September in Leipzig in U-Haft. Dann wurde er freigelassen und kehrte auf das Gut in Mecklenburg zurück. Bei dem Prozeß im Frühjahr 1924 wurde er wegen „Beihilfe zu einer schweren Körperverletzung" zu einem Jahr Gefängnis verurteilt. Nachdem ihm ein Monat der U-Haft auf die Strafhaft angerechnet wurde, blieben elf Monate zu verbüßen, „Tüten kleben".

Im Februar 1925 wurde er entlassen. Noch einmal kehrte er nach Mecklenburg zu seinem Dienstherrn zurück. Nach dem Tod des Stiefvaters zog er jedoch zu seiner Mutter und seinem jüngeren Bruder nach Weimar und versuchte sich als „Vertreter" für Handelsartikel. Bald kam er in Verbindung mit dem „Frontbann", der Nachfolgeorganisation der nach dem Hitler-Putsch verbotenen SA. So kam er schon 1926 zum ersten Mal mit Hitler zusammen, dem Mann, der sein weiteres Leben von Grund auf prägte. Er ist Hitler ebenso verfallen wie mancher andere, vielleicht auch, weil er in diesem elf Jahre Älteren die Vaterfigur fand, die ihm seit frühester Kindheit fehlte.

1928 wurde er Hauptgeschäftsführer der NSDAP in Thüringen, zum Zeitpunkt meiner Geburt war er Leiter der von ihm begründeten „Hilfskasse der NSDAP", die eigenen Opfern der gewalttätigen Auseinandersetzungen mit militanten Gegnern auf der Straße und bei Versammlungen bzw. deren Hinterbliebenen helfen sollte. Nach der „Machtübernahme" wurde er „Stabsleiter des Stellvertreters des Führers" bei Rudolf Hess. Schon in meiner frühen Kindheit war er selten zu Hause. Sein Dienst, von dem ich so gut wie nichts wußte, füllte seine Zeit so aus, daß ich keinen Urlaub der Familie mit dem Vater erlebt habe. Wohl kann ich mich an einen Besuch bei seiner Mutter in Weimar erinnern, an eine lange Autofahrt, an meinen ersten Zwiebelkuchen, den ich nicht mochte, und die geflochtenen Zwiebelzöpfe, die ich auch zum ersten Mal sah, an einen Besuch in der Hermanns- und der Baumannhöhle (Tropfsteinhöhlen). An den Zwiebeln läßt sich die ungefähre Jahreszeit festmachen, ein weiterer Hinweis ist der damals jährliche Zwiebelmarkt in Weimar. Der Zusammenhang stellt sich mir her, wenn ich in historischen Quellen die Nachricht finde, daß Hitler im Oktober 1933 zur Vorbereitung auf die Reichstagswahl am 12. November eine Deutschlandfahrt unternahm und am 1. November in Weimar sprach. Das paßt zeitlich, auch wenn ich da erst dreieinhalb Jahre alt war. Ich erinnere mich, daß Vater später oft beklagt hat, daß dieser enge Kontakt zur Bevölkerung wie bei den frühen Deutschlandfahrten bald nicht mehr möglich war. An die Stelle der Kontakte trat mehr und mehr die Isolation. Daß es sich um diese Deutschlandfahrt gehandelt hat, wird auch dadurch gestützt, daß unser Vater in dieser Reichstagswahl, in der die NSDAP erstmalig keine anderen Parteien mehr als Konkurrenten hatte, in den Reichstag gewählt wurde.

Vaters Anwesenheit bei der Familie war immer kurz, unregelmäßig, meist auch angespannt, weil er möglichst nicht gestört werden sollte. Das galt auch für die Wochenenden, die ohnehin damals viel kürzer als heute waren, weil der Samstag noch Arbeitstag war. Er sagte mir einmal, als ich schon in Feldafing war, er habe nach 1937 keine Nacht mehr als fünf Stunden Schlaf gehabt, häufig aber noch weniger. Das hing ganz sicher mit dem ungewöhnlichen Tagesrhythmus Hitlers zusammen, der um etwa drei Stunden gegenüber dem „normalen" Tagesrhythmus der Menschen um ihn herum versetzt war.

Beispiel:
Aufstehen nicht 6.00 Uhr, sondern 9.00 Uhr;
Mittagessen 15.00 Uhr;
Tee 20.00 Uhr;
Abendessen 23.00 Uhr;
Nachtruhe 2.00/3.00 Uhr.

Trotzdem waren alle anderen an den *normalen* Arbeitstag gebunden. Das hat die Mitarbeiter des engsten Kreises natürlich geschlaucht, nicht alle konnten auf Dauer bei dieser Lebensweise mithalten. Dadurch, daß Vater das bis zuletzt durchgehalten hat, war er einfach zeitmäßig Hitlers „Nächster", daraus ergab sich vieles, zu vieles andere fast von selbst.

Als 1938 durch eine Anordnung Hitlers vom 30. Mai der „Blutorden" auch an „verdiente Kämpfer aus Österreich" verliehen wurde, erhielt ihn auch Vater in Ancrkennung seiner Haftzeit. Es war der einzige Orden, den er in Uniform immer in der Form des Bandes im Knopfloch der rechten Brusttasche zu tragen pflegte. In Zivil trug er nur das goldene Parteiabzeichen.

Nach dem Flug von Rudolf Hess nach Schottland am 10. Mai 1941, dessen Hintergründe noch nicht wirklich geklärt sind, vielleicht nie mehr ganz geklärt werden können, wurde Vater Leiter der Parteikanzlei, dann übernahm er die Aufgabe seines bisherigen Chefs als Mitglied des Minister-Rats für Reichsverteidigung und wurde schließlich „Sekretär des Führers". Die Stelle des „Stellvertreters des Führers" (Rudolf Hess) wurde nicht neu besetzt. Was für Gedanken oder Pläne, welche Optionen mit dieser Entscheidung offengehalten werden sollten, darüber ist müßig zu spekulieren. Wir werden es nie erfahren. Tatsächlich hatte unser Vater von da ab erheblichen Einfluß auf den nichtmilitärischen Bereich der Entscheidungen Hitlers durch dessen uneingeschränktes Vertrauen.

Die Grundlage seines Verständnisses von seiner Aufgabe bekam ich 1943 bei einem seiner Besuche in Feldafing zu hören, als ich fragte: „Was ist Nationalsozialismus?" Seine Antwort: „Nationalsozialismus ist der Wille des Führers!"

Diese Antwort beinhaltet zweierlei: Nationalsozialismus ist in erster Linie *nicht* ein theoretisches ideologisches Gebäude, *sondern* die *personale Bindung an den Führer*, treue Gefolgschaft im Vertrauen auf sein „Genie". – Das aber ist ein irrationales oder überrationales religiöses Element, indem „der Führer" an die Stelle Gottes oder des Erlösers, des Heilbringers, tritt. Dadurch – ebenso wichtig! – daß Hitler seinen „Willen" als Programminhalt nur sehr wenig fixiert hatte, war es möglich, verschiedene Interpretamente dafür auszugeben. Wenn dann Mitglieder der Führungsgruppe der NSDAP, auf die „der Führer" sich stützte, darüber sich in die Haare gerieten, was „der Wille des Führers" sei, griff Hitler so selten wie möglich ein und meist mit Antworten, die wiederum mehrdeutig und interpretierbar blieben; das ließ ihm immer die Möglichkeit offen, die Kontrahenten geschickt gegeneinander auszuspielen.*

In dieser Antwort meines Vaters finde ich auch den Schlüssel für sein Verhalten wie für seinen Aufstieg. Nachdem für ihn „der Wille des Führers" Sinninhalt seines Lebens war, bemühte er sich nach Kräften, von Hitler alle Störungen fernzuhalten, welche nach seiner Meinung die Willensbildung Hitlers „negativ", d. h. seine vorausgesetzte visionäre Entscheidungsgabe behindernd, beeinflußt hätten. – Auch das ist keine rationale, sondern eine irrationale Entscheidung, begründet aus dem subjektiven Gefühl, was denn „dem Führer" zu seiner „visionären Entscheidung" als Bedingung nützlich oder hinderlich sei.

Ein weiteres wichtiges Element der NS-Ideologie läßt sich ebenso hier einordnen, die Rasse-Ideologie, die durch die Erhebung der „Arier", der „Germanen" zur „Herrenrasse" den Begriff des „auserwählten Volkes" des Judentums und des Chri-

---

* aus: Das große Lexikon des Dritten Reiches, München 1985, Augsburg 1993, S. 262: „... Hitler ließ die Machtelite relativ frei gewähren. Innenpolitisch, wo er uninteressiert war, förderte und duldete er Rivalitäten und stand unangefochten über den zerstrittenen Konkurrenten. Hitler war Willenszentrum, delegierte aber viel. Er regierte kaum, (be)herrschte indes. Weltanschauliche Hauptanliegen („Endlösung", Kriegsentschluß, Feldzüge) blieben letzte Alleinentscheidungen."

stentums konterkariert. Damit sind der Antisemitismus und der Haß gegen alles Christliche ebenfalls begründet im „Willen des Führers", in der „religiösen Wurzel" der NS-Ideologie.

Vor dem Hintergrund dieser grundsätzlichen Hingabe meines Vaters an „den Führer" und dessen Willen wird auch klar, warum er in Nürnberg im „Hauptkriegsverbrecherprozeß" als einer der „Hauptschuldigen" angeklagt worden ist, in jedem Punkt der Anklage. Im einzelnen hat er – *mit seinen Händen!* – meines Wissens keine Kriegsverbrechen begangen, den Angriffskrieg auch mit seinem Kopf nicht *direkt* vorbereitet noch *mit seinen Händen* Verbrechen gegen die Menschlichkeit begangen. Aber er hat bedingungslos die Ideologie Hitlers und ihre Ziele sich zu eigen gemacht, ihr gedient, sie als Leiter der Parteikanzlei nach Kräften verbreitet und durchgesetzt mit den ihm gegebenen Möglichkeiten. Er hat ebenso versucht, die vielen Einzelstränge dieser noch nicht systematisierten „Weltanschauung" zu einem einheitlichen System zusammenzuführen. Insofern war die Anklage als „Hauptschuldiger" gerechtfertigt. Seine aktive und radikale Frontstellung gegen das Christentum ist hierzu *ein* dokumentarisch belegter Beweis (aus: Der Nationalsozialismus, Dokumente 1933-1945, hg. Walther Hofer, Fischer TB 6084, S. 160 f.):

Nationalsozialismus und Christentum

In einem streng vertraulichen Rundschreiben Martin Bormanns (6. Juni 1941)

Nationalsozialistische und christliche Auffassungen sind unvereinbar. Die christlichen Kirchen bauen auf der Unwissenheit der Menschen auf und sind bemüht, die Unwissenheit möglichst weiter Teile der Bevölkerung zu erhalten, denn nur so können die christlichen Kirchen ihre Macht bewahren. Demgegenüber beruht der Nationalsozialismus auf wissenschaftlichen Fundamenten. Das Christentum hat unveränderliche Grundsätze, die vor fast zweitausend Jahren gesetzt und immer mehr zu wirklichkeitsfremden Dogmen erstarrt sind.

Der Nationalsozialismus dagegen muß, wenn er seine Aufgabe auch weiterhin erfüllen soll, stets nach den neuesten Erkenntnissen der wissenschaftlichen Forschungen ausgerichtet werden ...

... Aus der Unvereinbarkeit nationalsozialistischer und christlicher Auffassungen folgt, daß eine Stärkung bestehender und jede Förderung entstehender christlicher Konfessionen von uns abzulehnen ist. Ein Unterschied zwischen den verschiedenen christlichen Konfessionen ist hier nicht zu machen. Aus diesem Grunde ist daher auch der Gedanke einer Errichtung einer evangelischen Reichskirche unter Zusammenschluß der verschiedenen Evangelischen Kirchen endgültig aufgegeben worden, weil die Evangelische Kirche uns genauso feindlich gegenübersteht wie die Katholische Kirche. Jede Stärkung der Evangelischen Kirche würde sich lediglich gegen uns auswirken ...

... Zum ersten Male in der deutschen Geschichte hat der Führer bewußt und vollständig die Volksführung selbst in der Hand.

Mit der Partei, ihren Gliederungen und angeschlossenen Verbänden hat der Führer sich und damit der deutschen Reichsführung ein Instrument geschaffen, das ihn von der Kirche unabhängig macht. Alle Einflüsse, die die durch den Führer mit Hilfe der NSDAP ausgeübte Volksführung beeinträchtigen oder gar schädigen könnten, müssen ausgeschaltet werden.

Immer mehr muß das Volk den Kirchen und ihren Organen, den Pfarrern, entwunden werden. Selbstverständlich werden und müssen die Kirchen, von ihrem Standpunkt betrachtet, sich gegen diese Machteinbuße wehren.

Niemals aber darf den Kirchen wieder ein Einfluß auf die Volksführung eingeräumt werden. Dieser muß restlos und endgültig gebrochen werden.

Nur die Reichsführung und in ihrem Auftrage die Partei, ihre Gliederungen und angeschlossenen Verbände haben ein Recht zur Volksführung. Ebenso wie die schädlichen Einflüsse der Astrologen, Wahrsager und sonstigen Schwindler ausgeschaltet und durch den Staat unterdrückt werden, muß auch die Einflußmöglichkeit der Kirche restlos beseitigt werden. Erst wenn dieses geschehen ist, hat die Staatsführung den vollen Einfluß auf die einzelnen Volksgenossen. Erst dann sind Volk und Reich für alle Zukunft in ihrem Bestande gesichert.

Wir würden die Fehler, die in den vergangenen Jahrhunderten dem Reich zum Verhängnis wurden, wiederholen, wenn wir nach dem Erkennen der weltanschaulichen Gegnerschaft der christlichen Konfessionen jetzt noch irgendwie zur Stärkung einer der verschiedenen Kirchen beitragen würden.

Das Interesse des Reichs liegt nicht in der Überwindung, sondern in der Erhaltung und Verstärkung des kirchlichen Partikularismus.

M. Bormann, Reichsleiter

Daß er über seinen politischen Aufgaben und übernommenen Verpflichtungen seine Familie nicht vergessen hat und auch in kleinen Dingen fürsorglich sein konnte, möge eine an sich belanglose und doch bezeichnende Tatsache zeigen: Regelmäßig kamen aus dem Führerhauptquartier vom Vater Pakete mit getrockneten Anschnitten, „Kanten" von „Kommißbroten", die dort wegen ihrer Härte nicht auf den Tisch kamen, bei uns zu Hause an. Sie fanden großen Anklang und gute Zähne und hungrige Mäuler, denn nach dem Beginn der massiven Luftangriffe auf das Ruhrgebiet hatten unsere Eltern den verfügbaren Wohnraum auf dem Obersalzberg und in Mutters Haus in Schluchsee mit Kindern im Vorschulalter aus den bedrohten Gebieten gefüllt, Kinderschwestern und Erzieherinnen dafür angestellt und für das Wohl dieser Kinder gesorgt, die alle bei Bedarf auch neu eingekleidet wurden.

Ein Kuriosum: Nach dem Krieg gab es deshalb eine postume Anklage gegen unsere Mutter wegen „Kindsentführung" vor einem britischen Militärgericht, weil die britische Besatzungsmacht in dem gegebenen Fall zuständig war. Der Grund: Mutter hatte die Kinder, die bei uns auf dem Obersalzberg waren und vor dem Kriegsende durch die unterbrochenen Verkehrswege nicht mehr nach Hause zurückkehren konnten, auf der Flucht nach Südtirol mitgenommen. Von dort aus waren sie geordnet nach dem Tod unserer Mutter zu ihren Familien zurückgeführt worden. Aufgrund dieser Tatsache wurde von dem britischen Militärrichter die Klage abgewiesen, und der klagende Vater, der seine Zwillingssöhne gesund und munter, gut genährt und bekleidet zurückerhalten hatte, erhielt einen Verweis des Richters wegen seiner Undankbarkeit und der Unverfrorenheit, durch seine Klage nochmals Geld herausschlagen zu wollen.

Am 8. Mai 1945 brach das III. Reich endgültig zusammen. Aber entgegen den Unheilsprophezeiungen des „Führers" Adolf Hitler, der dem deutschen Volk im Falle der Niederlage das zukünftige Lebensrecht absprach, hatten weder die Sieger im Osten noch die im Westen die Vernichtung „des Volkes", der Zivilbevölkerung, im Sinn, obgleich vor allem im Osten zunächst ein namenloses Elend über die Menschen hereinbrach, Vergewaltigung, Vertreibung, Tod.

Für mich – gerade 15 Jahre alt – und viele meiner Altersgenossen, die wie ich in der Gedankenwelt des Nationalsozialismus aufgewachsen waren, war das ein *totaler Zusammenbruch*, nicht nur ein verlorener Krieg. Es war der Zusammenbruch unserer Sinn- und Werteordnung, und die folgenden Wochen waren furchtbar, weil sie uns konfrontierten mit all den Wahrheiten, die manche heute aufs neue zu verdrängen suchen. Wir konnten nicht verdrängen, denn die Bilddokumente und die überlebenden Zeugen sowohl auf seiten der Opfer wie der Täter konfrontierten uns in ihrer Fülle unausweichlich mit der dunklen, entsetzlichen, unvorstellbar grausamen und menschenverachtenden Seite der NS-Ideologie in ihren Auswirkungen.

Aber: Nach den furchtbaren Schrecken dieses Kriegsendes in bedingungsloser Kapitulation halfen die Sieger – sicher in sehr unterschiedlicher Weise, aus unterschiedlichen Motiven, in unterschiedlichem Maß – den Überlebenden zu überleben, neu anzufangen. Das war der entscheidende Schlag gegen die „Sieg oder Tod"-Parole der NS-Ideologen. Wir haben überlebt und – viele mühsam genug – gelernt, daß dieser Neubeginn auch Befreiung zu neuen Chancen war.

Aus der Erfahrung des totalen Zusammenbruchs wuchs allmählich die Erfahrung einer neuen Geborgenheit in der Gemeinschaft der Christen und durch sie auch die Erfahrung einer Führung durch die nahe Liebe Gottes. Das war Voraussetzung für eine angstfreie, kritische Auseinandersetzung mit der Vergangenheit. An deren Ende standen der Zusammenbruch von 1945 als Beginn einer echten Befreiung von der Ideologie des Hasses, die die Menschen in Über- und Untermenschen unterschied, und die Befreiung zur Liebe zu allen Menschen als Kindern des einen Vaters im Himmel. Daraus folgte für mich die Anerkennung der Allgemeinen Menschenrechte und Grundfreiheiten, wie sie in der „Allgemeinen Erklärung der Menschenrechte" der UNO vom 10. 12. 1948 formuliert sind. Ihre Anerkennung von allen Menschen für alle Menschen ist Grundlage für die Möglichkeit von Frieden.

Zusammenfassung der Gerüchte und Berichte über den Verbleib unseres Vaters nach dem Zweiten Weltkrieg

Nach dem Krieg begannen die Gerüchte und „Berichte" über den seit dem 2. Mai 1945 nicht mehr Auffindbaren. Für mich galt der Funkspruch – „Der Führer ist im Kreis seiner Getreuen gefallen" –, von dem ich im letzten Quartier der Reste der Parteikanzlei am 1. Mai um 2.00 Uhr morgens gehört hatte, auch für das angenommene Ende meines Vaters, bis mit der Anklageerhebung in Nürnberg und dem in diesem Zusammenhang auftauchenden Bericht von einem Ausbruchversuch bei der Weidendammer Brücke Zweifel aufkamen. Die Aussagen der Zeugen waren widersprüchlich, sein Leichnam wurde nicht gefunden. Gerüchte erhielten Nahrung, er habe überlebt und sei untergetaucht. So wurde gegen Vater in Abwesenheit verhandelt und er 1946 „in absentia" zum Tode verurteilt. Damit häuften sich Gerüchte über Orte, wo er gesehen worden sein sollte, bis hin zu solchen, die gleichzeitig aus Australien, Südamerika, dem Nahen Osten und dem europäischen Ausland kamen. Ich will nur zwei Richtungen hier aufgreifen und kurz zusammenfassen, weil sie sich als die langlebigsten erwiesen haben und einander gleichzeitig absolut widersprechen.
1948 oder 1949 las ich – damals schon Schüler im Canisiuskonvikt in Ingolstadt – zum ersten Mal eine kurze Meldung: Martin Bormann sei Stalins Mann im Führerhauptquartier gewesen. Das erschreckte mich sehr. Sollte das wahr sein – so mußte ich damals fürchten –, dann war auch anzunehmen, daß er von meiner Konversion zum Christentum und meinem derzeitigen Aufenthalt Bescheid wußte. Dann aber war ich für ihn auf jeden

Fall auf der Seite „des Feindes". Sowohl Christentum und Nationalsozialismus als auch Christentum und Kommunismus (besonders Marxismus-Leninismus stalinistischer Prägung) schlossen einander aus. Diese Version mag damals im Zusammenhang mit der Kommunistenjagd in den USA – McCarthyismus – gestanden haben, um aufzuzeigen, wie gefährlich die kommunistische Unterwanderung sei, wenn es „Stalin" sogar gelungen sei, einen Agenten in die unmittelbare Nähe Hitlers und dort zu solchem Einfluß gelangen zu lassen.

Eine ähnliche Version tauchte 1994 in Moskau wieder auf: Am 7. Dezember 1994 erschien in der „Frankfurter Allgemeinen Zeitung", Nr. 284 / Seite 35 (Feuilleton), folgender Artikel, gezeichnet „kho" (im Original einspaltig, rechts):

Martin Bormann

Stalins Mann in Berlin?

MOSKAU, 6. Dezember
Die Theorie, daß Hitlers persönlicher Sekretär Martin Bormann zugleich KGB-Agent war, hat eine vom russischen Geheimdienst veranlaßte Veröffentlichung indirekt bekräftigt, erklärte der Militärautor Boris Tartakowski gegenüber der Zeitung „Rossiskije westi". Tartakowski hat in seinem Manuskript „Wer sind Sie, Reichsleiter Bormann?", gestützt auf seriöse Quellen, wie er versichert, Bormanns Agententätigkeit für die Sowjetunion dargestellt. Der Text war von Tartakowskis Verlag an den Geheimdienst zur Prüfung gesandt worden, woraufhin dieser zwei einschlägige Kapitel bei einem anderen Verlag namens „Otetschestwo" („Vaterland") veröffentlichte, freilich ohne das Einverständnis des Autors einzuholen. Tartakowski, der während des Zweiten Weltkrieges selbst als Aufklärer tätig war, ist überzeugt, der Geheimdienst wolle auf diese Weise die Öffentlichkeit psychologisch auf die Erkenntnis vorbereiten, daß Bormann für ihn arbeitete. Die entsprechenden Dokumente würden indessen erst veröffentlicht werden, wenn die fünfzigjährige Geheimhaltungsfrist abgelaufen sei.
Bei der Eroberung Berlins 1945 sei Bormann mit einem Sack über dem Kopf aus der Reichskanzlei geführt und in einem Pan-

zer abtransportiert worden, will Tartakowski vom Leiter der be-
treffenden Panzereinheit erfahren haben. Der Chef der tsche-
choslowakischen Spionageabwehr erzählte ihm, Stalin habe dem
tschechoslowakischen Staatspräsidenten Benesch gegenüber
geäußert, daß Bormann für ihn gearbeitet habe. Der Autor er-
klärt ferner, über Hinweise zu verfügen, wonach Hitlers Se-
kretär zeitweilig unter einem anderen Namen im Lefortowo-
Gefängnis gefangengehalten wurde. Bormann, der in Deutsch-
land elf Kinder hinterließ [unsere Mutter gebar neunmal, ein-
mal Zwillinge, also zehn Kinder; von anderen wissen wir nichts],
soll nach Kriegsende in der Sowjetunion allein gelebt haben.
Schließlich berichtet Tartakowski, ein KGB-General habe ihm
auf einem beim Moskauer Lefortowo-Gefängnis gelegenen
deutschen Friedhof Bormanns Grab gezeigt. Der Grabsteinin-
schrift zufolge ist er 1973 gestorben.   *kho.*

Die andere Version las ich in der österreichischen Zeitschrift
„Die Furche" (Wien), die mir von den österreichischen Herz-
Jesu-Missionaren in den ersten Monaten 1951 geschickt worden
war. Darin schilderte der Verfasser eine Begegnung mit Vater im
südchilenischen Urwald. Über die Redaktion der Zeitschrift
schrieb ich daraufhin an den Verfasser, Paul Hesslein, in der
Hoffnung, mehr zu erfahren. Auf meinen Brief vom 20. Mai erhielt ich einen freundlichen, aber nicht weiterhelfenden Brief,
datiert vom 18. Juli 1951, in dem er den Bericht in der „Furche"
nochmals bestätigte. Dieser Brief wurde mir aber erst im Herbst
1952 ausgehändigt, als ich mein Noviziatsjahr beendet und das
Philosophie- und Theologiestudium in Innsbruck begonnen
hatte. Im Noviziat wollte man mir diese Störung ersparen. 1953
erschien an zwei aufeinanderfolgenden Tagen der gleiche Bericht, vielleicht etwas weiter ausgeschmückt, ich gebe nur die
Überschrift wieder:

Ich traf Martin Bormann in Chile
Von PABLO HESSLEIN, Bürgermeister a. D.

Aber: Zweifel sind angebracht. In dem Artikel im General-Anzeiger beruft sich der Verfasser bei seinem „Erkennen" unseres Vaters im Februar 1948 – „der mittlere Mann, Martin Bormann" (von drei Reitern auf einer Straße im südchilenischen Urwald) – darauf, daß er unseren Vater „in der Zeit von 1930 bis 1933 sehr oft im Reichstag gesehen" habe. Auch „der mittlere Mann, Martin Bormann", habe ihn erkannt und mit dem Ruf: „Das war doch der Hesslein?!" den Befehl zum Trab gegeben. – Das kann so nicht stimmen. Unser Vater kam erst nach den Novemberwahlen von 1933 in den Reichstag, da gab es keine Konkurrenten mehr für die NSDAP, und Paul Hesslein war nicht mehr im Reichstag, sondern wohl schon emigriert.

Auch zu dieser Südamerika-Version gibt es eine Variante aus der jüngsten Vergangenheit (in Übersetzung, gekürzt):

London, 25. Februar 1993,   *THE INDEPENDANT*

Asunción: Bormann entkam, starb jedoch als Patient von Mengele

Nach offiziellen Polizeiberichten, die gestern hier veröffentlicht wurden, hat Martin Bormann 1945 in Berlin nicht Selbstmord begangen, sondern starb 14 Jahre später in Paraguay an Magenkrebs, nachdem er zuvor von Josef Mengele behandelt worden war.

Mengele, Konzentrationslagerarzt, bekannt als „Todesengel", kam 1958 nach Paraguay, um Bormann zu behandeln, aber sein Patient sei am 15. Februar (1959) ... gestorben und in einem nicht näher bezeichneten Grab in Ita, ca. 18 Meilen südöstlich von Asunción, beigesetzt worden ...

Die Informationen über Bormann und Mengele stammen aus Polizeiakten, die unter der Regierung des Diktators Stroessner angelegt worden waren. Der Richter Luis Benitez Riera bestätigte die Echtheit der Dokumente. Sie würden wahrscheinlich

von der Regierung gebraucht werden, um das Auslieferungsver-
fahren gegen Stroessner voranzubringen.
Berichten der Zeitung „Noticias" zufolge habe der Ostdeutsche
Geheimdienst die Ankunft Mengeles zur Behandlung Bormanns
Ende 1958 im Jahre 1961 offiziell bestätigt. Bormann selbst sei
1956 in Asunción angekommen. – ... Er starb im Haus von Wer-
ner Jung, dem damaligen Konsul der DDR in Paraguay. Jung
und ein weiterer Mann namens v. Eckstein, ein Verbündeter
Stroessners, haben Bormann nach Ita gebracht, berichtet „Noti-
cias".
Nach dem Krieg haben eine Reihe von Nazis in Paraguay Zu-
flucht gesucht. Auch Mengele soll in Paraguay gelebt haben, be-
vor er nach Brasilien ging und dort offensichtlich bei einem Ba-
deunfall 1979 starb. ...

1954 wurde aus erbrechtlichen Gründen eine erste offizielle Todeserklärung vom Amtsgericht Berchtesgaden ausgefertigt; der
Todesfall wurde datiert auf den 2. Mai 1945 in Berlin. Die Suche
ging dennoch weiter über alle Jahre bis 1973. Im April 1973 kam
es zu einer weiteren Todeserklärung, datiert wie in Berchtesgaden, diesmal durch die Generalstaatsanwaltschaft Frankfurt
am Main, die 1964 ein Kopfgeld von 100.000,-- DM ausgelobt
hatte für die Ergreifung unseres Vaters – lebend oder tot (oder
entsprechend anteilig für sachdienliche Hinweise zu seiner Ergreifung). Pikanterweise war die Frage nach meiner Stel-
lungnahme zu dieser Kopfgeldauslobung die erste, die mir
Reporter stellten, als ich mit den anderen geretteten Geiseln nach dem erfolgreichen belgischen Fallschirmjägerunter-
nehmen (Stanleyville, 24. 11. 1964) auf dem Flughafen in
Leopoldville ankam. Der damalige deutsche Botschafter war
aber auch da und nahm mich unter seinen Schutz. Die Umstände meiner damaligen Rückkehr nach Europa sind nach-
lesbar in den damaligen Pressemeldungen und -berichten. Sie
waren eine schmerzhaft-peinliche Erfahrung mit gewissen Vertretern mancher Zeitschriften. Die Hilfe, die mir die Flugzeug-
besatzungen der SABENA damals gewährten, war lückenlos.
So kam ich ohne weitere Mißhelligkeiten dort an, wo ich hin
sollte und wollte.

Die Todeserklärung von 1973 ist zustande gekommen nach einem Skelettfund im Herbst 1972 in Berlin in der Nähe der Lehrter Brücke und der Identifizierung als Skelett von Dr. Stumpfegger und – in Etappen – als das unseres Vaters. Als im Sommer danach die sterblichen Überreste uns Bormann-Kindern übergeben werden sollten zur Bestattung, lehnte unser Anwalt das ab, denn diese Übergabe war verbunden mit unannehmbaren Bedingungen: Eine Einäscherung und Urnenbestattung wurden verboten, die Gebeine sollten der Generalstaatsanwaltschaft zur Exhumierung (zu neuerlichen Untersuchungen?) jederzeit zur Verfügung stehen. So verblieben sie in deren Händen. Lew Besymenski, Kenner der Materie als Herausgeber des letzten Taschenkalenders unseres Vaters in Faksimile mit Übertragung, hat wohl nicht zu Unrecht dieses Verfahren als eine bloße Schließung der Akte Bormann angesehen. Andersherum heißt das: Die Generalstaatsanwaltschaft Frankfurt hatte sicher recht und gut daran getan, die Akte 1973 mit einer „Todeserklärung" zu schließen, selbst wenn auch das ein Konstrukt sein sollte.

Es ist für uns schmerzlich, daß es keine Sicherheit über das Schicksal unseres Vaters seit dem 2. Mai 1945 gibt. Um so mehr ist er ganz in die Barmherzigkeit Gottes befohlen, der allein richtet, weil Er allein jedes Menschenleben bis auf den Grund kennt und jedem in Liebe und Barmherzigkeit gerecht wird.

Am Ende des mir nur so undeutlich erkennbaren Lebens meines Vaters steht ein Satz aus dem privaten Testament Hitlers (29. April 1945): „Zum Testamentsvollstrecker ernenne ich meinen treuesten Parteigenossen Martin Bormann." Das zeigt, daß aus der gläubigen Gefolgschaft ein den ganzen Menschen forderndes Hingabe- und Dienstverhältnis geworden war, hinter dem alles andere zurücktrat.

Als Kind, als sein ältester Sohn, kann ich ihm als meinem Vater nur dankbar sein, denn meinen beiden Eltern verdanke ich mein Leben, ohne ihr Leben und ihre Liebe wäre ich nicht. Sie haben mein – und meiner Geschwister – Leben ermöglicht, gestaltet, im Rahmen des ihnen Möglichen gesichert. Sie haben, vor allem wohl die Mutter mit ihrem Wertebewußtsein, das bei beiden fundamental christlich geprägt, wenn auch sicher später überformt war, unser Wertebewußtsein geformt, immerhin so, daß wir Geschwister alle die Möglichkeit hatten, zu einem ungebrochenen christlichen Wertebewußtsein zurückzufinden. Dafür schulden wir unseren Eltern Dank, den wir ihnen leider nie erweisen konnten.

Das „Vierte Gebot" des Dekalogs, der „Zehn Gebote", verpflichtet Kinder auch nur zu dieser Liebe und Ehrfurcht gegenüber den Eltern als Eltern, nicht als Funktionsträger in der Gesellschaft. Was unser Vater in seinen politischen Funktionen, außerhalb seines Vaterseins uns gegenüber, getan oder nicht getan hat, entzieht sich nicht nur weithin unserer Kenntnis, wir sind vor allem dafür nicht verantwortlich und nicht dafür verantwortlich zu machen. Kinder tragen oftmals an der Schuld ihrer Eltern, wenn denn da Schuld ist und den Kindern bewußt wird. Sie tragen die seelische Belastung der Trauer und Scham darüber, nicht aber Verantwortung dafür. Ebenso geht es oft Eltern, wenn ihre Kinder schuldig werden, ohne daß sie, die Eltern, daran Schuld tragen, obgleich die Schuld der Kinder sicher eher Erziehungsfehlern der Eltern angelastet werden kann. Kinder sind aber kaum je moralisch verantwortlich zu machen für moralische Schuld ihrer Eltern.

IV.

Gott schreibt auch auf krummen Zeilen gerade

Fügungen und Führungen

Im Advent 1946 war in Weißbach eine sog. „Volksmission". Eines Tages brachte mir meine Sennin vom Schriftenstand, der aus diesem Anlaß in der Kirche aufgestellt war, ein Heftchen aus der Serie „Volksbriefe" mit: „Gerettet – verloren", von Pfarrer Franz Singer.

Ich begann noch am gleichen Abend zu lesen und hörte nicht auf, bis ich ganz durch war. Hier war die Antwort auf die Frage, die mir auf der Seele brannte angesichts der wochenlangen Berichterstattung über den Nürnberger Prozeß vor dem Internationalen Militärtribunal gegen die Hauptkriegsverbrecher, über alles, was wir heute unter der Überschrift „Kriegsverbrechen", „Verbrechen gegen die Menschlichkeit" zusammenfassen, angesichts der zwölf Todesurteile, darunter das „in absentia" gegen meinen Vater: Trotz aller Schuld und Verurteilung vor menschlichen Tribunalen gibt es Rettung vor dem ewigen Verlorensein für jeden, der seine Schuld vor Gottes Gerechtigkeit eingesteht und sich Gottes Barmherzigkeit überantwortet. Denn: Gottes Barmherzigkeit und Liebe ist untrennbar mit seiner Gerechtigkeit verbunden. Und Gott allein kennt jeden Menschen durch und durch mit all seinen guten und bösen Seiten und alle Einflüsse, die den jeweiligen Menschen zu diesem je einmaligen Individuum mit seiner ebenso einmaligen Verantwortung gemacht haben. Hier las ich zum ersten Mal von jener Freiheit des Gewissens, die Voraussetzung für Verantwortung ist, von der Freiheit, auch zu irren. Denn Irrtumsfähigkeit ist ein Aspekt jeder begrenzten Erkenntnis, und menschliche Erkenntnis kann nur eine begrenzte sein.

Daraus ergibt sich die entscheidende Bedeutung des subjektiven Gewissens zum Zeitpunkt einer Entscheidung für oder gegen etwas. Was der Mensch jeweils zum Zeitpunkt einer Entscheidung für gut und richtig hält, das muß er tun; was er zum Zeitpunkt der Entscheidung für böse und schädlich hält, selbst wenn er es nur mehr oder weniger wahrscheinlich für böse oder schädlich hält, das muß er lassen. Das subjektive Gewissen kann sich entsprechend der je begrenzten menschlichen Erkenntnis irren – trotz besten Bemühens.

Das Bemühen um die Entscheidung nach bestem Wissen und Gewissen ist entscheidend dafür, ob die subjektive Gewissensentscheidung für „gut" gelten kann, obgleich sie irrig ist, d. h. nicht mit den objektiven Normen übereinstimmt, die sich aus der menschlichen Natur und den Naturgesetzen als Voraussetzung für ein friedliches Zusammenleben aller Menschen ergeben, die allen Menschen ein menschenwürdiges und möglichst gesichertes Leben in Freiheit und Wohlergehen ermöglicht. Mit anderen Worten: Wenn zum Zeitpunkt der Entscheidung die entscheidende Person keinen „vernünftigen Zweifel" an der Richtigkeit ihrer Entscheidung hat, dann ist diese subjektive Entscheidung gut, selbst dann, wenn sie objektiv irrig ist. Zu diesem Bemühen gehört, daß man immer wieder die Maßstäbe seiner Entscheidungen überprüft und sie zu revidieren bereit ist, wenn sie bei einem gegebenen neuen Erkenntnisstand mit diesem nicht mehr übereinstimmen. Daraus ergibt sich, daß aus der Notwendigkeit lebenslangen Lernens zur Entfaltung seines Menschseins der Mensch auch immer wieder zu Bekehrung, zur Reform seiner Wertmaßstäbe, zur Revision seiner Lebenssicht gefordert ist. Das steht in einem natürlichen Spannungszustand mit der Zuversicht, daß Gott – wenn man sich ihm erst einmal ganz überantwortet hat – einen nicht in die absolute Irre laufen läßt.

Aber – abgesehen vielleicht von tiefen mystischen Erfahrungen, denen gegenüber aber die Lehrer des geistlichen Lebens immer besonders mißtrauisch sind, weil selbst solche Erfahrungen Täuschung oder Einbildungen des so Selbstsicheren sein können – vor Irrtum sind wir nie ganz sicher in diesem Leben, und deshalb ist die ständige wachsame Aufmerksamkeit nötig. Darum mahnt auch Jesus seine Zuhörer immer wieder zur Wachsamkeit.

In diesem Heftchen, „Gerettet – verloren", steckte die Antwort, die ich suchte: *Jeder*, wie immer er geirrt hat, in die Irre gelaufen ist, gesündigt hat, *hat die Möglichkeit zur Umkehr*, wenn er nur die Anrufe seines Gewissens hört und befolgt; über die Tatsächlichkeit einer solchen Umkehr kann es kein menschliches Urteil geben. In diesem Sinne gilt Jesu Wort: „Richtet nicht, damit ihr nicht gerichtet werdet." Und das andere: „Mit dem Maß, mit dem ihr meßt, wird Euch gemessen werden."

Deshalb ist zu unterscheiden zwischen menschlichem Strafrecht, seinem Vollzug und seinen sozialen Funktionen – wie alles Menschliche unvollkommen und stets verbesserungsbedürftig und verbesserungsfähig – und dem göttlichen Gericht, das allein jedem Menschen unfehlbar gerecht wird, weil es ihn durch und durch umfassend kennt bis in die letzten verborgenen Gedanken und Empfindungen, Erfahrungen und Sehnsüchte hinein.

Diese Antwort gab den letzten Ausschlag, weil sie mir in meine Situation hinein Hoffnung gab. Um es kurz zu machen: Von Januar bis Ende April 47 ging ich Sonntag für Sonntag frühmorgens drei Stunden hin zum Religionsunterricht in den Wallfahrtsort Maria Kirchental, spätnachmittags drei Stunden zurück. Mein Glück: Der dortige P. Regens war ein gelehrter, kluger und frommer Mann, der die Schwierigkeiten mit meinen „Quellen" bald behob und mir eine Einführung ins Christentum gab, die auch spätere, schwerer wiegende Schwierigkeiten überstehen half. Der Kaplan, ein schwerkriegsbeschädigter ehemaliger Gebirgsjäger, trug in seiner trockenen Art mit treffend bildhafter Sprache das Seine dazu bei.

Trotzdem will ich die erste Begegnung schildern, denn sie zeigt das Verwobensein von „Fäden des Schicksals" – des „Zum-Heil-geführt-Werdens" paßt mir besser.

Als ich am Sonntag, dem 12. Januar 1947, nach der Frühmesse vor dem Haus der Regentie (das ist das Haus, Domizil des geistlichen Leiters des Wallfahrtsortes) stand, auf einmal wieder unschlüssig, ob ich es wagen oder bleiben lassen sollte, da ging die Tür auf, und der Mesner kam – zufällig! – heraus. Ich konnte nicht mehr kneifen. Er fragte mich, zu wem ich denn wolle. „Zum P. Regens". Der Mesner schickte mich in die Küche. Dort wurde ich von einer Ordensschwester, Sr. Renulfa MSC, sehr freundlich begrüßt und gleich mit einer Tasse Kaffee bewirtet, dann ging sie den P. Regens holen. Er kam, und im Sprechzimmer waren wir dann allein. Als ich stockend meine Geschichte erzählt und mein Anliegen vorgetragen hatte, strahlte er mich an und fragte mich: „Kennst du einen Dr. v. H.?" Das war der ehemalige Privatsekretär meines Vaters, den ich zuletzt am 1. 5. 45 im Bunker des „Platterhofs" gesehen hatte.

Dr. v. H. hatte damals, wohl am nächsten Tag schon, noch vor der Ankunft der Amerikaner in Salzburg, dem Erzbischof von Salzburg den Münzschatz des Klosters Kremsmünster, mit dem eigentlich die „Alpenfestung" (oder anderes?) hätte finanziert werden sollen, zurückgegeben, und außerdem hatte er um Zuflucht gebeten, um innerlich zur Ruhe und mit sich selbst ins reine zu kommen. Der Erzbischof – der mich später firmte, mein Fürsprecher beim amerikanischen Oberkommandierenden, General Collins, war und der mir schließlich das Missionskreuz gab bei der Aussendung in die Kongo-Mission, heute Zaire – schickte ihn zu meinem Regens, der damals gleichzeitig noch Provinzialoberer der Missionsgemeinschaft war. Der Erzbischof hielt Maria Kirchental für einen geeigneten Zufluchtsort, P. Regens nicht. Er nahm Dr. v. H. in das Mutterhaus der Gemeinschaft in Salzburg-Liefering auf.

Noch war eine Einquartierung der Wehrmacht im Kloster, aber deren Abzug und der wahrscheinliche Einzug der neuen Besatzer war abzusehen. Es „ergab sich", daß Dr. v. H. in der Nachbarschaft des Provinzialzimmers wie des Kommandeurs der Einquartierung sein Zimmer hatte, erst der deutschen, dann der amerikanischen, und die Zeit seines Aufenthaltes unbehelligt blieb. Ein Pater stand ihm jederzeit zur Aussprache zur Verfügung, und dort wurde Dr. v. H. katholisch. Anschließend verließ er im Herbst 1945 nachts das Kloster und stellte sich außerhalb von Salzburg den Amerikanern. Er habe sich über den Sommer auf einer Alm verborgen.

Durch diese Eröffnungen des Paters waren alle Vertrauenshindernisse meinerseits weg. Er gab mir Bücher mit, die mit meinen ersten „Quellen" keine Ähnlichkeit hatten, solche, die für den Unterricht an Gymnasien und für die Erwachsenenbildung eingesetzt wurden, und auch Lebensbilder von Menschen in der Nachfolge Jesu, Theorie der Glaubenslehre und die Praxis des

Glaubenslebens in ansprechenden Darstellungen. Am 4. Mai 1947 wurde ich in die katholische Kirche aufgenommen. Mein Pate für die bedingte Taufe (weil keine Sicherheit über meine Taufe als Kleinkind zu bekommen war) war mein Querleitner. Das brachte ihn später zu der Äußerung: „Der Hitler und i, mir sand seine Gödn." Tatsächlich war Hitler mein Taufpate gewesen, und meine erste Taufe in Solln bei München durch den nachmaligen Theologieprofessor in Neuendettelsau, Prof. E., war ganz zweifellos gültig – aber das erfuhr ich erst ein Jahr später, als die Verbindung zu meinen Verwandten mütterlicherseits wiederhergestellt war.

Mein Pate war mir natürlich bekannt gewesen; auf die Taufe hatte mein Vater keinen großen Wert gelegt, meine Mutter kam aber aus einer gläubigen evangelischen Familie; darum war die Ehe auch kirchlich geschlossen worden.

Nachdem der Querleitner mein Taufpate geworden war, wollte ich ihm doch die Wahrheit nicht länger verheimlichen. Es ergab sich im Sommer die Möglichkeit, als wir bei einer Rast hoch oben auf den Mähdern (den steilen, nur einmal zu mähenden und nicht zu beackernden Bergwiesen) saßen. Jede Annäherung von irgend jemand war über mehr als hundert Meter im Umkreis zu sehen. Da „packte ich aus". Sein einziger Kommentar: „Den Weiberleut'n sagn ma aber nix. Die können nit immer den Mund halten." Ich sagte auch, daß mir die Patres die Möglichkeit geben wollten, weiter zur Schule zu gehen. Im September sollte ich deshalb nach Kirchental ziehen, damit das weitere in die Wege geleitet würde und ich schon mal von den Patres dort etwas Unterricht bekäme, um leichter den Anschluß zu finden. Das quittierte der „Vater" mit einem Seufzer, einem Brummeln und dann doch mit Zustimmung. Eigentlich wollte ich ja bleiben, bis der Jüngste aus der Gefangenschaft in Jugoslawien heimgekehrt sei. Postverbindung gab es bereits, wenn auch spärlich. Aber es war noch nicht absehbar, wann die Gefangenen entlassen würden. Tatsächlich kam der Schorsch (Georg) erst 1949 nach Hause, da hatte ich schon mein erstes Schuljahr in Ingolstadt hinter mir.

Der Weg zum Studium

Ende September übersiedelte ich nach Maria Kirchental. Ich war so betroffen von meiner eigenen neuen Erfahrung als Christ, daß ich diese glückhafte Erfahrung weitergeben wollte. Meine Vorstellung war, als sog. „Laienbruder" in der Gemeinschaft der Missionare vom Heiligsten Herzen Jesu zu dienen. P. Regens war anderer Meinung, und die Patres eröffneten mir den Weg des Studiums.

Dahinter stand wohl auch die Überlegung, daß ich dadurch Zeit, Abstand und so mehr Freiheit für die Entscheidung gewänne. Da der ursprünglich von den Patres geplante Weg über die Spätberufenenschule einer anderen Gemeinschaft an die Bedingung geknüpft wurde, meine Identität vor den Behörden, damit auch vor der Besatzungsmacht, in Ordnung zu bringen, sollte ich einstweilen bei den Patres auf den Wiederbeginn eines geordneten Studiums vorbereitet werden.

Der erste Schritt dazu war eine Art Test, um herauszufinden, was ich an Vorwissen mitbrachte. Zu diesem Zweck fuhr ich nach Salzburg-Liefering, um von den Patres, die am wiedereröffneten Klostergymnasium unterrichteten, geprüft zu werden. Das Ergebnis zeigte, daß ich in Liefering in die 3. Klasse hätte aufgenommen werden können (in der 3. Klasse begann Griechisch, Latein in der 1.; in Feldafing hatten wir Latein ab der 3. Klasse, ab der 1. Klasse Englisch). In der 3. Klasse waren die zwölf- bis dreizehnjährigen Schüler, mit meinen siebzehn Jahren paßte ich da schlecht hinein. So fiel die Entscheidung, ich solle in allen Fächern durch intensiven Einzelunterricht in Maria Kirchental an meine Jahrgangsstufe herangeführt werden, um dann in Liefering weiterzumachen. Zur Besprechung des Studienprogramms und um die dazugehörigen Lehrbücher zu erhalten, fuhr ich ein zweites Mal nach Salzburg. Bei dieser Fahrt war eine ehemalige Sekretärin des „Führerbaues" (der Parteikanzlei der NSDAP in München) im Bus, die mich offensichtlich erkannte. Zu der Zeit war sie bei der Post in Lofer angestellt. Einige Tage später, am 17. 10. 1947, wurde ich von drei Beamten des Gendarmeriepostens Lofer festgenommen und noch am gleichen Abend dem CIC (Counter Intelligence Corps) der Amerikaner übergeben.

Ich glaube nicht, daß mich die ehemalige Sekretärin verpfiffen hat. Der Gendarmeriepostenkommandant von Lofer erzählte mir später bei meiner Primiz (1958) in Maria Kirchental, die Anzeige sei anonym gewesen. Er habe aber nicht gewagt, sie in den Papierkorb zu werfen, weil er eine Falle befürchtet habe. Er selbst war als ehemaliger Parteigenosse – ein „Märzenveilchen" von 1938 – erst 1946 wieder in Dienst gestellt worden und mußte damit rechnen, daß seine Loyalität überprüft würde. Er war gerade erst Postenkommandant von Lofer geworden, vorher war er in Weißbach. Von daher kannte ich ihn, denn das Hintertal bis zum Hirschbühel gehörte zu seinem Bereich. Er hatte wiederholt Querleitn besucht. Ihm war neben dem zuständigen Jäger zu danken, daß der Wilderei – der Zöllner wie der jungen Burschen mit den Militärwaffen – Paroli geboten wurde. Ein „Verplauderer" der Postangestellten scheint mir wahrscheinlicher.

Der CIC brachte mich zunächst nach Zell am See ins Gefängnis. So machte ich zum ersten Mal Bekanntschaft mit jener Einrichtung, die ich bisher nur vom Hörensagen und von Vaters knappen Erzählungen über seine Haftzeit kannte. Ich kam als vierter in eine Zelle, in der schon drei Mann „saßen", die zusammengehörten, wie sie mir auch gleich erzählten: Der eine, ein Bauer, hatte ein Schwein „schwarz" geschlachtet, d. h., er hatte nicht den damals noch zwingenden Weg der Anmeldung, Genehmigung und Ablieferung seines „Pflichtteils" eingehalten; alle landwirtschaftlichen Produkte wurden damals noch – wie während des Krieges – erfaßt und mußten zu bestimmten Anteilen zu festgesetzten Preisen abgeliefert werden, damit die Versorgung der Bevölkerung sichergestellt werden konnte. Der zweite war ein junger Taxifahrer, er hatte die „schwarze Sau" mit seinem Taxi dem dritten geliefert; der wollte sie auf dem „schwarzen Markt" verkaufen zum gemeinsamen Nutzen der drei. Nun saßen sie hier ein und warteten auf ihren Prozeß; die Sau war beschlagnahmt worden, und sie hatten das Nachsehen. Ich war als „Politischer der Amis" ein schwieriger Fall für meine Zellengenossen, weil sie mich nicht recht einordnen konnten. Vom CIC war mir eindringlich eingeschärft worden, meine Identität nicht preiszugeben. Dennoch nahmen mich die Zellengenossen freundlich auf, ich war der Jüngste und wurde in ihre Verpflegungsgemeinschaft aufgenommen. Das war wichtig, denn die Verpflegung des Hauses war miserabel. Unser Bauer bekam jeden Tag ein „Freßpaket" von zu Hause. Abzüglich der Abgabe für den „Gefängnisdirektor/Aufsichtsbeamten/Beschließer" konnten wir von diesen „Tagespaketen" gut leben. Wir bekamen nur diesen einen Mann zu Gesicht, wer außerdem vielleicht noch bei diesem kleinen Gefängnis angestellt war, blieb uns jedenfalls verborgen. Die Verpflegung des Hauses lieferte uns im wesentlichen Geschirr und Besteck und die nötige Flüssigkeit, „Kaffee", „Suppe", „Tee". Unser Taxifahrer hatte – aus welchen Gründen immer – Beziehungen zur „Besatzungsmacht" und bekam mehr oder minder regelmäßig eine Stange „Ami-Zigaretten", ein wichtiges und anerkanntes Zahlungsmittel für Dinge, die mit Geld damals nicht zu bekommen waren.

So überstand ich auch leichter, was der eigentliche Sinn meines Aufenthaltes in Zell am See war: Bis zum 8. November wurde ich immer wieder verhört. Am unangenehmsten waren die nächtlichen Verhöre in einem engen Raum in starkem Scheinwerferlicht. Alle psychologischen Mittel wurden eingesetzt, aber angefaßt hat mich keiner. Ziel des Unternehmens war offensichtlich, Hinweise auf den Verbleib meines Vaters zu bekommen, die ich, Gott sei Dank, nicht zu geben vermochte; so konnte ich mich auch nicht verplaudern. Auch mein Wissen um Alberts Aufenthalt auf dem Hof, seine Abreise und seinen mutmaßlichen Verbleib mußte ich mir ganz verkneifen. Hier half mir, daß er mir im Gefühl nie Onkel gewesen war, weil die beiden Brüder trotz der Nähe ihrer Arbeitsstellen in der unmittelbaren Umgebung Hitlers sich mieden. Ich hatte ihn bei den Fragebögen nie erwähnt, und er ist auch in den Verhören nie erwähnt worden. Da es schon recht kühl war, war ich nach den etwa 200 Metern Weg vom „Kittchen" zum Verhör auch nachts immer richtig munter.

Am 8. 11. 47 wurde ich im Jeep von zwei Zivilbeamten des CIC nach Linz gebracht. Für die Fahrt durch den Rupertiwinkel (von Lofer nach Salzburg über Bad Reichenhall) wurde ich gefesselt. Wieder auf österreichischem Boden, nahmen sie mir die Handschellen ab und erklärten mir, nun sei ich Gast des CIC von Linz. Als wir ankamen, war es Nacht, und ich bekam ein Zimmer im Haus meiner beiden „Gastgeber", die mich in ihr Casino zum Abendessen mitnahmen und sich dann noch über alles mögliche mit mir unterhielten. Nur um was es eigentlich ging, das sagten sie nicht. Nach den Erfahrungen vom Querleit-Hans mit den Amerikanern in der CSR hatte ich Angst, sie könnten mich den Russen übergeben. Es lag ja nur mehr die Donau dazwischen.

Am nächsten Morgen, nach einem geradezu fürstlichen Frühstück, wurde der Zweck der Überstellung und des Tonwechsels klar: eine doppelte Identifizierung. Sie hatten da einen Mann in Gewahrsam, der mehrfach seine Identität zugegeben und dann wieder abgestritten hatte, der aber gleichzeitig erklärt hatte, in der Lage zu sein, mich eindeutig zu identifizieren. Sie brachten mich also zu ihm in die Zelle, nachdem sie mich vorher durch den „Spion" hatten sehen lassen. Ich konnte ihn vom Ansehen nicht identifizieren, ein kleiner, sehr magerer Herr mit stark gelichtetem ergrautem Haar auf dem schmalen Schädel, nein, ich kannte ihn nicht. Er aber begrüßte mich mit dem Ruf-/Kosenamen, den ich zu Hause hatte, und fragte mich, ob ich ihn kenne. Ich verneinte, war aber über seine direkte Begrüßung mit meinem in der Familie üblichen Namen verwirrt. Er nannte nun seinen Namen und forderte mich auf, ihn gemäß meinem Vorstellungsvermögen durch mein Elternhaus zu dem Gästezimmer zu führen, das er bei seinen recht häufigen Besuchen regelmäßig bewohnt hatte. Das gelang mir ohne Schwierigkeiten, nachdem er seinen Namen genannt hatte; aber er war ein zwar kleiner, doch sehr stämmiger Mann mit recht dichtem dunklem Haar gewesen. Nun war er nur mehr ein Schatten davon, wie ich ihn in Erinnerung hatte. Die gewünschte Operation war den Amerikanern damit gelungen, auch wenn der arme Mensch noch am gleichen Abend seine Identität mit unserem einstigen Zimmerbewohner, als der er sich mir vorgestellt hatte, wiederum abstritt.

Der Weg aus dem „Untergrund"
in die Normalität der Freiheit

Am darauffolgenden Tag wurde ich nach Salzburg zurückgebracht und den österreichischen Behörden übergeben. Mir fiel ein Stein vom Herzen.

Zunächst saß ich im Landgerichtsgefängnis zwei Tage in einer Jugendzelle mit zwölf anderen. Diese Einlieferung durch die Amerikaner hatte einige Besonderheiten: Ich wurde unter dem Namen „Reinhold Meier" eingeliefert, wohl weil meine wahre Identität den Zellengenossen nicht bekannt werden sollte. Dennoch bekam ich am gleichen Abend eine Sonderration Essen vom Koch mit einem Tip, der mir sagte, daß der ehemalige Koch der SS-Kaserne am Obersalzberg jetzt hier in der Küche waltete. Nach der Linzer Verpflegung brauchte ich diese Sonderration zwar nicht, aber ich nahm sie dankbar an; wie es weitergehen würde, wußte ich ja nicht.

Am 12. 11. 47 wurde mir der Prozeß gemacht. Ein Justizbeamter brachte mich am Vormittag aus dem Landgerichtsgefängnis zur Verhandlung ins Gericht, aber es waren noch mehr als zwei Stunden Zeit bis zum Termin. Der Beamte verpflichtete mich, rechtzeitig zur Stelle zu sein, gab mir „freien Ausgang" und verabschiedete sich. Die Zeit war lang genug, um zu Fuß nach Liefering zu gelangen, aber zu kurz, um zum festgesetzten Termin wieder im Gericht zu sein. Im nachhinein schien es mir fast, daß diese Frist gedacht war als Chance, die Verhandlung zu umgehen. Jedoch: Ich war zur angegebenen Zeit anwesend am angegebenen Ort. Der Empfang war freundlich. Die Anwesenden stellten sich vor: Richter, Staatsanwalt, Offizialverteidiger, Protokollführer, ein Polizeibeamter. Nach der Aufnahme der Personalien und einem kurzen, formlosen Gespräch verlas der Staatsanwalt die Anklage. Einziger Anklagepunkt: Irreführung der Behörden. Der Verteidiger würdigte die besonderen mildernden Umstände und forderte die Mindeststrafe. Ich hatte keine Einwände. Es stimmte, daß ich unter falschem Namen „abgetaucht" war. Weitere Anklagepunkte gab es nicht.

Das Urteil lautete: eine Woche Jugendarrest, in Untersuchungshaft verbüßt. Ich wurde freundlich verabschiedet mit der Versi-

cherung, ich könne meine Sachen packen und nach Maria Kirchental zurückkehren. Doch zunächst wurde ich vom Landgericht verlegt in die „Schubstation" der Polizei. Da waren wir zu neunt – Jugendliche – in einer Einzelzelle. Von fünf Matratzen konnten abends vier auf den Zementboden gelegt werden, tagsüber waren sie auf die Pritsche geschichtet, und es war verboten, sich da oben drauf zu setzen. Aber wenn wir nicht den ganzen Tag stehen wollten, mußten wir uns drauf setzten, denn außer der Kloschüssel gab es nur einen am Boden verschraubten Hocker als Sitzgelegenheit. Auf den ebenfalls angeschraubten kleinen Tisch durfte man sich auch nicht setzen. So stand immer umschichtig einer mit dem Rücken vor dem „Spion" und horchte auf den Gang hinaus. Bei Geräuschen von draußen sorgte ein Zeichen dafür, daß der Pritschenhochsitz frei war, wenn unser Sicherheitsmann das Guckloch freigab, denn auch das Anlehnen an die Tür zum Verdecken des Einblicks war verboten.
Die Verpflegung war hier allergeringstes Minimum. Es gab drei „Mahlzeiten", Frühstück, Mittagessen, Abendessen. Hauptbestandteil war jedesmal ein halber Liter gut warmes Wasser verschiedener Färbung, morgens schwarz-dünn, schwach-süß: „Kaffee"; mittags trüb, grau bis graubraun mit meist nicht näherhin zu qualifizierenden Einlagen – zweimal waren es kleine Knödel – : Suppe; abends schwach-braun, dünn, schwach-süß: „Tee", näherhin undefinierbar. Dazu gab es jedesmal eine kleine und dünne Scheibe Graubrot.
Wir waren alle verlaust. Meine Fragen nach dem weiteren Fortgang wurden nicht beantwortet, Einspruch gegen das Weiterfestgehalten-Werden war zwecklos. Es wurde mir auch kein Grund genannt. Zwischendurch wurde ich einmal dem Arzt vorgeführt, weil ich eine Furunkulose erwischt hatte. Auch er konnte mir nicht sagen, warum ich weiter inhaftiert sei. Schließlich wurde ich am 28. 11. 47 aus der Zelle geholt und mit einigen anderen Gefangenen auf die Freilassinger Saalachbrücke gestellt. Mein einziger Ausweis war mein gelber Haftentlassungsschein, auf dem aber außer dem Namen und dem Entlaßdatum keine Angaben waren. Für die bayerische Zollwache war das kein Papier zur legalen Einreise in die amerikanische Besatzungszone Deutschlands.

Nach einem Telefongespräch mit den Herz-Jesu-Missionaren, die in Freilassing eine kleine Niederlassung hatten, ließen mich die Zollbeamten laufen. Die beiden Brüder waren von Salzburg-Liefering, zu dem sie ordensrechtlich gehörten, verständigt worden. Sie hatten zwar keine Unterkunft für mich, aber sie brachten mich ins Krankenhaus, wo mir die Barmherzigen Schwestern eine warme Mahlzeit, ein Bad und ein Zimmer für die Nacht boten.

Am nächsten Tag setzten mich die Brüder in den Zug nach Freising, denn ich sollte zunächst im St.-Georgs-Heim bei Hallbergmoos, einem Fürsorgeerziehungsheim der Ordensgemeinschaft, unterkommen. Diese Regelung erwies sich als vortrefflich, denn schon der Versuch, mich polizeilich anzumelden, scheiterte. Aber in dem Heim mit großer Landwirtschaft, zahlreichen Lehrwerkstätten und etwa dreihundert zu betreuenden Jungen lief ich eben so mit. Bei der Anfrage wegen der polizeilichen Anmeldung war dem P. Direktor bedeutet worden, dafür sei der Flüchtlingskommissar in Freising zuständig. Den gar nicht erst zu fragen, hielt der Pater für besser, denn der Mann war dafür bekannt, daß er jeden mit einer der meinen vergleichbaren Vergangenheit erst einmal ins Lager Dachau steckte. Da war ich im St.-Georgs-Heim (heute: Jugendwerk Birkeneck) schon besser aufgehoben. Außerdem konnte ich hier wiederum mit Unterweisung durch Patres die in Kirchental begonnene Arbeit weiterführen.

Während meiner Haft in Zell am See war ich einmal vom P. Regens von Kirchental aus besucht worden. Wir waren zwar nicht allein, aber er konnte mir doch sagen, daß der Salzburger Erzbischof sich für mich einsetzte. Tatsächlich hatte der Pater den Erzbischof schon im Sommer, als die Antwort von der Spätberufenenschule kam, gebeten, sich bei dem amerikanischen Oberkommandierenden einzusetzen, damit vor den Behörden meine Identität offenbart werden könne und ich zu einer legalen Aufenthaltsbewilligung komme. Das mußte zuerst mit der Besatzungsmacht geregelt werden. Der Erzbischof hatte gute Beziehungen zum Oberkommandierenden der amerikanischen Truppen in Österreich, General Collins. Er trug also das Anliegen dem General vor, und der versprach, nach seinem Urlaub die Sache in die Wege zu leiten. Aber der General kam aus dem Urlaub nicht nach Österreich zurück, sondern bekam einen neuen Posten. Als ich gefaßt wurde, war gerade der Kommandowechsel. Auch das hätte noch nicht zur Ausweisung aus Österreich führen müssen, wenn nicht meine Festnahme in der amerikanischen Armeezeitung „Stars and Stripes" gemeldet worden wäre. In Linz hatte ich diesen Artikel zu lesen bekommen. Daraus erfuhren auch die anderen Besatzungsmächte von meiner Festnahme, und da muß es Widerspruch gegen eine Aufenthaltsbewilligung gegeben haben. Jedenfalls erfuhr ich später, als ich für die Einreise nach Österreich ein Visum beantragte, um ins Noviziat der Herz-Jesu-Missionare in Federaun bei Villach eintreten zu können, daß ich nur ein Durchreisevisum nach Südtirol zu meinen Geschwistern bekommen könne. Das einzige, was das österreichische Konsulat in München ohne den Alliierten Kontrollrat in Wien mir geben konnte, war ein Visum für mehrmalige Ein- und Wiederausreise. Damit durfte ich bis zu 72 Stunden in Österreich bleiben. Einem Einreisevisum stand entgegen, daß ich vom Alliierten Kontrollrat des Landes verwiesen worden war.

Bei meiner Reise nach Birkeneck hatte es eine kleine Panne gegeben: Ich sollte eigentlich vom Bahnhof in Freising abgeholt werden, aber da war niemand; ein Übermittlungsfehler. Verkehrsmittel gab es keine, und Geld hatte ich auch nicht. Also machte ich mich mit meinem kleinen Bündel zu Fuß auf den Weg, zehn Kilometer, an sich keine Entfernung; aber bald schon war es für mich mühsam. Mein Haftentlassungsgewicht war 48 Kilogramm (Größe: 183 cm, Alter: 17 Jahre), aber die Schwestern in Freilassing hatten mich am Abend und am Morgen gut gefüttert. Nachts gegen 22 Uhr kam ich an. Der Bruder Nachtwächter mit seinen beiden Schäferhunden war der erste, der mir begegnete und mich weiterleitete. Zunächst kümmerte sich der Bruder um mich, dem die Krankenstation unterstand. Er sorgte für meine Entlausung und Neueinkleidung sowie für die Entlausung meiner getragenen Kleidung in der Dampfschleuse. Selbstverständlich wurde ich auch noch verpflegt und untergebracht. Alles Weitere konnte warten. Am nächsten Morgen wurde ich der Gruppe 1, den Zuentlassenden, zugeteilt, aber nicht als „Zögling", sondern in ein Einzelzimmer als Schutzbefohlener des Präfekten, der mir nebenbei Lateinunterricht erteilte.

Zu Weihnachten fuhr ich mit Internatspapieren zu meinem Onkel Walter (mütterlicherseits) nach Ruhpolding, als „Reinhold Meier", mit dem Namen, unter dem mich der CIC im Landgerichtsgefängnis in Salzburg eingeliefert hatte. Walter war nach der Entlassung aus britischer Gefangenschaft von der christlichen Seefahrt zur Landwirtschaft übergewechselt und mit seiner jungen Frau, einer Gutstochter aus Westpreußen, „Verwalter" auf dem Hof eines Grafen. Der Graf, ehemaliger Oberst i. G. der Wehrmacht, Ritterkreuzträger, schwerverwundet, hatte diesen Hof nach dem Verlust seiner Habe und Güter im Osten von einem Onkel als Wohnsitz und Existenzgrundlage bekommen. Mein Onkel und seine Frau besorgten die kleine Landwirtschaft ohne weitere Arbeitskräfte. „Verwalter" war hier der verantwortliche Landarbeiter mit seiner einzigen „Angestellten", seiner Frau. Walter hatte seine landwirtschaftliche Qualifikation als Melker noch als Genesender in Hohenaschau erworben. Zu dieser Zeit hatte er auch erfahren, daß seine Schwester Gerda, meine Mutter, mit ihren Kindern in Südtirol gelandet war und vor ihrem Tod ihn als Vormund ausersehen hatte.

Hier muß ich – wenigstens kurz – die Nachkriegsgeschichte meiner Familie in Südtirol einblenden, sonst ist meine weitere Geschichte nicht verständlich:

Mutter war mit meinen acht Geschwistern nach dem Bombenangriff auf den Obersalzberg (25. 4. 45) auf Veranlassung von Dr. v. H. nach Wolkenstein im Grödnertal gebracht worden. Bei ihr waren außer ihren Kindern und den Hausangestellten, die in Südtirol daheim waren, die Frau ihres Bruders Hermann mit ihrem kleinen Sohn und die Frau von Gauleiter Hanke (Breslau). Außerdem waren noch einige Kinder aus dem heutigen Nordrhein-Westfalen dabei, die als Kinder der „Kinderlandverschickung" (aus den durch Luftangriffe gefährdeten Industriegebieten) auf dem Obersalzberg Zuflucht gefunden hatten und deren „Repatriierung" vor Kriegsende nicht mehr möglich gewesen war.

Da das zugewiesene Haus zu klein war, wurde ein anderes bezogen; vielleicht zum Glück, denn Frau Himmler, die auch in einem Haus in Wolkenstein untergebracht war, wurde bald nach dem Einmarsch der Alliierten mit ihrer Tochter dort festgenommen. Mutters Haus mit den vielen Kindern galt als Kinderheim. Es war ja auch eins.

Bald nach der Ankunft dort begann Mutter zu kränkeln. Schon im August 45 mußte sie ärztliche Hilfe haben. Der erste, der ihr half, war ein Partisanenarzt. Sie konnte ihre wahre Identität nicht länger verbergen. Er wies sie in ein Bozener Krankenhaus ein. Dort wurde sie operiert – und wieder „zugemacht". Radium wurde verweigert mit dem wenig menschenfreundlichen Hinweis auf ihre Identität. Zu retten gewesen wäre sie wahrscheinlich ohnehin nicht.

Am 10. Oktober wurde sie wieder ins Krankenhaus eingewiesen. Inzwischen aber hatte die Besatzungsmacht gewechselt, die Amerikaner waren gegangen, die Briten gekommen. Sie wiesen Mutter in ein deutsches Kriegsgefangenenlazarett in Meran ein. Dort starb sie am 23. März 1946.

Dort hatte sie auch einen katholischen Priestersanitäter, den Sanitätsgefreiten Th. Sch., kennengelernt, der in Rom im „Collegium Germanicum Hungaricum" studiert hatte, dem von Jesuiten geleiteten Kolleg für Priesterkandidaten aus dem gesamten Gebiet des ehemaligen „Römischen Reiches Deutscher Nation". Sein erster Einsatz als Priester war der als Priestersanitäter in der Deutschen Wehrmacht. Nun war er in Meran stationiert. Zunächst hatte Mutter sich an dessen evangelischen Kollegen gehalten. Aber – niemand von uns kann die Gründe dafür festmachen – schließlich bat sie den katholischen Priester, sich der Kinder anzunehmen. Hier kommt wieder ein Stück unvorstellbarer Vorsehung ins Spiel: Pfarrer Sch. wurde vorläufiger Vormund für die Geschwister in Südtirol. Er bat um Hilfe beim damaligen Fürstbischof von Brixen, denn der Haushalt in Wolkenstein hatte keine finanzielle Basis. Zwar waren zu der Zeit Frau Hanke mit ihren beiden Kindern und die Schwägerin mit ihrem Jungen schon nach Deutschland zurückgekehrt, aber einige Zeit später war die Kinderschwester, die unsere Mutter hatte ausbilden lassen, unter Mitnahme von Kleidung, Bettwäsche und Handtüchern verschwunden. Zu veräußern gab es nichts mehr, denn einige Kisten, in denen u. a. auch Mutters Schmuck gewesen war, fehlten nach der Übernachtung in Innsbruck (auf dem Weg ins Grödnertal).

Gott sei Dank gab es da eine gute Seele namens Paula P., die früher bei uns gewesen und beim Zusammenbruch in ihre Heimat im Pustertal gelangt war. Sie war schon im Herbst 45 nach Wolkenstein gekommen und hatte unentgeltlich den Haushalt übernommen. Auf ihr und meiner Schwester Eike († 1957) lag die Sorge für Unterhalt und Erziehung der Kinder, nachdem die Mutter im Krankenhaus war.

Die beiden Lazarettpfarrer waren erst nach dem Wechsel des Stationsarztes zu Weihnachten auf die Patientin hinter der Tür mit dem Schild „Eintritt verboten" aufmerksam gemacht worden und besuchten von da ab Mutter regelmäßig und fuhren mit ihrem Dienstwagen alle 14 Tage zu den Kindern ins Grödnertal. Der evangelische Pfarrer gab den Kindern auf Bitten der Mutter ersten Religionsunterricht. Pfarrer Sch. brachte es auch fertig, einmal Paula, dann Eike (so genannt seit Hess' Englandflug, früher „Ilse"), einmal auch Gerhard (* 1934) und schließlich kurz vor Mutters Tod nochmals Eike ins Krankenhaus zu bringen, um die Mutter zu besuchen. Nach Mutters Tod fanden Eike und der Pfarrer im Nachlaß unter den handschriftlichen Notizen folgendes Gedicht:

Friedrich Nietzsche

Dem Unbekannten Gotte

Noch einmal, eh' ich weiterziehe
und meine Blicke vorwärts sende,
heb' ich vereinsamt meine Hände
zu Dir empor, zu dem ich fliehe,
dem ich in tiefster Herzenstiefe
Altäre feierlich geweiht,
daß allezeit
mich Deine Stimme wieder riefe.

Darauf erglüht tief eingeschrieben
das Wort: dem unbekannten Gotte.
Sein bin ich, ob ich in der Frevler Rotte

auch bis zur Stunde bin geblieben.
Sein bin ich – und ich fühl' die Schlingen,
die mich im Kampf darniederziehn,
und, mag ich fliehn,
mich doch zu seinem Dienste zwingen.

Ich will Dich kennen, Unbekannter,
Du tief in meine Seele Greifender,
mein Leben wie ein Sturm Durchschweifender,
Du Unfaßbarer, mir Verwandter!
Ich will Dich kennen, selbst Dir dienen!
(vgl. Apostelgeschichte 17,23)

Es zeigt, wie sie in den letzten Wochen ihres Lebens um Klarheit und Wiederanbindung an den Glauben ihrer Jugend rang. Am 23. März 1946 starb sie und wurde auf dem deutschen Soldatenfriedhof in Meran vom evangelischen Krankenhauspfarrer beerdigt. Meine Geschwister wurden mit einem großen Sanitätswagen zur Beerdigung gebracht, anschließend von den Schwestern im Krankenhaus bewirtet mit Kakao und Kuchen und dann wieder zurückgebracht ins Grödnertal.

Für die Zeit nach Mutters absehbarem Tod (Krebs) hatte Pfarrer Sch. für die Auflösung des Haushalts und die rasche Rückführung der KLV-Kinder sowie die Verteilung meiner Geschwister auf Pflegeplätze vorgesorgt. Er war zuerst zum Bischof nach Brixen gefahren, der half mit einer Summe, die für ein paar Monate die Weiterführung des Grödener Haushalts erlaubte. Ferner gab er Pfarrer Sch. Kontaktadressen im Pustertal, vor allem die des Pfarrers von St. Lorenzen.

Mit Hilfe dieses Pfarrers von St. Lorenzen und eines Arztes, Dr. K. in Bruneck, gelang es, die Geschwister im Pustertal rund um Bruneck unterzubringen. Zwar wechselten dann einige die Pflegeplätze, die Jüngste mußte sogar mehrfach wechseln, aber insgesamt waren alle gut untergebracht. Pfarrer Sch. sorgte auch für die Abwicklung der Repatriierung der Kinder aus dem Ruhrgebiet.

Als ich 1948 dann brieflichen Kontakt mit meinen Geschwistern aufnehmen und sie zwei Jahre später zum ersten Mal besuchen konnte, da stellte sich heraus, daß wirklich alles sich zum besten entwickelt hatte. Es war gut, daß ich nicht in Südtirol gewesen war bei den anderen, sonst wäre ich wahrscheinlich dieser Normalisierung hinderlich gewesen. Ein weiterer Vorteil dieser Südtiroler Lösung bestand darin, daß ein amerikanischer Plan zur weiteren Erziehung der Bormann-Kinder in den USA bei ausgewählten Familien nicht zur Ausführung kam. Die katholischen Pflegeeltern in Südtirol, die katholische Erziehung und der katholische Priester als Vormund, nachdem Mutters Bruder Walter gebeten hatte, daß Pfarrer Sch. die Vormundschaft voll, nicht nur vorläufig übernehme, das hat die räumliche Trennung der Geschwister voneinander und wahrscheinlich sonst noch einiges verhindert.

V.

Meine Schulzeit als Schüler nach dem Krieg:
Ingolstadt – Schule und Ferien – Abitur

Im Januar 1948 wurde ich nach Ingolstadt geschickt. Dort hatten die Herz-Jesu-Missionare im Canisius-Konvikt ihr „Kleines Seminar" untergebracht. Die Jungen besuchten das Ingolstädter Humanistische Gymnasium. Dafür hatte ich wegen des mir fehlenden Griechisch nicht die Qualifikation, darum sollte ich an die Oberrealschule gehen, für die ich mit meiner schulischen Vergangenheit besser vorbereitet war. Auch hier gab es zunächst wieder Schwierigkeiten. Die erste: der „Flüchtlingskommissar", der auch hier vor der polizeilichen Anmeldung stand, weil ich ja noch keinen deutschen Wohnsitz nach Kriegsende polizeilich nachweisen konnte und deshalb auch keinen deutschen Personalausweis hatte.

Seine Antwort war der des Freisinger Flüchtlingskommissars gleich: „Dachau". Aber er ließ zu, daß der P. Direktor sich direkt an den bayerischen Innenminister, damals Dr. Wilhelm Hoegner (SPD), wandte. Von dort kam rasch die Antwort, daß ich, ohne ins Lager zu müssen, die Aufenthaltsbewilligung für Ingolstadt erhielte. Die erste „Hürde" war genommen. Die nächste Schwierigkeit war in der Schule: Der Oberstudiendirektor unterrichtete uns, daß ich nach geltendem Recht aus zweierlei Gründen die Schule nicht besuchen dürfe: Erstens gehöre ich zu den vom Besuch höherer Schulen ausgeschlossenen Nachkommen von „Hauptschuldigen des NS-Regimes", zweitens als ehemaliger „Feldafinger" zu dem vom Besuch höherer Schulen ausgeschlossenen Kreis ehemaliger Schüler von NS-Erziehungseinrichtungen. Auch diesmal versuchte der P. Direktor den direkten Weg. Er schrieb an den bayerischen Kultusminister Dr. Aloys Hundhammer (CSU). Auch von dort kam eine rasche Antwort: Der bayerische Kultusminister könne zwar Besatzungsrecht nicht aufheben, aber er wolle doch auf eine Gesetzeslücke hinweisen: Es sei nicht verboten, an höheren Schu-

97

len als Hospitant zu studieren. Praktisch hieß das, daß ich nicht in der offiziellen Schülerliste geführt wurde und auch kein im öffentlichen Bereich gültiges Zeugnis bekam. Bedingung für die Zulassung zu diesem Gast-Status war nur die tadellose Führung. Ich schrieb alle Klassenarbeiten mit und bekam meine Noten, aber kein Zeugnis. Mein Glück, denn im Sommer 48 wäre ich in Mathematik durchgefallen, meine Wissenslücken waren zu groß. Während der Sommerferien bekam ich Nachhilfeunterricht, und nach den Ferien ging ich als Hospitant in die nächste Klasse, denn ich war ja nicht an die Versetzungsordnung gebunden. – Das zweite Hindernis war überwunden.

Die Osterferien 1948 brauchte ich im wesentlichen, um die festgestellten erheblichen Lücken gegenüber dem Stand meiner Klasse aufzuholen. Formell war ich ja nach drei Jahren in eine Klasse eingetreten, die meiner letzten Klasse in Feldafing entsprach. Aber die Kameraden waren nach einem sog. Kurzschuljahr seit dem Schuljahresbeginn 1947/48 zusammen in einem geregelten Unterricht. Mein letzter „geregelter Unterricht" war, mit den früher dargestellten Einschränkungen, zu Beginn des Schuljahres 1944/45 (September 1944). Anschließend war ich Bauernknecht, wenn auch in Querleitn in besonders günstigen Umständen – immerhin war ich jetzt gelandet und konnte nacharbeiten.

Die Sommerferien 1948 verbrachte ich im großen und ganzen im St.-Georgs-Heim in Birkeneck, heute „Jugendwerk Birkeneck", bei Hallbergmoos. Mitte Juli machte ich aber mit einem Kameraden aus dem „Kleinen Seminar", Kurt G., der mit seinen Eltern in der Nähe von Freising wohnte – Flüchtlinge aus dem Sudetenland –, einen Ausflug nach Berchtesgaden; einmal, um alte Bekannte wieder zu treffen, vor allem aber, um meine wenigen Habseligkeiten, die in Maria Kirchental zurückgeblieben waren, in Empfang zu nehmen. Über die Grenze konnte ich damals noch nicht, aber das „Ingolstädter Haus" des Deutschen Alpenvereins im „Steinernen Meer" stand fast auf der Grenze und wurde von Österreich aus bewirtschaftet. Es war auch für deutsche Bergwanderer zugänglich. Bezahlen konnte man freilich nur mit Hartgeld, eine Kuriosität der damaligen Zeit. Österreich hatte zwar bereits seine eigene Währung wieder, den

Schilling, aber das Hartgeld fehlte noch. Die alten Kleinmünzen aus der Reichsmarkzeit, die ja in den vier Besatzungszonen Deutschlands noch andauerte, galten noch. Es gab noch keine Bundesrepublik Deutschland, sondern im Westen die Trizone (kölscher Karnevalsschlager: „Wir sind die Eingeborenen von Trizonesien"), im Osten die SBZ (Sowjetisch besetzte Zone), es gab noch keine Währungsreform, nur neues Papiergeld der Besatzungsmächte. Die Spaltung Deutschlands zwischen den drei Westzonen und der einen Ostzone kündigte sich bereits an, als die Vertreter des Ostens den Parlamentarischen Rat unter Protest verließen, der die neue deutsche Verfassung, unser Grundgesetz, erarbeitete.

So kam es, daß das alte *kleine* Hartgeld im neuen Österreich und im noch nicht so neuen Deutschland noch weiter akzeptiert wurde, weil es kein anderes gab. Das Bezahlen auf der Hütte war demgemäß im wesentlichen eine Gewichts- und Beschaffungsfrage. Wir hatten fleißig gesammelt, uns gut vorbereitet und konnten wohl wenige Tage durchhalten.

Wir brachen von der Ramsau aus auf, von der Bushaltestelle am unteren Ende des Wimbachgrieß, am oberen Ende der Wimbachklamm. Wir wanderten bis zur Wimbachgrießhütte, dort blieben wir über Nacht. Das Wetter war sehr regnerisch. In der Hütte waren wir die einzigen Gäste, wir konnten uns das Wetter ja nicht aussuchen. Für Mittwoch, den 16. Juli, war das Treffen im Ingolstädter Haus vereinbart. Am Mittwochmorgen goß es! Als wir zum Trischübel kamen – dort geht es nach links zum Watzmann hinauf und nach rechts zum Großen Hundstod und durch das Steinerne Meer zum Ingolstädter Haus – schneite es dicke nasse Flocken. Die Sicht war sehr schlecht. Kurz vor dem Trischübel, in einer Wegbiegung nach links sahen wir rechts auf einem flacheren, etwa zimmergroßen Grasfleck ein kleines Gemsrudel dicht gedrängt liegen, wiederkäuend. – Es wurde immer mühsamer, dem Weg zu folgen, der Schnee wurde immer tiefer. Schließlich waren wir oben am Übergang zum Steinernen Meer. Es war kein Weg und keine Markierung mehr zu sehen. Unmöglich, in das Grau-in-Grau–Weiß-in-Weiß weiterzugehen. Aber von meinem „Edelweißausflug" mit der Jugend des Hintertals im Sommer 1946 kannte ich die Geographie hier ganz gut. Wir gingen geradeaus weiter bis an die kurz vor uns aufragende Hundstodnordwand, und an ihrem Fuß folgten wir ihr, denn ich wußte, daß wir so ganz nahe bis ans Ingolstädter Haus geführt würden. So war es auch, mühsam, aber nicht zu verfehlen. Es dunkelte schon, als wir ziemlich plötzlich aus dem Dämmer die Lichter der Hütte sahen. – Ein heißer Tee mit Rum war das erste, und raus aus den nassen, klammen Klamotten, eingewickelt in Decken aus dem Matratzenlager, dann gab es noch eine Suppe und Brot. Wir waren schon wieder guten Mutes, fragten uns aber, ob unser Mann von Maria Kirchental wohl bei dem Wetter auftauchen würde. Wir mußten ja auf jeden Fall über Nacht bleiben. Etwa eine Stunde nach uns kam der Erwartete; wir wußten nicht, wer denn kommen würde; aber der, der da mit dem Rucksack und Schnee auf den Kleidern naß und erschöpft in die Gaststube trat, war ein guter Bekannter aus Kirchental, Franz Prinz zu L., aus der älteren, der evangelischen Linie, der nach seiner Konversion in den Franziskanerorden eingetreten war. Er hatte mir einmal die abenteuerliche Geschichte seiner Befreiung erzählt: Er war als Regimegegner ins KZ Dachau gekommen, in den „Priesterblock", der aus den Dokumentationen über dieses KZ, in dem über 3.000 polnische Priester interniert waren und zum großen Teil starben, hinreichend bekannt gemacht ist (in diesem Priesterblock hatte sogar eine Priesterweihe stattgefunden. Ein schwer tuberkulosekranker Diakon war unter den primitiven Lagerbedingungen im Angesicht des Todes von einem ebenfalls inhaftierten französischen Bischof zum Priester geweiht worden. Das Lager hat er noch überlebt, aber nach der Befreiung ist er bald gestorben). Angesichts des bevorstehenden Endes der NS-Herrschaft sollten die KZs aufgelöst und die Häftlinge möglichst der Befreiung entzogen werden. „Todesmärsche" – aus den Lagern im Osten Richtung Reichsgebiet, aus den Lagern im Reich in Räume, in denen der Weg eine möglichst große „natürliche Verminderung" (gemäß dem „Wannsee-Protokoll" für die Deportation der Juden Europas in die Ostgebiete) zur Folge haben sollte, der „allfällig endlich verbleibende Restbestand wird, da es sich bei diesen zweifellos um den widerstandsfähigsten Teil handelt, entsprechend behandelt werden müssen", so ebenfalls im Wannsee-

Protokoll. Daß diese „Sonderbehandlung" die gewaltsame Tötung, Ermordung der Gefangenen bedeutete, zeigen die Berichte der überlebenden Zeugen.

Der Todesmarsch der Dachauer Häftlinge wurde jäh südlich des Ammersees gestoppt von mehreren LKWs mit jungen feldgrauen Soldaten auf den Pritschen. Der Führer der Kolonne, ein junger SS-Offizier, forderte mit einem schriftlichen Befehl die Aussonderung aller Priester aus der gestoppten Kolonne. Sie mußten auf ein freies Feld heraustreten und wurden dann unsanft mit den Gewehrkolben auf die LKWs getrieben, und ab ging die Fahrt. Die Gefangenen glaubten, ihr letztes Stündchen sei gekommen, und sie beteten die Sterbegebete. Aber: Der Transport endete nach der Durchfahrt durch einen Torbogen im Klosterhof der Benediktiner von Ottobeuren. Der Offizier läutete und übergab die Gefangenen der Sorge der Benediktiner. – Es war ein Handstreich junger Jesuiten, die unter der Führung des „Offiziers", der, ebenfalls Scholastiker (Student) der Jesuiten, das Unternehmen kurz entschlossen geplant, organisiert und gewagt hatte. – Der Abt und seine Mönche übernahmen die Gefangenen und versorgten Befreite und Befreier. Wenige Stunden später war die Befreiung perfekt durch die Ankunft der amerikanischen Truppen. Die feldgrauen Uniformen abzulegen war sehr viel einfacher, als ihrer habhaft zu werden und sie auf eigenes Risiko zu tragen. Jesuiten waren ja „wehrunwürdig". Das Unternehmen konnte an jeder Feldpolizeistreife und erst recht an den Bewachern scheitern, wenn die den „präparierten" Reichsführer-SS-Befehl nicht akzeptiert hätten.

Wir blieben nicht mehr allzulange sitzen, denn wir hatten ja alle nach diesem Tag die nötige Bettschwere. Am nächsten Morgen stieg der Prinz wieder nach Österreich ab, mit den besten Grüßen für alle in Maria Kirchental, die beiden Patres und den Bruder der MSC (Herz-Jesu-Missionare), die drei Schwestern der MSC und die anderen Bekannten, und wir beiden stiegen ab über den Funtensee und durch die „Saugaß", den steilen Abstieg nach St. Bartholomä. Von dort fuhren wir mit dem Boot nach Königssee. Der Rückweg war einfach, mit der Bahn von Berchtesgaden nach Freising, Kurt von dort nach Hause, ich nach Birkeneck.

Gegen Ende dieser Sommerferien 1948 fuhr ich von Birkeneck aus noch einmal nach Garmisch, um meinen Großvater mütterlicherseits zu besuchen, mit dem ich inzwischen brieflichen Kontakt hatte. Er war im „Hauptkriegsverbrecherprozeß" in Nürnberg nicht verurteilt worden und saß jetzt in den ehemaligen Gebirgsjägerkasernen im Internierungslager und wartete auf sein „Spruchkammerverfahren", für das ja die deutsche Gerichtsbarkeit zuständig war. Besuche waren möglich. Es war ein heißer Tag Ende August. Die Abfertigung beim Einlaß war recht unkompliziert. Im ersten Stock des Gebäudes fand ich Großvater schnell, bald war bei ihm auch mein ehemaliger Schulleiter von Feldafing, der auf dem gleichen Stockwerk untergebracht war. Von ihnen hörte ich, daß in einem anderen Teil des Lagers auch Frau Göring untergebracht war. – Mir ging durch den Kopf, wie das mit Mutter und uns geworden wäre ohne die Fügungen und Führungen, die wir erfahren hatten.

Es war eine sehr zwiespältige Situation, und die Stimmung war entsprechend. Die Gefangenen hatten unbeschadet überlebt, ohne von den Siegermächten verurteilt worden zu sein, andererseits mußten sie noch durch das bevorstehende Verfahren, das doch ihre Wiedereingliederung in das zivile Leben erheblich betraf – „ihre Welt" war untergegangen –, sie mußten in die neu entstehende Lebenswirklichkeit eines demokratischen Rechtsstaates hineinfinden, in dem gleiches Recht für alle gilt. Großvater heiratete die erheblich jüngere Witwe eines ehemaligen Kriegskameraden mit noch zwei minderjährigen Kindern in ihrer Familie; mein früherer Schulleiter fand Arbeit und Brot in einem holzverarbeitenden Betrieb für noch einige Jahre. Ein letztes Mal traf ich ihn Jahre später in München, als seine Altersversorgung als Offizier des I. Weltkriegs anerkannt worden war.

Nach meinem Abschied im Lager traf ich auf dem Weg zum Bahnhof zufällig noch einen ehemaligen Feldafinger Kameraden, der mit seinen Eltern in Garmisch lebte. Er steuerte wesentlich zum Unterhalt seiner Familie bei, indem er Bilder der herrlichen Bergwelt um Garmisch malte, immer wieder kopierte und an amerikanische Offiziere als Andenken an ihre Zeit in Garmisch verkaufte.

Weihnachten 1948: Der Direktor unseres „Kleinen Seminars"
und unser Präfekt beschlossen in Abstimmung mit den anderen
Patres Präfekten (alle MSC) und der Leitung des Hauses, daß
wir Schüler des „Kleinen Seminars" den Heiligen Abend und
an den beiden Weihnachtsfeiertagen mit der Kommunität der
Patres und Schwestern und Angestellten feiern sollten. Vernünf-
tige Gründe gab es dafür genug, materielle und spirituelle. Im
Haus konnte die Feier für alle gemeinsam erfolgen, und jeder
hatte dabei seinen Part. Eine größere Gemeinschaft ist in Zeiten
mit Lebensmittelrationierung durch Lebensmittelmarken leichter zu versorgen als eine kleine. Kleine Gemeinschaften, Famili-
en, die nur von den durch die Lebensmittelmarken zugesicher-
ten, oft trotzdem schwer erhältlichen Nahrungsmitteln den
Küchenzettel bestreiten mußten, waren unter solchen Umständen ganz froh, wenn einer der „stärksten Esser", ein Sohn in der
wichtigsten Wachstumsphase, im Internat seine Festmahlzeit
garantiert bekam, ohne zu Hause das Problem zu stellen, wie er
denn satt zu kriegen sei. Ein Opfer war es eigentlich nur für die
Gruppe der Söhne von „Selbstversorgern", Bauern, die daheim
vielleicht noch einen reicher gedeckten Tisch erwarteten. Aber
deren Eltern hatten Verständnis, schon wegen der spirituellen
Gründe, und schickten „Freßpakete", die gesammelt und deren
Güter an alle in der gemeinsamen Feier verteilt wurden. So war
das gemeinsame Fest im Hause vorausschauend und tatkräftig
vorbereitet worden.

Unsere, der Schüler, materielle Vorbereitung war einfach, mehrfach: Der Chor und das Orchester studierten die Mette ein und
die Musiken für die Gottesdienste am Weihnachts- und am Ste-
phani-Tag. Es wurde fleißig geprobt. Alle zusammen sammelten
auf Spaziergängen in der Umgebung die „natürlichen Grundlagen" für die Gestaltung einer Krippenlandschaft an der breiten
Wand des „Eck-Saales", eines großen, noch gotisch gewölbten
Saales im Erdgeschoß des Hauses, windschief – wie die ganze
„Kiste", wie wir das Canisiuskonvikt liebevoll nannten. Die
Außenmauern dieses im 16. Jh. erbauten Gebäudes mußten
wohl den Straßen sich einpassen, die durch frühere Bauten festgelegt waren. Die Folge: Es war keiner der ursprünglichen Räume auch nur annähernd rechtwinkelig. Daraus ergaben sich in

allen alten Räumen Pobleme mit dem Stellen der Möbel, Betten oder Schränke in den Schlafsälen, der Pulte in den Studiersälen. Am einfachsten war das noch im Speisesaal durch entsprechende Variation der Gänge zwischen den Tischen auszugleichen. Aber selbst in kleineren Räumen, wie den Zimmern in der Krankenstation oder im Büro oder den Appartements der Patres oder in den ja nachträglich eingebauten WC's, war es nicht so wie in einem heute geplanten Neubau.

Der „Eck-Saal" hat seinen Namen wohl schon seit der Eröffnung des Hauses durch die Patres Jesuiten (1562, im Zusammenhang mit der philosophisch-theologischen Fakultät der 1472 von Herzog Ludwig IX. von Bayern gegründeten Universität). „Eck" – eigentlich Dr. Johannes Maier – war seit 1510 Professor für Theologie an der Ingolstädter Universität gewesen, einer der Hauptgegner der Reformation. 1519 hatte er mit dem Reformator Dr. Martin Luther in Leipzig disputiert und 1520 die Bannandrohungsbulle überbracht. Petrus Canisius, der erste deutsche Jesuit – ein gebürtiger Niederländer –, hatte als erster Provinzial der deutschen Provinz das Haus als Jesuitenkolleg für Studenten gegründet.

Am Ende unseres Bemühens stand eine etwa 10 m breite Krippenlandschaft – mit „Wasserfall" aus Staniolpapier, elektrisch von der Seite von einer versteckten Lampe beleuchtet, einem elektrisch beleuchteten Stall von Bethlehem und Stern und einem angestrahlten Verkündigungsengel über den Hirten, einer Menge von Schafen und Hirten und Zubehör, von allen möglichen Krippen zusammengetragen. Die Unterschiede in Größe und Stil störten uns wenig. Wir stellten zusammen, was in etwa zusammenpaßte. Uns leitete nicht künstlerischer Anspruch, sondern Andacht und eine Riesenfreude, aus dem Vorhandenen das Beste zu machen.

Es war eine besonders schöne Weihnacht. Wir hatten alle zusammen ein gemeinsames Werk geschaffen, jeder hat sich darin mit seinem Beitrag wiedergefunden: die Krippenbauer, die Sänger, die Musiker des Orchesters, die am Altar Mitwirkenden in der Liturgiefeier, die Schwestern und Angestellten in der Küche. Alle waren beteiligt, alle hatten am Gelingen ihren Anteil.

Nach den Feiertagen fuhren die Schüler nach Hause – und sie

berichteten. Die Begeisterung der Jungen spiegelte sich in zufriedenen und dankbaren Briefen von Eltern an die PP. Direktor und Präfekten und bei den nächsten Besuchen im Haus. Ich fuhr wieder, wie zu Weihnachten 1947, zu Onkel Walter und seiner Frau nach Ruhpolding. In einer Dachgeschoßwohnung des Hauses wohnte ein seinerzeit namhafter Schriftsteller, Kasimir Edschmid (eigentlich Eduard Schmid), dessen Roman „Das gute Recht" von mir als Thema einer Hausarbeit („Buchbesprechung") für Deutsch gewählt wurde. Ich interviewte den Autor und konnte den Spuren des Romans und den Originalen seiner Figuren – wenigstens zum Teil – folgen und sehen, wie die Welt des Wirklichen sich in der Welt des Literarischen spiegelt.

Das Geheimnis unserer tiefen Freude an dieser Weihnacht war – meine ich heute – ein doppeltes: Wir waren Arme und wir hielten zusammen. Wir fühlten uns dem Kind in der Krippe ganz nahe, weil wir den anbetenden Hirten uns so nahe fühlten. – „Mysteriengegenwart" (nach Rudolf Otto), davon wußten wir damals als Schüler (noch) nichts, aber wir empfanden wohl etwas davon.

Im Frühjahr 1949 kam die Jugendamnestie, damit die Möglichkeit, von nun an legal die Schule zu besuchen. Auf meine Frage, ob ich jetzt eine Aufnahmeprüfung machen dürfe, beschied mich der Schulleiter, daß ich inzwischen den Anschluß geschafft habe und ohne weitere Formalitäten in der Klassenliste geführt werde. – Ein Schuljahr war gewonnen! Fortan wurde ich vom Schulgeld wegen Bedürftigkeit und guter Leistungen befreit und erhielt zudem dreißig Mark Stipendium. So wandeln sich die Zeiten. – Übrigens: Von mindestens zwei ehemaligen „Feldafingern" weiß ich, daß ihnen vom damaligen bayerischen Kultusminister der gleiche Hinweis zuteil wurde. Dr. Hundhammer, der „schwarze Mann mit der weißen Weste", war eben der, der den damaligen bayerischen „Wiedergutmachungsminister" hochgehen ließ, weil dieser „Wiedergutmachungsgelder" verschoben hatte. Die Affäre Auerbach/Pfitzner/Ohrnstein endete (1951) vor Gericht und mit der Selbsttötung des Hauptangeklagten in Haft.

Eine weitere Episode mag ein Schlaglicht auf diese Zeit werfen: Nach meiner polizeilichen Anmeldung in Ingolstadt war ich auch wieder unter Aufsicht des CIC. Praktisch hieß das, daß ich mich vor den Ferien mit Angabe des Ferienortes abzumelden und dann wieder zurückzumelden hatte. Das war weiter nicht schlimm, es hing offenbar mit der Aufsicht über meinen Briefverkehr zusammen. Als ich mich nach der Jugendamnestie zu Ostern 1949 in die Osterferien abmeldete, war im Büro des CIC nur ein Mann, zigarrenkauend. Er nahm meine Akte aus dem Schrank, studierte sie schweigend, stand dann auf und meinte: „I hope to see you never again." Dann steckte er die Akte in den brennenden Ofen in der Zimmerecke.

In den Osterferien 1949 machte ich mich auf den Weg nach Norden, zu einer „Tante Lydia", die ich noch nicht kannte, die inzwischen mit mir aber Briefkontakt aufgenommen hatte, nachdem mein Aufenthalt im Canisiuskonvikt in Ingolstadt durch die Presse bekannt geworden war. Von dieser Tante wußte ich, daß sie eine Schwester jener „Tante Anni" war, die mit Vaters Mutter zusammen war bis nach dem Zusammenbruch. Sie gehörte entweder zur Familie des Stiefvaters unseres Vaters, also zu dessen Kindern aus erster Ehe mit der Schwester unserer Großmutter, oder zu Nachkommen der Vaterlinie unserer Großmutter väterlicherseits, zur Linie Menong – das herauszufinden habe ich mich nicht bemüht angesichts der Fragwürdigkeit dieser ganzen Ahnenforschung. Diese Tante Anni hatte sich aber bemüht, daß unsere Großmutter väterlicherseits noch in ein Alten- und Pflegeheim in Bad Reichenhall aufgenommen wurde und nach ihrem Tod als Christin begraben worden ist. – Bis zur Evakuierung unserer Mutter mit den Kindern vom Obersalzberg nach Südtirol war die „Oma Weimar", Vaters Mutter, auf dem Obersalzberg. Dann wurden sie und „Tante Anni" in Ramsau oder Bischofswiesen oder Hintersee bei einem Bauern untergebracht – wo genau, das hab' ich nie erfahren, vielleicht war das auch eine Schutzmaßnahme; der Weitertransport mit all seinen Unwägbarkeiten war ihr wohl auch nicht mehr zuzumuten, weder physisch – sie war hoch in den Achtzigern – noch psychisch, sie hat das Kriegsende und den Zusammenbruch nicht mehr klar mitgekriegt. Berichtet wurde mir folgendes, die Quelle kann ich nicht mehr nennen: Als „eines Tages" ein alliierter Soldat in ihr Zimmer im Tiefparterre lärmend eintrat und „irgend etwas wollte", da habe sie, seine Uniform verwechselnd mit ähnlich gefärbten bekannten, gedroht, sie werde diese „Flegelei" ihrem Sohn, dem Reichsleiter Bormann, mitteilen. Der Soldat hat nur den Zorn der alten Frau verstanden und verschwand. Klarheit über diese verwandtschaftlichen Verhältnisse habe ich nicht mehr erhalten, auch nicht gesucht. Die Erfahrung von allgemeiner Menschlichkeit über Verwandtschaftsgrenzen hinaus war inzwischen viel wichtiger.

Die Fahrt unternahm ich wie damals viele junge Leute per Autostopp, allerdings nicht an der Straße stehend, sondern im Büro einer Spedition, wo ich mich mit meinem Schülerausweis vorstellte und um eine Mitfahrgelegenheit bat. Die wurde mir geboten für etwa die Hälfte meines Weges, bis Rottendorf bei Würzburg. In der Fernfahrergaststätte dort war Halt, Übernachtung, und am nächsten Tag ging es weiter, mein bisheriger LKW weiter nach Würzburg, ich mit einem anderen, dort vorgefundenen nach Kassel. Für den Rest des Weges, von Kassel bis Arolsen, zog ich aber doch die Bahn vor. Mit Autostopp an der Straße hätte es damals in dieser „Ecke" doch länger dauern können.

In Kassel auf dem Hauptbahnhof klebten überall die Wahlkampfplakate für die erste Bundestagswahl. Ich war ja noch nicht wahlberechtigt, aber ein Plakat fiel mir doch auf: Da kandidierte General a. D. Ernst-Otto Remer für die Deutsche Reichspartei (SRP). Ich erinnerte mich an dessen Rolle bei der Niederschlagung des Putsches vom 20. Juli 1944, wie er aufgrund dessen vom Major zum Generalmajor befördert worden war, der Kommandeur des Wachbataillons „Großdeutschland". Er hatte von dem Putsch gehört und daß Hitler tot sei. Er ging zu Goebbels. Der aber wußte bereits, daß Hitler überlebt hatte, und stellte eine telefonische Verbindung zwischen Remer und Hitler her. Da war der Würfel gefallen. In der Bendlerstraße wurden die Verschwörer erschossen. Den Rest erledigten in den folgenden Wochen und Monaten „der Sicherheitsapparat" und „das Volksgericht" unter Herrn Freisler. – Die SRP wurde 1952 vom Bundesverfassungsgericht als eine Nachfolgeorganisation der NSDAP nach Art. 21 des Grundgesetztes der Bundesrepublik Deutschland für verfassungswidrig erklärt und aufgelöst.

In Arolsen erlebte ich am Ostersonntag auf dem Rückweg vom Gottesdienst in der katholischen Kirche eine weitere Überraschung: Auf dem Platz vor der zentral gelegenen evangelischen Kirche gab es ein Platzkonzert vertrauter Klänge aus verflossenen Zeiten, gespielt von einem Musikcorps in langen schwarzen Hosen mit weißen Biesen und dazu kurzen weißen Jacken, heute „dinner jacket" genannt, auf den Schultern sog. „Schwalbennester". Die Aufmachung und das Auftreten erinnerten mich lebhaft an vergleichbare Auftritte der SS-Standortkapellen auf dem Obersalzberg oder in München. Tante Lydia konnte mich schnell aufklären: Das war die frühere Standortkapelle des Fürsten, der als SS-Obergruppenführer „in jener Zeit" seine Rolle gespielt hat. Diese Platzkonzerte fanden regelmäßig statt. Jedenfalls hatten die Musiker Arbeit und Brot zur Versorgung ihrer Familien. – Musiker, zumal aus solchen Kapellen, wurden in der Regel nicht in „Jagdkommandos gegen Partisanen" eingesetzt.

Wenige Tage später, jedenfalls noch in der Osterwoche 1949, begegnete ich einem alten Bekannten auf der Straße. Gegenseitiges Erkennen, kurzes Begrüßen ein kurzes Gespräch über Befinden und Tätigkeit derzeit. Er war in Feldgrau ohne alle Abzeichen, eine tadellos geschneiderte Uniform aus bestem Tuch, von der nichts abgetrennt worden war von dem, was da früher hätte dran sein müssen, offensichtlich eine Nachkriegsanfertigung. Breecheshosen, schwarze Stiefel. Er leitete derzeit den Tattersall des Fürsten. Es waren wohl fünf oder sechs Jahre vergangen, seit er mit seinem damaligen Chef bei uns zu Haus auf dem Obersalzberg zu Gast war. Sein damaliger Chef war Kommandeur der SS-Division „Götz von Berlichingen", hervorgegangen aus der Standarte gleichen Namens, der „Reiter-SS". Dieser Chef hatte weniger Glück als mein Gegenüber. Er war erwischt worden, als er in Zivil versuchte, „die Festung Berlin" zu verlassen. Da half es nichts, daß er mit der Schwester der wenige Tage später als Frau Hitler Anzusprechenden verheiratet war. Sein „Noch-nicht-ganz-Schwager" ließ ihn standrechtlich erschießen und machte seine zukünftige Schwägerin vorzeitig und ohne Versorgung zur Witwe.

So änderten sich die Zeiten, aber manches wuchs aus „jener Zeit" hinüber in die „neue Zeit", in unsere junge Demokratie, und auch das konnte nicht ohne Folgen bleiben, die sich erst allmählich, langsam, mühsam erledigten, zum Teil noch unerledigt sind und so neue Folgen nach sich zogen und ziehen. Darüber später mehr, denn vieles, was damals mich erstaunte – ich war ja erst seit Herbst 1947 wieder in Deutschland und hatte bei meinem Bauern in Österreich neuen Anfang und Frieden gefunden –, ist mir in der ganzen Tragweite erst nach meiner endgültigen Rückkehr aus Afrika nach Deutschland klar geworden.

In den Sommerferien 1949 kam ich zum ersten Mal wieder nach Feldafing, eingeladen von meiner Tante Lore, der jüngeren und einzigen Schwester unserer Mutter, die – als Krankenschwester ausgebildet – inzwischen eine neue Heimat im 1938 aufgelösten und 1945 wieder neu gegründeten Agnes-Karll-Verband gefunden hatte und in Feldafing im Lazarett „Hotel Elisabeth" Dienst tat. Das Hotel, früher und inzwischen längst wieder renommiertes Golfhotel, war während des Krieges als „Heimatlazarett" eingerichtet worden, nach dem Krieg übernahm die UNRRA (United Nations Relief and Rehabilitation Administration – Vorgängerin der IRO, International Refugee Organization) das Lazarett, um für Tausende von Flüchtlingen im UNRRA-Lager in den Gebäuden der früheren Reichsschule Feldafing die Möglichkeit der medizinischen Versorgung sicherzustellen. Die dort Untergebrachten DPs (Displaced Persons) waren zum Teil aus Konzentrationslagern Befreite verschiedenster Nationalitäten, zum Teil ins „Reich" dienstverpflichtete Fremdarbeiter, die nicht in ihre Heimat zurückkehren mochten, weil die inzwischen von den sowjetischen Truppen besetzt und dem östlichen Machtbereich eingegliedert war, zum Teil auch andere Zivilisten aus dem Osten, die mit den sich aus diesen Gebieten zurückziehenden deutschen Truppen nach Westen gezogen waren, auf der Flucht vor der Roten Armee, und nach dem deutschen Zusammenbruch hier im Westen gestrandet waren, aber ebenfalls nicht in den sowjetischen Machtbereich zurückkehren wollten. Unter diesen Flüchtlingen waren viele Kranke, Gebrechliche, Versehrte. So war das Lazarett dringend notwendig.

Tante Lore hatte mir ein Zimmer im Schwesternheim besorgt, das in einem Hintergebäude des Hotels eingerichtet war. Die

Zeit zwischen Dienstbeginn und -schluß, in der Regel die Zeit zwischen den Hauptmahlzeiten, war ganz mir überlassen. So machte ich mich zunächst einmal auf die Suche nach Bekannten. Der erste, den ich traf, war unser alter Sportwart Toni H., der die Turnhalle, die Sportanlagen und alle Sportgeräte zu verwalten hatte. Das tat er noch, nur war jetzt die Gemeinde sein Arbeitgeber, die seinen Arbeitsbereich übernommen hatte. Er konnte mir Hinweise geben, wo ich noch andere Bekannte finden könnte, die sich über einen Besuch freuen würden. Damit ich mich leichter dabei bewegen konnte, lieh er mir ein Fahrrad. So kam ich herum, nach Percha, da lebte unser Schuhmacher, nach Allmannshausen zu unserer früheren Bibliothekarin. In Feldafing selbst besuchte ich einen unserer früheren Sportlehrer. Eine andere Tour, mit Übernachtung, führte mich nach Inning, wo inzwischen mein Großvater mütterlicherseits mit seiner neuen Familie lebte, zusammen mit Onkel Walter und dessen Frau und Sohn, die inzwischen den Hof in Ruhpolding verlassen hatten. Von Inning aus fuhr ich am nächsten Tag nach Eching am Ammersee und besuchte dort drei unserer früheren Erzieher, die mit ihren Familien bei Bauern untergekommen waren. Da sie Staatsbeamte mit den entsprechenden Lehrbefähigungen in ihren Fächern für Oberschulen waren und in Feldafing an der Schule ja ebenfalls als Fachlehrer eingesetzt gewesen waren, mußten sie nur noch ihre Spruchkammerverfahren abwarten und hatten sichere Aussicht auf eine Reaktivierung im Staatsdienst in ihren Fächern. Der Besuch in Inning war etwas bedrückend, denn unser Großvater hatte sich offenbar Illusionen gemacht. Es gab Probleme mit der neuen Familie; Hoffnungen, daß er sein Haus und Grundstück in Holzhausen am Ammersee zurückerhalten könnte, erwiesen sich als „Seifenblasen", die platzten. Im Herbst dieses Jahres nahm er sich das Leben. Der Haushalt in Inning wurde aufgelöst.

Etwa um diese Zeit erfuhr ich, daß mein Onkel Albert in Eichstätt, Kloster Rebdorf, im Arbeitslager war, und besuchte ihn an einem Wochenende von Ingolstadt aus mit dem Fahrrad. Er war im Frühjahr 1949 erst „aufgetaucht", hatte sich den Behörden gestellt, war nach Kloster Rebdorf eingewiesen worden und wartete auf sein Spruchkammerverfahren.

Weihnachten 1949 verbrachten wir Schüler des „Kleinen Seminars" wieder in Ingolstadt. Diesmal führten wir unter der Regie unseres Präfekten ein Krippenspiel auf, das er aus verschiedenen Tiroler Weihnachts-, Hirten- und Krippenliedern zusammengestellt hatte. Dieses Singspiel haben wir als Theologen in Innsbruck vier Jahre später bei einem Skilager im Pfarrhof von Tulfes mit viel Freude wiederholt – und nicht nur einmal aufgeführt.

Die Osterferien 1950, im ersten „Hl. Jahr"* nach dem Krieg, boten mir zum erstenmal die Möglichkeit, meine Geschwister in Südtirol zu besuchen. Inzwischen war es möglich geworden, einen Reisepaß der Bundesrepublik Deutschland zu bekommen, dazu mußte ich noch ein Durchreisevisum für Hin- und Rückfahrt durch Österreich und ein Einreise- und Wiederausreisevisum für Italien bekommen. Die beiden Generalkonsulate waren in München in derselben Straße, das erleichterte die Prozedur. Für den Hinweg hatte ich die Bahn benutzt, um zur rechten Zeit an Ort und Stelle zu sein. Die Schwierigkeiten waren nur bürokratischer und finanzieller Art, Warten und Zahlen.

Für den Rückweg nach Ingolstadt benutzte ich das damals noch allgemein übliche Verkehrsmittel „Autostopp", das freilich ziemlich klare Regeln hatte: Personalausweis, Schüler-/Studentenausweis (so man hatte), Stoppbitte an verkehrsrechtlich möglichen Punkten. Die Regeln hatten wir damals bald intus; heute wundere ich mich bisweilen, wo die „Stopper" stehen: im Halteverbot, auf der Beschleunigungsspur der Autobahn, an Stellen, wo das Halten und Überprüfen der Voraussetzungen nicht möglich sind. Darum bleiben so viele ohne Erfolg stehen. Auch auf die Art und Weise der Bitte um Mitnahme ist sicher Wert zu legen: Wir hatten uns Pappschilder mit dem Zielort ge-

---

„Jubeljahr", in der kath. Kirche seit 1475 alle 25 Jahre gefeiertes Jahr mit Pilgerfahrten nach Rom; das letzte vor 1950 war 1933 als 1900-Jahr-Feier der Erlösung begangen worden; das Jubeljahr ist aus den großen Ablaß-Gewährungen der Kreuzzüge entstanden, in Anlehnung an das „Jobeljahr", vgl. Lev 25 (jedes auf ein 7. Sabbatjahr folgende Jahr, also jedes 50. Jedes 7. Jahr war ein Sabbatjahr. Das Jobeljahr war ein Jahr der Sklavenbefreiung, des Schuldenerlasses, der Pfandrückgabe).

macht und nicht nur den Daumen gehoben. Außerdem gab es Möglichkeiten, die Bitte per Gestus zu intensivieren: „Bitte-bitte-Machen".

Nach Erledigung der Formalitäten in den beiden Konsulaten war mein Ziel die Autobahneinfahrt Richtung Ingolstadt. Wie die Auffahrt damals hieß, das weiß ich nicht mehr. Jedenfalls fuhr ich mit dem öffentlichen Verkehrsmittel, der „Tram", soweit wie möglich. Dann ging es zu Fuß zur besagten Autobahnauffahrt. Ein alter DKW „Reichsklasse" stoppte, der Fahrer fragte mich nach meinem Ziel: „Ingolstadt". „Da fahr' ich auch hin." Es war ein Berchtesgadener, Bäckersohn, als „Chef des Protokolls" vom Auswärtigen Amt zu unserem Vater abkommandiert. Er hatte mich erkannt und deshalb gehalten. Er kannte mich von den Gelegenheiten, in denen ausländische Staats- oder Parteigäste bei uns zu Hause zu Gast waren und bewirtet wurden. Die Ordonanzen für den Service kamen aus der Kaserne, aber ihm oblag, die Sitzordnung festzulegen und was sonst zum Protokoll gehörte. – Bekannte, gar Freunde wiederzusehen war damals ein Geschenk. Er erzählte mir, daß unser Vater ihm die Heirat mit seiner russischen Braut ermöglicht habe, gegen alle Hindernisse. Es war eine kurzweilige Fahrt bis Ingolstadt. Er setzte mich erst vor der „Kiste" ab.

Mein erstes Ziel in Südtirol war Meran, dort besuchten meine beiden Schwestern Eike und Irmi die Lehrerbildungsanstalt der „Englischen Fräulein". Für mich hatten sie im Gästehaus der „Englischen", wie sie kurz genannt wurden, im „Philippinum", Quartier gemacht. Gemeinsam fuhren wir dann nach Bozen, denn die Pflegemutter meines Bruders Gerhard und meiner Schwester Eva Maria hatte uns dreien eine gemeinsame Pilgerfahrt nach Rom geschenkt. So fuhren wir mit einem Pilgerzug nach Rom. Meine Schwestern wurden bei den Theresienschwestern untergebracht, ich im Scholastikat der Pallottiner zusammen mit einem von ihren Scholastikern. Ein Briefpartner in Rom, ein polnischer Scholastiker der Marianisten aus Warschau, sorgte mit noch zwei Mitbrüdern für sachgemäße Führungen in Rom. Er war der einzige der drei, der Deutsch sprach, er war also mein Gesprächspartner, denn ich sprach kein Italienisch. Die beiden anderen sprachen mit meinen Schwestern Italienisch. So war es wirklich eine herrliche Zeit mit nicht nur guten Führungen, sondern auch mit intensiven Gesprächen. Am Karsamstag wurde mein Freund Wladimir zum Subdiakon geweiht – diese Weihe gibt es inzwischen nicht mehr. Natürlich waren wir drei in dem Weihegottesdienst. Wir ahnten ja nicht, was da auf uns zukam. Es war die alte Karsamstagsliturgie, nicht die später, noch unter Pius XII. reformierte „Osternachtfeier". Es ging los um 7.00 Uhr am Morgen: Feuerweihe, Exultet, Wasserweihe, Taufwasserweihe (ebenfalls im alten Ritus), zwölf Lesungen und dazwischen zunächst die Spendung der Tonsur, dann die der vier niedern Weihen (die gibt es auch nicht mehr), dann die der Subdiakone – inzwischen war es schon fast Mittag. Dann folgte noch die Diakonatsweihe und dann die Priesterweihe. Insgesamt waren es etwa 80 Weihekandidaten, wobei die Empfänger der Tonsur und der niederen Weihen etwa 20 waren, die aber eben jeweils fünfmal drankamen, dann etwa gleich viele Subdiakone, Diakone und Priesteramtskandidaten. Der Weihespender, ein alter Kardinal, hielt erstaunlich gut durch. Die Laien, die dem Gottesdienst beiwohnten, hatten es leichter, die gingen schon mal zwischendurch hinaus auf einen Espresso oder eine Zigarette und kamen dann wieder. So war es ein ziemlich andauerndes Kommen und Gehen. Wir waren aber als Gäste „unseres" Kandidaten auf Kartenplätzen, da wagten wir nicht, hinauszugehen. Schließlich wollten wir nicht ausgerechnet dann abwesend sein, wenn er mit seiner Gruppe dran wäre. Wir haben's überstanden. Anschließend sind wir zum Pasta-asciuta-Essen gegangen, Frühstück und Mittagessen in einem, denn damals galt vor dem Kommunionempfang noch die absolute Nüchternheit ab Mitternacht.

Für den Ostermontag hatten wir drei Geschwister Eintrittskarten für die Teilnahme an einer sog. „Spezialaudienz" bei Pius XII. bekommen. Die Einladungslisten solcher Audienzen werden im Osservatore Romano veröffentlicht. Der P. Prokurator der Pallottiner, der uns die Karten besorgt hatte, hatte auch dafür gesorgt, daß wir als „Bergman" zwischen eine französische und eine amerikanische Gruppe plaziert wurden. Dadurch stand auch in dem Audienzsaal die deutsche Gruppe weit genug von uns entfernt an der dritten Wand. Als der Papst kam, ging er von Gruppe zu Gruppe, begrüßte die einzelnen Teilnehmer und wechselte mit jedem und jeder einige Worte, nachdem sie ihm einzeln persönlich von dem ihn mit den Namenslisten begleitenden Monsignore vorgestellt worden waren. So kam er auch zu uns und zeigte sich gut informiert über unser Geschick nach dem Krieg, fragte nach dem Wohlergehen unserer Geschwister, und dann gab er uns seinen Segen.

Den Rest dieses Tages waren wir mit unseren Freunden von den Marianisten in Ostia am Meer. Tags darauf gab es noch einen Ausflug nach Castel Gandolfo und Rocca di Papa und einen Spaziergang am Albaner See.

Am Ende der Osterwoche waren wir wieder in Südtirol und hatten bei Dr. Kiener in Bruneck das erste Gesamtgeschwistertreffen nach dem Krieg. Am Weißen Sonntag mußte ich wieder in Ingolstadt eintreffen, denn der Montag darauf war der erste Schultag nach den Osterferien.

In den Sommerferien 1950 veranstaltete die „Marianische Kongregation" (in dem Fall Schüler-MK) der „Kiste" eine Radtour zu den Osterseen mit Zeltlager dort. Zu der Zeit war unser P. Präfekt im „Kleinen Seminar" gleichzeitig Präses der MK in der „Kiste", ich war der gewählte „Präfekt" dieser MK. Mir oblagen die äußere Organisation, Platzwahl, Zeltbeschaffung und was sonst noch zu tun war, der Präses übernahm den Schriftverkehr für die nötigen Genehmigungen u. a. Die Osterseen als Zielort waren mir eingefallen, weil mir diese reizvolle Gegend aus meiner Feldafinger Zeit bekannt und vertraut war. Dem entsprach auch meine Aufgabe: Mit dem Vorauskommando den Zeltplatz suchen und alles so vorbereiten, daß die einen Tag später abfahrende Hauptgruppe mit dem Präses in das fertige Lager einziehen konnte. Die Zelte schickten wir als Bahnfracht bahnlagernd voraus, ebenso „die Küche", alles sperrige oder schwere Material, das auf unseren Rädern nicht gut zu transportieren war.

Wir wählten den Zeltplatz auf der Landzunge zwischen dem Fohnsee und dem Staltacher See – 1969, als ich wieder in der Gegend war, mit unserer Ministrantengruppe von Rebdorf, war dort ein öffentlicher Campingplatz. Der nächste Schritt war unser Besuch im Gut Staltach, das uns damals die Erlaubnis zum

Zelten gegeben hatte und die Bitte um Roß und Wagen gern erfüllte, um unsere Zelte und die Küche an Ort und Stelle zu bringen. Das bekamen wir gratis von der Gutsverwaltung. Wir fuhren also los zum Bahnhof und holten unser Material. Als wir am Zeltplatz ankamen, war der Förster schon da, zeigte uns, was wir an Zeltstangen schlagen konnten, was es an Fallholz als Brennholz gab und was er als Heringe empfahl. Dann wollte er aber wissen, wo und wie wir die Latrine anzulegen gedachten. Mit meinen Darlegungen war er's zufrieden. – Es waren noch „goldige Zeiten", wir brauchten weder für den Platz noch für das Fuhrwerk, noch für das Stroh, das wir zum Auslegen der Zelte (Bodenisolierung) holten, etwas zu bezahlen. Wir kamen als Gruppe einer öffentlich-rechtlich anerkannten Jugendorganisation. Das war damals hinreichend förderungswürdig; mein Ministrantenlager 1969 lief nicht am gleichen Platz, nicht mit den gleichen Grundherren, aber doch, nahe am großen Ostersee, gleich erfreulich ab. – Am Abend nach unserer Ankunft stand das Lager „im groben", am Abend darauf, wenige Stunden, bevor das Gros der Gruppe mit dem Präses ankam, war alles perfekt. Das Gros war einen Tag nach uns aufgebrochen, hatte in Birkeneck übernachtet und war dann weitergefahren, auch bei gutem Wetter. Als die ersten ankamen, entfachten wir das Feuer unter dem Suppenkessel, als die letzten eintrudelten und sich ihr Plätzchen in den Zelten gesucht und gefunden und sich eingerichtet hatten, war die Suppe fertig, und es ging ans Schmausen, dann ans Singen und dann in die Schlafsäcke. Am nächsten Morgen begann der „Lageralltag" – gemeinsames Morgengebet, hl. Messe, Schlafplatz aufräumen, Frühstück; dann das Tagesprogramm: Badefreuden oder Wanderungen oder weitere Ausflüge mit den Rädern – mittags gemeinsames Essen, wenn wir im Lager waren, sonst gemeinsame Brotzeit; abends in aller Regel ein warmes Abendessen, gemeinsames Abendgebet und dann „ab in die Heia". Außer den Badefreuden und dem Spaß im Lager mit viel Singen und kurzen Stegreifspielen machten wir auch einige Radtouren: nach Kloster Ettal und Linderhof; vor allem aber Oberammergau zu den Passionsspielen. Bei diesen Touren teilten wir die Lagerbesatzung jeweils, damit immer eine Gruppe im Lager anwesend oder nicht fern war, die anderen gingen auf Tour. Für die Tour nach Oberammergau war der P. Präses beidemal dabei, sonst lief das einmal mit dem Präses, einmal mit dem Präfekten. Die Tour nach Oberammergau war die wichtigste. Unserem Präses war es gelungen, Karten zu bekommen, „Stehplätze" (auf den Stufen der Gänge konnte man sitzen), der Kosten wegen, aber nicht für eine, sondern nur für zwei Vorstellungen. Danach mußten wir unsere übrige Planung ausrichten. Es war anstrengend, denn wir mußten früh los, um zur rechten Zeit dazusein; da hieß es früh aufstehen, für die im Lager bleibende Gruppe noch etwas früher, damit das Frühstück und die Brotzeit zum Mitnehmen für die Kameraden bereit waren. Das Spiel selbst dauerte sechs Stunden, mit einer Pause mittags. Die Rückfahrt ging also in jedem Fall in die Nacht hinein. Aber die Gruppe im Lager hatte die heiße Suppe und Tee bereit, so waren die Strapazen bald vergessen. – Der Text des Spiels, der später, 1970, als „antisemitisch" Anstoß erregte, focht uns nicht an. Wir haben das gar nicht gemerkt.

In der letzten Woche der Sommerferien 1950 machte ich mich mit dem Fahrrad noch einmal auf den Weg von Birkeneck nach Altötting, denn dort war die Jahrestagung der Schüler-MK Deutschlands einberufen. Auf dem Weg dorthin besuchte ich zum ersten Mal nach der Trennung im August 1945 die Familie meines Onkels Albert in Holzen, einem kleinen Dorf an meinem Weg. Die Tagung in Altötting endete mit dem Katholikentag in Passau. In der Nacht von Samstag auf Sonntag feierte der afrikanische Bischof Kiwanuka mit uns im Dom eine Mitternachtsmesse. Er war zum ersten Mal in Deutschland, um seine „Pateneltern" zu besuchen, die ihm das Studium ermöglicht hatten. Die Banner der MK waren mit dem Bischof in den Dom eingezogen, dann aber rollten wir die Banner ein und setzten uns auf die Altarstufen, damit die Sicht zum Altar frei war. Am Sonntag nachmittag beendete die große Schlußveranstaltung die festlichen Tage. Anschließend habe ich mich noch am Abend auf den Weg nach Ingolstadt gemacht, denn am nächsten Morgen begann die Schule nach den Sommerferien. Ich kam zu spät. Gegen 11 Uhr war ich in der „Kiste", denn unterwegs mußte ich vor lauter Übermüdung in der Nähe von Straubing in den

Schlafsack. Das Schulversäumnis am ersten Schultag hat man mir verziehen.

Zu den Weihnachtsferien 1950 fuhren die Schüler des „Kleinen Seminars" zum ersten Mal schon zu den Feiertagen nach Hause. Die Gründe für die gemeinsame Feier in der „Kiste" waren zwar noch gültig, aber sie hatten sich gewandelt: Den Familien ging es inzwischen deutlich besser, nach der Währungsreform gab es keinen „schwarzen" oder grauen Markt mehr, die Lebensmittelkarten waren abgeschafft. Das Geld galt. Ware war da. Ein Jahr zuvor galt das zwar auch schon, aber doch noch etwas zögerlich. Das Internat hatte Umstellungsschwierigkeiten, denn die „Marken" (der Lebensmittelkarten) waren weg, statt dessen galten die Marktpreise – Angebot und Nachfrage regierten. Die Situation war vergleichbar, nicht gleich, der nach der „Wende" in den neuen Bundesländern: Man mußte sich auf eben diesen neuen Mechanismus einstellen: „gesicherte" Versorgung über Lebensmittelmarken (oder Vergleichbares) mit Mangel, der durch „Seitenwege" behoben, zumindest gemildert wurde – oder „freie Marktwirtschaft", die sich regelt nach Angebot und Nachfrage. Am Tag nach der Währungsreform im Westen konnte man in Ingolstadt für 40 Mark, das war das ausgezahlte „Kopfgeld" pro Person, ein Paar fester Schuhe, ja sogar ein Fahrrad in Vorkriegsqualität erstehen – nur: Wer konnte das? Mit diesem „Kopfgeld" mußte man *zunächst leben*. Auch die spirituellen Gründe traten inzwischen etwas zurück: Die Angehörigen des „Kleinen Seminars" waren inzwischen zusammengewachsen zu einer Gemeinschaft, hielten zusammen, hatten sich in vielen Situationen als Gemeinschaft erfahren und erlebten sich so. Nun konnten sie als Angehörige einer solchen, auf ein Ziel gerichteten Gemeinschaft, ausgerichtet auf die Nachfolge Jesu in einer missionarischen Ordensgesellschaft, in ihren Gemeinden wirksam werden.

Ich fuhr zu meiner Tante Lore, bei der ich in den Sommerferien 1949 in Feldafing gewesen war. Jetzt war sie angestellt in Bayreuth im Versorgungskrankenhaus, einer großen Rehabilitationsklinik für Kriegsversehrte und auch für psychisch kranke Heimkehrer. Hier ballte sich das Elend, das Deutsche durch diesen von Deutschen, den Nazis angezettelten Krieg erlitten hatten – körperliches und seelisches Leid von Opfern, die Täter und Opfer in einem waren: Sie hatten nicht widerstanden. Andere waren schlimmer dran: Sie erfuhren sich als Opfer ihres Gewissens als verantwortlich für die furchtbaren Leiden, die sie anderen Menschen, angeblichen „Untermenschen", zugefügt hatten. Das Leid der psychisch Zusammengebrochenen zu schildern versagt die Sprache. Die Leiden der körperlichen Schmerzen waren immerhin medizinisch zu lindern.

Ich bewunderte die Schwestern, die hier Tag und Nacht ihren Dienst taten, um diesen gescheiterten, zerbrochenen, mißbrauchten, körperlich und seelisch verstümmelten Menschen zu helfen, den einen oder anderen vielleicht sogar gesund zu pflegen, ihm einen neuen Anfang zu ermöglichen.

Materiell ging es uns zu dieser Zeit schon wieder gut – ich spreche vom „Westen". Wir entbehrten nichts Lebensnotwendiges mehr. Aber diese psychischen Folgen des NS-Regimes und seines maßlosen Mißbrauchs der Menschen, die sich ihm unterwarfen oder die es sich mit Gewalt unterworfen hatte, die wurden erst nach und nach offenbar, und sie waren schrecklich – und sind es bis heute, in der dritten Generation.

Das „Richard-Wagner-Festspielhaus" auf dem Hügel – Kultort Hitlers und vieler seiner Anhänger – erinnerte mich an die Rolle, die Richard Wagner in dieser Rasse-Ideologie zugeschoben wurde, gegen die er sich, lange tot, nicht mehr wehren konnte. Was aus seinen romantischen Kunstwerken durch quasireligiöse Überhöhung wurde – in Verbindung mit den Werken seines Schwiegersohnes Houston Stewart Chamberlain und den wirren Ideen des „Jörg Lanz von Liebenfels" in seinen „Ostara"-Heften (vgl. dazu: Wilfried Daim, „Der Mann, der Hitler die Ideen gab" – Die sektiererischen Grundlagen des Nationalsozialismus; Wien 1985, Berlin 1991) –, dafür ist Richard Wagner nicht verantwortlich zu machen.

In den Osterferien 1951 war ich bei Mutters jüngerem Bruder in Mindelheim und feierte in der Karwoche die Gottesdienste mit der dortigen katholischen Ortsgemeinde – und ärgerte mich über die Gottesdienstgestaltung am Karfreitag. Ich wandte mich also an meinen geistlichen Vormund und bat ihn, bei der Diözese Augsburg zu intervenieren.

Er antwortete: „<··> *Es tut mir aufrichtig leid, daß Deine Freude über die schöne Liturgie der Kartage so arg enttäuscht wurde! <··>Bei solchen Erlebnissen wird man wieder einmal darauf gestoßen, daß das Antlitz der Kirche hier auf Erden wirklich „Makeln und Runzeln" hat, wie der hl. Paulus sagt. Gerade für Dich als Konvertiten scheint es mir nicht unwichtig zu sein, daß Du durch solche Erfahrungen vor einem schwärmerischen oder allzu idealistischen Kirchenbegriff bewahrt wirst; <··> Daß Du selbst nicht an den Bischof geschrieben hast, halte ich in diesem Fall für richtig. "*

Im Sommer 1951 machte ich mein Abitur. An meiner Schule hatten in den vergangenen zwei Jahren einige ehemalige Feldafinger in Sonderkursen für Spätheimkehrer ihr Abi gemacht, darunter einer des Abiturjahrganges 1937, der bereits vor 1945 einige Semester Medizin studiert hatte; aber auch er mußte das Abitur nachmachen, denn auch das Feldafinger Friedensabitur wurde vom Besatzungsrecht nicht anerkannt.

Für mich war dieses deutsche staatlich anerkannte Abitur statt des Abiturs (= „Matura") in der Spätberufenenschule oder an dem öffentlich-rechtlich anerkannten Gymnasium der Herz-Jesu-Missionare wieder ein Stück „Führung Gottes". Mit jedem der drei Zeugnisse konnte ich in Innsbruck Philosophie und Theologie studieren und Priester in meiner Ordensgemeinschaft werden. Aber bei meiner späteren Anstellung und Verbeamtung als Religionslehrer im öffentlichen Dienst an einer weiterführenden Schule in der Bundesrepublik Deutschland – Berufsschule, Fachoberschule, gymnasiale Oberstufe in NRW – war das bundesdeutsche Abiturzeugnis doch Grundlage des Qualifikationsnachweises.

In Ingolstadt gab es einige Erlebnisse, die im historischen Rückblick vielleicht informativ und interessant sind, denn in den Jahren 1948 bis 1951 war noch nicht die heutige Normalsituation, sie entstand erst allmählich und mehr oder weniger mühsam:

Das Grundgesetz der Bundesrepublik Deutschland trat erst 1949 – nach heftigen Debatten im Bayerischen Landtag von diesem mit Vorbehalt angenommen – in Kraft. Die Schulen litten noch unter Lehrermangel, weil viele Lehramtsanwärter gefallen, andere noch nicht aus Kriegsgefangenschaft heimgekehrt waren. Unter unseren Lehrern in diesen schwierigen Zeiten waren auch solche, die als „Lehrbeauftragte" in dieser Mangelsituation angestellt worden waren, ohne daß ihre Vergangenheit und ihre Qualifikation hinreichend abgeklärt waren. Es gab noch ideologisch Vorbelastete, die mit der jungen Demokratie „nichts am Hut hatten", sondern eher dem verflossenen „Dritten, 1000jährigen Reich" nachweinten. Ein Beispiel, wenn ich mich recht erinnere aus dem Schuljahr 1949/50: Wir bekamen einen Biologielehrer, der wohl auch einige Klassen in Chemie unterrichtete. Er vertrat recht offen die NS-Rasse-Ideologie. Dabei verunglimpfte er auch christliche religiöse Überzeugungen im Unterricht. Dem zu widerstehen entschlossen wir uns, vier Schüler. Wir stenographierten in abgesprochener Reihenfolge jeweils zehn Minuten, insgesamt vier Stundeneinheiten, die zusammenhingen, mit und tippten den Text nach unseren Stenogrammen. „Steno" konnten wir dank eines sehr lieben Lehrers, der uns Latein und Stenographie unterrichtete. Der alte Herr trug noch den offiziellen Titel „Studienprofessor". So entstand eine lückenlose Dokumentation dieser vier zusammenhängenden Stunden. Das Original schickten wir an das KM nach München, je einen Durchschlag bekamen unser Oberstudiendirektor, der Oberbürgermeister der Stadt Ingolstadt („Schulträger") und der Direktor der „Kiste" (des „Canisiuskonvikts"), weil eine ganze Reihe „Kisterer" ja an die Oberrealschule gingen, neben den anderen, den Schülern vom „Gym", dem humanistischen Gymnasium. Unser Brief mit der Dokumentation zeigte rasch Wirkung: Noch vor dem Schuljahrende kam ein Bevollmächtigter des Münchener KM und befragte alle Klassen, in denen dieser Lehrer unterrichtete, und zwar die Schüler einzeln, wohl mit einem dazugehörigen Protokollführer. Das Ergebnis: Sofortige Suspendierung dieses Lehrers vom Unterricht, mit dem Schuljahrende wurde er entlassen.

Unsere Lehre fürs Leben: Man muß sich wehren. Im Rahmen und mit den Möglichkeiten der geltenden demokratischen Rechtsordnung ist es ohne Risiko möglich, solange der Klagende auf dem Boden des geltenden Rechts bleibt.

Dagegen gab es Widerstand von der „anderen Seite". Die Träger

des „Silberkreuzchens" der „Deutschen katholischen Jugend"
wie die des „Kreuzchens mit dem Ring" der evangelischen Jugend waren nun bei einigen Lehrern „im Verschiß", d. h., sie
konnten sich nur durch überdurchschnittliche beweisbare Leistungen halten. Dazu noch ein Beispiel: Unsere letzte Klassen-
arbeit in „Deutsch" vor dem Abitur hatte das Thema: „Auf kurze Sicht sind die Kanonen stärker, aber auf weite Sicht die
Ideen". Der Lehrer, der uns diese Aufgabenstellung gab, sympathisierte mit dem Marxismus der radikaleren Form. Damals war
die KPD noch nicht verboten, die „Freie Deutsche Jugend" war
noch im „Stadtjugendring" und sah in den „Roten Falken", der
SPD-Jugend, eher die Gegner als in den anderen Jugendorgani-
sationen, die auch im „Stadtjugendring" vertreten waren, von
den Bünden der kirchlichen Jugendverbände über die „Natur-
freunde", die Jugend des Deutschen Alpenvereins u. v. a. m.
Nach dem, was wir über unseren damaligen Deutschlehrer
wußten, konnte man die Aufgabenstellung so verstehen, daß
man von ihm und denen, mit denen er offen sympathisierte, als
den Vertretern der „Ideen" ausging, demgemäß deren Gegner,
die sich nach Westen orientierende Bundesrepublik mit ihrer
damaligen Regierung in der Zeit der Debatten über Wiederbe-
waffnung, als die Vertreter der „Kanonen" zu sehen. Also: Hier
die Ideen des Weltkommunismus, dort die Kanonen aller Gegner dieses Weltkommunismus. So wurde das Thema auch von
einigen angegangen. Mir schien das aber zu primitiv und auch
zu gefährlich. Ich stellte auf die Seite der „Kanonen" alle Vertreter eines bloßen Materialismus, damit standen der östliche wie
der westliche auf der Seite der Gewalt, ihnen standen entgegen
alle spirituellen Kräfte, vertreten durch die großen Lehrer der
Gewaltlosigkeit in den großen Religionen. Bei der Rückgabe
der Arbeiten bekam ich meine Arbeit zunächst nicht zurück.
Das verhieß nichts Gutes. Ohne meinen Namen zu nennen, las
der Lehrer sie dann vor und fragte den Klassensprecher, der seine Arbeit schon mit „Sehr gut" zurückhatte, um seine Meinung
zu dieser verlesenen Arbeit. Dieser Kamerad war ein guter Kamerad. Er formulierte vorsichtig: Er halte sie für ansprechend
angepackt und klar durchgeführt, aber vielleicht könne man sie
auch als Themaverfehlung auffassen. Er würde sie aber mit

„Sehr gut" bewerten. Schweigen. Dann rief mich der Lehrer nach vorn und gab mir meine Arbeit zurück. Mit roter Tinte schrieb er „Gut", aber die Bleistift-5 ließ er stehen. Was der Lehrer nicht wußte: Mit dem Klassensprecher war ich befreundet, wir waren auch beide christlich engagiert, er in der evangelischen Jugend, ich in der katholischen.

Beim Abitur ging ich auf Nummer sicher. Die Aufgabenstellung kommt in Bayern immer vom Kultusministerium. Aber die Note wird ja nicht begründet. Hauptkorrektor war der Deutschlehrer, der Konkorrektor war mir aber nicht „grün", weil ich ihm zu „schwarz" war. Ich fragte schon vor dem Beginn der Prüfung den Prüfungsvorsitzenden, ob es möglich sei, die Arbeit durchschriftlich zu sichern. Nachdem er die Vorgeschichte mit unserer Beschwerde beim KM kannte, hatte er keine Einwände. Ich konnte also nagelneues Kohlepapier mitbringen und die Arbeit durchschreiben und die Durchschrift mitnehmen. Als ich die Arbeit abgab, konnte mein Deutschlehrer seinen Ärger über die Durchschrift kaum verbergen. Aber: Es ist nichts passiert. Nach der Bekanntgabe der Prüfungsergebnisse durch unseren Klassenlehrer konnte ich die Durchschrift vernichten. Gewählt hatte ich das Thema: „Deutschland braucht Europa, aber Europa braucht auch Deutschland" (Theodor Heuß). Das Thema lag mir, weil mir Geschichte als Fach immer sehr wichtig war. An Beispielen für die wechselseitigen Abhängigkeiten fehlt es ja in der Tat nicht.

Eine Überraschung erlebte ich dennoch ein paar Jahre später, als ich schon in Innsbruck studierte. Mein letzter Deutschlehrer in Ingolstadt war nach dem Verbot der KPD durch das Bundesverfassungsgericht am 17. August 1956 in die DDR gewechselt wie manche andere überzeugte Kommunisten auch.

Ein letztes, positives Beispiel: In Mathematik und Physik hatten wir einen „Lehrbeauftragten", der in Ungarn in vorkommunistischen Zeiten unter Horty Leiter einer „Deutschen Lehrerbildungsanstalt" war. Er brachte uns Mathematik und Physik bei, mehr als im Lehrplan stand, und steckte uns mit seiner Begeisterung an. Von ihm hörten wir unsere ersten Grundlagen über Kernphysik. In den drei Jahren, die wir bei ihm Mathematik lernten, mußten wir allerhand tun, aber er tat immer noch viel mehr, denn wir schrieben zweimal in der Woche „Zettelarbeiten", die er in der nächsten Mathe-Stunde schon zurückgab. Mit diesem vielen Üben waren wir zum Abitur alle firm. In unserer ganzen Klasse gab es in Mathematik und Physik keine negative Note im Abitur.

Am Rande haben wir auch noch miterlebt, wie er „bei uns in Bayern" heimisch wurde, eine Familie gründete. Jeden Tag fuhr er mit dem Rad von Kösching nach Ingolstadt zur Schule und zurück, ohne Rücksicht auf Jahreszeiten oder Wetter. Aber es waren ihm nicht mehr viele Jahre geschenkt. Er starb unerwartet früh nach einer kurzen, schweren Krankheit.

VI.

Noviziat in Federaun (Kärnten), Studium in Innsbruck, erste Einsätze

In den Sommerferien 1951 wollte ich meine Geschwister in Südtirol besuchen und von dort aus ins Noviziat nach Federaun bei Villach reisen. Da erfuhr ich, daß ich keine Einreise-, sondern nur eine Erlaubnis zur mehrmaligen Ein- und Wiederausreise erhalten könne, denn ich sei vom Alliierten Kontrollrat des Landes verwiesen – und der hatte vor dem Staatsvertrag von 1955 ja immer noch das Sagen, trotz der „Befreiung" Österreichs. Mit diesem Visum für höchstens 72 Stunden Aufenthalt in Österreich fuhr ich ins Noviziat. Der Novizenmeister war über die Eröffnung dieser Tatsache wenig erbaut. Vorerst habe ich den Koffer nicht ausgepackt, sondern ich war gefaßt, ins Noviziat der Norddeutschen Ordensprovinz zu müssen.

Aber es kam anders. Am nächsten Vormittag ging der Novizenmeister mit uns beiden Deutschen in das zuständige Ausländeramt in Villach. Zuerst kam mein Reichenhaller Kollege dran, bekam seine Aufenthaltsbewilligung gegen Gebühr in den Paß gestempelt mit der Auflage, sie nach einem halben Jahr verlängern zu lassen. So hat er das halbjährlich tun müssen bis zum Ende seines Studiums. Dann kam ich an die Reihe. Der erste Befund: „Da geht nix. Da brauchen wir gar nicht erst fragen." Dann aber nahm er meinen Paß, ging ins Nebenzimmer und kam nach kurzer Zeit zurück. Er gab den Paß zurück mit der Bemerkung, er werde in drei Wochen eh pensioniert. In dem Paß prangte ein Aufenthaltsbewilligungsstempel mit dem Eintrag „Bis auf Widerruf". Er wurde nie widerrufen, es gab keine Gebühren, in Innsbruck keine Fragen. Als der Paß später erneuert werden mußte in Salzburg beim bundesdeutschen Generalkonsulat, erbat ich den abgelaufenen und entwerteten zurück, und die Aufenthaltserlaubnis wurde nun, da es lange keinen Alliierten Kontrollrat mehr gab, vom Polizeipräsidium Salzburg anstandslos „bis auf Widerruf" übertragen. Mit diesem Paß bin ich noch in die Republik Kongo (heute Zaire) ausgereist. Während des Bürgerkriegs wurde er mir dort von den Rebellen abgenommen, ebenso wie meinem Mitbruder Fritz der seine, weil wir als „Amerikaner" vom „Volksgericht" zum Tode verurteilt werden sollten. – Aber das ist doch ein Sprung etwas zu weit voraus. – Zunächst eröffnete mir diese in Villach erteilte Aufenthaltsbewilligung die Möglichkeit, in der Süddeutsch-österreichischen Ordensprovinz, in die ich ja einzutreten beabsichtigte, auch das vom Kirchenrecht vorgeschriebene Noviziatsjahr zu absolvieren. Daran schlossen sich sechs Jahre Studium der Philosophie und Theologie in Innsbruck und ein weiteres Jahr Studium in Verbindung mit praktischem Einsatz in Salzburg an.

Das Noviziatsjahr soll die zum Eintreten in die klösterliche Gemeinschaft bereiten und sich bewerbenden Kandidaten einführen in die Praxis des Lebens in der gewählten Gemeinschaft, aber auch in die vom Ordensrecht der Kirche und von den Statuten der gewählten Gemeinschaft gegebenen rechtlichen Voraussetzungen und Folgerungen für ihr künftiges Leben. Dem war unser Noviziatsjahr – wir waren zu dritt – in Federaun bei Villach in Kärnten gewidmet. Daneben leisteten wir körperliche Arbeit, denn unser Kloster war abgeschnitten von den finanziellen Quellen der Gemeinschaft, die überwiegend in Deutschland lagen. Wir arbeiteten bei einem Großbauern im Dorf auf seinen Feldern als Erntehelfer, für die Pacht und die Bestellung, maschinelle Bearbeitung und Gespannarbeiten eines von ihm zur Verfügung gestellten Maisfeldes zur Sicherung eines landesüblichen Grundnahrungsmittels, Mais. Maissterz – in der Pfanne angerösteter, dann mit kochendem Wasser aufgegossener und gequollener Maisgries, anschließend mehr oder weniger mit Schweinefett oder Butterschmalz „angeschmalzen" – gab es bei uns werktags zum Frühhstück. Wir waren froh darum und dankbar, auch wenn wir witzelten, von „In der Pfanne rumgejagt, bis er geschwitzt hat" für den Fettgehalt oder „Vorsicht, der staubt aus den Ohren!", wenn es halt sparsamer sein mußte. Wir hatten auch einen Klostergarten, vorwiegend für die Küche, aus dem zogen wir heran, was immer möglich. Auch da waren bei dem mageren Boden und dem trockenen Sommer manche Stunden Arbeit nötig. Das waren die äußeren Bedingungen. Im übrigen hatten wir jeden Tag eine bestimmte Zeit fürs Studium, für Meditation und gemeinsames Chorgebet, gemeinschaftsbildend, wenn auch etwas wirklichkeitsfern, weil in unserer Gemeinschaft das Chorgebet nach dem Noviziat nicht weiter gepflegt wurde außer in den größeren Kommunitäten, etwa im Triduum Sacrum, von Gründonnerstag bis Ostersonntag.

Die Ferien in Kärnten ließen uns auf unseren gemeinsamen Wanderungen ein wenig von dem herrlichen Land und seinen liebenswürdigen Menschen kennenlernen.

Im Herbst 1952 hatten wir unsere zeitliche Profeß, mein Querleitvater war dabei. Dann zogen wir um ins Scholastikat in Innsbruck, um dort an der theologischen Fakultät, die von den Patres Jesuiten geleitet wurde und immer noch wird – keiner ihrer Absolventen wird je den brüderlichen Geist dort vergessen –, unsere philosophischen und theologischen Studien aufzunehmen. Wir waren eine fröhliche Gemeinschaft. Für unser Studium haben wir hart gearbeitet, aber in der Freizeit viel miteinander gelacht und gemeinsame Freude gehabt: Ein Hirtensingspiel aus unserer Gymnasialzeit wurde zu Weihnachten wieder in einem „Skilager“ im Pfarrhof von Tulfes aufgegriffen, und über die Ortschaften der erwanderbaren Umgebung unseres Quartiers zogen wir singend von Hof zu Hof.

Zu Fasching, Fastnacht, Karneval habe ich nie eine fröhlichere Gemeinschaft erlebt: Wir verulkten in einem Singspiel unseren Hausoberen in fröhlicher Maskerade; Alt-Pradler-Ritterspiel (Alt-Pradl: Ortsteil von Innsbruck) und „orientalisches“ Pilgerspiel in einem: „Er leidet an Komplexen:“

Einen schöneren Studienort als das Innsbruck von damals kann ich mir bis heute nicht vorstellen: eine nicht zu große Uni, eine gemäßigte Bürokratie, eine herrliche Umgebung. Und die Eigenart an der philosophisch-theologischen Fakultät der Jesuiten: Wir hatten donnerstags vorlesungsfrei (Jesuiten-Sonntag) und wurden von unserem Oberen nach dem Frühstück aus dem Haus geschickt, zum Wandern im Sommer, zum Skifahren im Winter, bis zum Abendessen. Wir haben herrliche Touren gemacht: über Hall zur Arzler Scharte – Isarquellen – über Scharnitz – Seefeld (per Autostopp Innsbruck); Steinach am Brenner – Gschnitz – Habicht – Stubai – Innsbruck; per Rad nach Ranalt (inneres Stubai) mit aufgeschnallten Skiern, Aufstieg zur

Abb. 7: Als Novize in Federaun 1952 mit dem alten Querleitner

Abb. 8: Als Neupriester beim Primizsegen; auf der langen Kniebank die Geschwister

Dresdner Hütte, Übernachtung; weiter zum Zuckerhütl und zurück (kurz nach Mitternacht), „Dienstbeginn" (Aufstehen, Morgengebet, Betrachtung, Messe ab 6.00 Uhr), Vorlesung am nächsten Morgen 8.00 Uhr. Da wir wenig Geld mitbekommen konnten, waren wir im wesentlichen auf die „füßische" Fortbewegung angewiesen, gesund und geeignet, Land und Leute intensiv(er) kennenzulernen. So haben wir weite Teile Tirols in z. T. sehr ausgedehnten Touren erwandert.

Über das Studium selbst gibt es kaum etwas zu sagen, es war das Regelstudium katholischer Priesteramtskandidaten, etwas erweitert durch Kinder- und Jugendpsychologie im Hinblick auf die Arbeitsfelder der Gemeinschaft.

Nach den ersten drei Jahren Studium wurde ich ein Jahr praktisch eingesetzt: Jugendfürsorgeerziehung und gleichzeitig praktische Arbeit in der Landwirtschaft. Letzteres kannte ich ja schon, aber der „Zellhof" war eine moderne Maschinenlandwirtschaft sowohl im Ackerbau als auch im Viehzucht- und Milchwirtschaftsbereich. Freilich war 1954 noch nichts in Sicht von den heute normalen Agrarindustrietechniken in der Viehzucht oder im Ackerbau.

Nach diesem Jahr mußte ich „von der Seite" wieder ins Studium einsteigen, was einige Seltsamkeiten bewirkte: Ich hörte die Einführung ins Neue Testament nach der Exegese, denn ich mußte das, was in meinem praktischen Jahr an der Uni gelaufen war, einfach anhängen. Neben dem Studium wurde ich mit noch einem Mitbruder in unsere Innsbrucker Pfarrei St. Georg abgeordnet, um in der Pfarrjugend zu arbeiten. Es war ein schönes Arbeiten mit den Jungen. Vor allem unsere Jugendlager am Plansee und am Achensee sind für alle Teilnehmer unvergeßlich. Der damalige Pfarrer, P. Karl Weber, hatte eine gute Hand für die Jugend und wirkte mit seiner Begeisterung ansteckend. Er war später mein westlicher Nachbar in der Mission in Zaire und unser einziges Todesopfer im Bürgerkrieg von 1964.

1958 wurde ich zum Priester geweiht. Meine Primiz feierte ich selbstverständlich in Maria Kirchental. Weißbach, Siegsdorf, Berchtesgaden und Bruneck waren weitere Orte der Danksagung, denn viele hatten mich materiell und mit ihren Gebeten unterstützt.

Im Herbst gleichen Jahres konnte ich in München bei einem „Feldafinger Treffen" dabeisein. Überraschend war für mich, daß es offenbar in der versammelten Runde keine Spuren von nationalsozialistischem Geist mehr gab. Einige waren sozial engagiert in den Kirchen, andere suchend unterwegs, aber das Alte war vergangen. Übrigens war noch ein Feldafinger in meinem Weihejahrgang, aber einige Jahre älter und aus einem Vorkriegsabiturjahrgang. Er ist Jesuit geworden und hat bei der Jahrhundertfeier der theologischen Fakultät der Uni und des Jesuitenkollegs, begangen auf dem Zenzenhof oberhalb von Innsbruck bei Matrei, das Publikum mit seinen Flugkünsten erfreut. Leider war er damals in München nicht dabei.

Nach den Festen folgte der Alltag, Einsätze in den verschiedenen Werken der Gemeinschaft: Fürsorgeerziehung bei Grundschulpflichtigen in Gleink bei Steyr, Oberösterreich, und daneben Einführung in den Pfarrdienst; dann Internatsdienst und Unterricht an der Realschule Hl. Kreuz in Donauwörth; schließlich Erziehertätigkeit im „Kleinen Seminar" in Salzburg-Liefering und Unterricht am dortigen Ordensgymnasium.

Schließlich kamen meine Obern auf meine Meldung für die Mission zurück, und ich wurde für die Kongo-Mission vorgesehen. Doch da gab es Schwierigkeiten. Die beiden ebenfalls vorgesehenen Mitbrüder gingen zu einem „Kolonialkurs" nach Brüssel – Französisch, Kolonialgeschichte und -recht –, ich bekam keine Einreisegenehmigung von den belgischen Behörden. Der Kurs entfiel für mich. Die Begründung, die dem belgischen Provinzialobern meiner Gemeinschaft gegeben wurde, war klar und fadenscheinig: Die Regierung – damals „rot" und nicht missionsfreundlich – wollte den „schwarz" gewordenen „Braunen" nicht haben.

Ein Jahr später tauchte eine andere Schwierigkeit völlig unerwartet auf. Inzwischen war der Kongo in die Unabhängigkeit entlassen worden, aber noch vertrat Belgien seine ehemalige Kolonie in Österreich. Zu den Bedingungen einer Einreise gehörte ein polizeiliches Führungszeugnis. Zu der Zeit war ich in Salzburg am „Kleinen Seminar" tätig. Ich wurde ins Polizeipräsidium bestellt, und man eröffnete mir, daß die Vorstrafe von 1947 noch nicht getilgt sei, ich also mit diesem Führungszeugnis wohl nichts anfangen könne. Aber noch bevor ernsthaft eine andere Lösung des Problems angegangen werden konnte, verlor Belgien sein Mandat für den Kongo im Lauf der Querelen nach der Unabhängigkeit, die Tunesier übernahmen die diplomatische Vertretung der République Congo (heute „Zaïre"), und die brauchten dieses Führungszeugnis nicht.

Dennoch verschob sich unsere Ausreise immer wieder durch die Unruhen im Kongo. Als die Ausreise nicht absehbar war, ließ uns unser P. Provinzial im September 1960 auf jederzeitigen Abruf in die Diözese Gurk-Klagenfurt zu einer umfassenderen Einführung in die Seelsorge. Ich wurde Kaplan in Klagenfurt, St. Egid, und Religionslehrer an zwei Hauptschulen. Es war eine sehr lehrreiche Zeit voller liebenswürdiger menschlicher Kontakte. Kärnten – ein Land zum Gernhaben und zum Sich-wohl-Fühlen.

VII.

Afrika, erster Teil
13. Mai 1961 – 24. November 1964

Am 13. Mai 1961 starteten wir in München-Riem – unser Flug
nach Afrika. Beim Abflug in Brüssel-Zaventem nachts um
22 Uhr wußten wir noch nicht, ob die Maschine Leopoldville,
heute Kinshasa, würde anfliegen können, denn dort war der
Flughafen plötzlich wieder gesperrt worden. Unser Dienstälte-
ster wäre am liebsten nach München zurückgeflogen, aber wir
anderen waren für die Fortsetzung der Reise. Schließlich gab es
auch in dem Alternativlandeort Brazzaville einen Erzbischof
und diplomatische Vertretungen Österreichs wie der Bundesrepublik, und Brazzaville liegt Leopoldville am Kongostrom gegenüber, auf dem nördlichen Flußufer in der früheren französischen Kongokolonie, heute République du Congo. Wir flogen –
und wir landeten morgens um sechs Uhr in Leopoldville. Beim
Aussteigen aus dem Flugzeug war uns wie beim Eintreten in eine Waschküche, feuchtheiß.
Zunächst wußte keiner, wie es weitergehen sollte. Wir saßen in
der Flughafenhalle, gut bewacht von Posten mit MPs. Unser
Gepäck war ausgeladen, ausgepackt, durchsucht und wieder
eingepackt, und wir saßen und schwitzten vor uns hin in unseren schwarzen europäischen Anzügen. Der Leiter unserer
Gruppe lief von einer angeblich zuständigen Stelle zur anderen,
um die Erlaubnis für unseren Weiterflug nach Coquilhatville,
heute Mbandaka, zu erreichen.
Schließlich ging es mit einer DC 4 um 10 Uhr weiter. – Am
Flughafen von Coquilhatville wurden wir vom Erzbischof, einem belgischen Mitbruder unserer Gemeinschaft, erwartet;
trotzdem wieder die Prozedur des Auspackens, alles durchsu-
chen lassen, wieder einpacken – und die Soldaten nervös, den
Finger am Drücker der MP und wir einigermaßen kaputt, denn
seit dem Morgen hatten wir nur geschwitzt, keine Gelegenheit
zu trinken, zu essen, uns zu erfrischen oder aus den europäischen Klamotten zu kommen, und dazu fast eine Behand-

lung wie von Gefangenen auf Schub. Aber es ging weiter, der Erzbischof flog mit nach Boende, der Endstation des Fluges, der östlichsten Station der belgischen Mitbrüder.

Der Flug mit der alten DC-3 – seit 1942 nicht mehr gebaut – von Coquilhatville nach Boende hatte geradezu Symbolcharakter: Hier war die Entwicklung stehengeblieben und die Situation unwirklich-real in einer für uns Europäer schwer vorstellbaren Verquickung.

Kurz vor der Landung in Boende gerieten wir in ein Gewitter und wurden erheblich durchgeschüttelt. Die Tür zwischen dem Cockpit und dem Passagierteil der Maschine schlug auf und zu, die bunt zusammengewürfelte kleine Schar der Fluggäste wurde still, außer uns sechs Neuangekommenen und dem Erzbischof alles Einheimische: eine Mami mit ihrer Habe, in ein großes buntes Tuch geknüpft; einige Offiziere der Armee, Soldaten, Zivilisten; auch ein paar Tiere: eine Ziege an einem Strick, ein paar Hühner in einem Holzkäfig. – Einer unserer Schwestern wurde schrecklich übel, sie zog sich in den winzigen Waschraum zurück bis zur Landung. Der Pilot brachte die Maschine sicher auf der Graspiste zu Boden und rollte zu dem kleinen Flughafengebäude. Dort wurden wir von den belgischen Mitbrüdern der Mission Boende erwartet. Wir waren kaum unter Dach in dem Gebäude, als es zu schütten anfing. Das Gewitter entlud sich in einem schweren Tropenregen. Wir mußten warten, bis der Regen nachließ, bevor wir zur Mission fahren konnten.

Auf der Missionsstation verwandelten wir uns wieder in saubere, frisch gekleidete, getränkte und gefütterte und zufriedene menschliche Wesen. Die wichtigste Segnung der Zivilisation: die Dusche!

Am nächsten Morgen ging es mit einem VW-Kombi für die Personen und einem LKW fürs Gepäck weiter nach Osten. Der Erzbischof war dabei, denn er sollte die Vorschläge der deutschen und österreichischen Missionare zur Nominierung des ersten Bischofs aus ihren Reihen hören. Der Kombi gab nach etwa 70 km auf, Motorschaden. So stieg der Erzbischof zum Bruder Mechaniker ins Fahrerhaus des LKW und wir anderen hinten hinauf. Es war angenehmer, weil luftiger als im Kombi, aber bald waren wir „Rothäute" von dem Limonitstaub der unbefestigten Straße.

Bei mancher Ortsdurchfahrt gab es böse Zurufe: „Kenda na Mpotu!" – „Geht nach Europa!" Das erinnerte an gewisse Stimmen bei uns: „Ami, go home!" Die Stimmung gegen die Weißen war im Westen nicht gut, weiter nach Osten wurde es besser. Noch ahnten wir nicht, daß die Wurzeln dafür im letzten Jahrhundert lagen, im Verhalten der Weißen als Zwingherren über das Kautschuksammeln im Westen und als Verteidiger der Bevölkerung gegen die Araber und die mit ihnen verbündeten Stämme, die von Osten her Sklaven jagten und ganze Dörfer verschleppten, bevor die Schutztruppe der Kolonialmacht dieses Treiben beendete.

Nun, am Ende der Reise, waren wir verteilt, der Erzbischof hatte seine Befragung durchgeführt und war nach Coq zurückgekehrt. Es begann der Alltag. Meine Station war Mondombe, 1922 gegründet, sieben Kilometer westlich des gleichnamigen Staatspostens, vierzehn von der gleichnamigen Disciples-of-Christ-Mission, die neben den Schulen und ihrer Seelsorge auch ein großes Krankenhaus und eine Zahnstation betrieb. Alle drei Niederlassungen lagen am Tschuapa, außerhalb der Überschwemmungszone, denn zur Zeit der Gründung war der Wasserweg die einzige Verbindung gewesen. Die Straßen wurden erst während des II. Weltkrieges ausgebaut, weil auf diesem Weg rollendes Gerät für die britischen Truppen nach Ägypten transportiert wurde. In Mondombe lief noch zu meiner Zeit ein amerikanischer Jeep, der dort liegengeblieben, von den Missionaren wieder repariert und in Dienst gestellt worden war.

Meine Aufgabe war zunächst nichts anderes, als möglichst schnell mit einem einheimischen Helfer die Lomongo-Sprache zu erlernen. Die Verständigung konnte dabei nur französisch erfolgen; drei Monate, dann sollte meine Arbeit als „Reisepater" beginnen, d. h. Direktor der Buschschulen, meist zwei- bis vierklassig, Betreuung der Kranken im Rahmen des Möglichen und die eigentliche Seelsorgsarbeit wie daheim auch, nur in der fremden Sprache.

Daneben allerdings hatte ich zunächst viel zu tun in der Autowerkstatt, denn der Bruder war in absehbarer Zeit für den Heimaturlaub dran, und ich sollte ihn dann ersetzen. Bei Puch in Graz hatte ich im März 1961 einen Kurs für meinen „Haflinger" gemacht, nun wurde ich für die anderen Fahrzeuge angelernt, VWs, Jeeps, den Bedford-LKW. Es ging auch ganz gut in der Urlaubszeit des Bruders, aber es gab einige unerwartete Situationen:

Einmal kam unser neuer Bischof mit seinem Mercedes-Diesel 190 und meinte, er habe wohl die Befestigung des Stoßdämpfers rückwärts rechts abgebrochen, ich solle doch mal nachschauen. Der Befund war richtig, aber die Schraubenfeder war auch in Stücke und guter Rat teuer. – Bei einem Portugiesen auf einer Kautschukpflanzung, weitere sieben Kilometer nach Westen, fand ich, was ich brauchte: eine Schraubenfeder gleicher Stabstärke und Steigung und gleichen Durchmessers, aber zehn Zentimeter zu lang. Gott sei Dank hatte der gute Mann in seiner Werkstatt auch eine motorgetriebene Stahlsäge. So gingen zwar vier Sägeblätter drauf und Mengen an Seifenwasser zum Kühlen, aber es war nur eine Frage der Zeit, nicht unserer Muskelkraft.

Die Reparatur hat zwar fast einen ganzen Tag in Anspruch genommen, aber der Bischof wollte ja ohnehin nicht nur durchfahren. – Ein andermal kam der Bischof mit dem gleichen Wagen und klagte über Rütteln und merkwürdige Geräusche bei bestimmten Drehzahlen: Von der Drei-Punkt-Aufhängung des Motors war eine Befestigung ganz abgerissen, die zweite etwa halb, die dritte war noch intakt. Ersatzteile dafür waren nicht vorhanden. Bei Br. Fritz hatte ich aber gelernt, wie man aus verzinktem Bandeisen (25 x 2,5 mm) durch Drehen einigermaßen stabile Dinge machen kann. Elektro-Schweißen übte ich erst an einigen Stücken; gesehen – und die Einstellungen für die verschiedenen Elektroden erfahren – hatte ich ja schon. Nun, es gelang, der Motor fiel nicht auf die Straße. Der Bischof fuhr damit bis zur Konzilssitzung 1964, immerhin zwei Jahre. Im Bürgerkrieg wurde der bischöfliche Mercedes wie fast alle unsere Fahrzeuge von den „Befreiern" requiriert und zuschanden gefahren. Nachdem der Bruder Mechaniker wieder aus Europa zurück war, konnte ich mich ganz meiner eigentlichen Arbeit als Reisepater widmen. An drei Stellen in meinem Reisegebiet entstanden mit der Zeit Außenstationen, eine davon sollte eine neue Station für ständige Besetzung werden. Die Dorfältesten von

Abb. 9: Übergabe des Missionskreuzes durch Erzbischof Rohracher 1961

Abb. 10: Mit Bischof Josef Weigl MSC in Afrika 1963

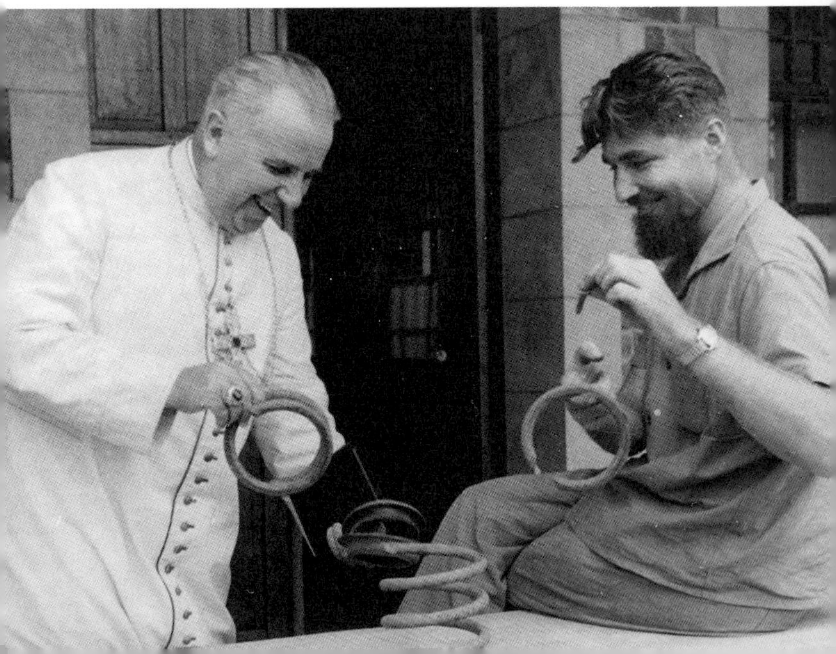

Yokolo stellten drei Hektar Gelände zur Verfügung (mehr konnten sie nach Gesetz nicht vergeben). Mit den Schülern der 6. Klasse (Abschlußklasse der Grundschule) und einigen Lehrern wurde das Gelände vermessen, eine Lageskizze angefertigt und von den Dorfältesten und mir unterschrieben. Dann wurde die Eingabe beim Territoire gemacht, dem zuständigen „Landratsamt". Als dann endlich der Administrateur mit seinen Vermessern kam, war unsere ausgebuschte Grenze wieder zugewachsen. Also mußte drei Monate nach dem ersten Vermessen entlang der markierten Grenze wieder ausgehauen werden, damit der Vermessungstrupp durchkam. Es wurde alles für gut befunden und genehmigt. Wir konnten also auf diesem Grund mit dem Bau dauerhafter Gebäude beginnen.

Wichtiger als der Aufbau von Gebäuden war aber der Aufbau der einheimischen Kirche. Dazu mußten wir die Sitten und Gebräuche der Menschen, bei den wir wirken sollten, gründlich kennenlernen.

✳   ✳   ✳

Besondere Bedeutung und Pflege wird bei allen Bantuvölkern der Familie und den Verwandtschaftsbeziehungen zugemessen. Diese Verwandtschaftsbande geben der sozialen, wirtschaftlichen und politischen Ordnung Stabilität und Sicherheit. Die Verwandtschaftsbezeichnungen sind uns sehr fremd: Alle Brüder des leiblichen Vaters – und selbst dessen Schwestern! – werden als Vater bzw. „weiblicher Vater", die Schwestern und auch die Brüder der leiblichen Mutter als Mutter bzw. „männliche Mutter" bezeichnet, so daß es also, auch im sprachlichen Ausdruck, wenn es besonders deutlich gemacht werden soll, weibliche Väter und männliche Mütter gibt. Ebenso bezeichnen Onkel und Tanten ihre Neffen und Nichten wie ihre leiblichen Kinder schlechthin als ihre Kinder. Es kann also zum Beispiel einem der Bräuche noch unkundigen Weißen geschehen, daß innerhalb weniger Tage derselbe Arbeiter mehrmals um Urlaub bittet, weil er zum Begräbnis seiner Mutter müsse. Das kann nun tatsächlich seine Mutter oder aber eine ihrer Schwestern oder gar einer ihrer Brü-

der sein, mit dem den Neffen besondere Bande verknüpfen, weil der Onkel mütterlicherseits in besonderer Weise an der Erziehung des Knaben teilnimmt und später als sein Heiratsvermittler fungiert. Dem entsprechen die Bezeichnungen von Geschwistern untereinander. Sie basieren auf drei Ausdrücken: jünger – älter – andersgeschlechtlich. Ein Junge nennt seinen jüngeren Bruder *bokune*, den älteren *botomolo*, die Schwester *nkana*. Ebenso aber nennt ein Mädchen die jüngere oder ältere Schwester *bokune* oder *botomolo* und den Bruder *nkana*. Dieselbe Ausdrucksweise wird auch gegenüber Vettern und Basen gebraucht, die also wie Geschwister bezeichnet werden. Daraus ergibt sich eine Grundregel für die Ehe: *nkana*, andersgeschlechtliche „Geschwister" sind absolut tabu. Jegliche Ehe mit näheren Blutsverwandten ist dadurch ausgeschlossen. Darum geschieht die Brautwerbung in weit vom eigenen Dorf entfernten Dörfern, wo die eigene Sippe keine Verwandten hat. Der Eheabschluß gründet sich aber weniger auf personaler Liebe der beiden Brautleute als vielmehr auf den Interessen der beiden Sippen, die sich in ihren Kindern verbinden zum gemeinsamen Wohlergehen. So ähnlich war das ja auch früher bei uns in Europa: Sach' zu Sach'! Höfe, Meisterfamilien oder Herrschaftsgebiete verbinden durch Eheschließung. Diese Seite der Ehepraxis der Mongo ist kein Hindernis für die Annahme des Christentums.

Es gibt aber ein schwerwiegendes Hindernis: die Vielehe. Ein Mann, der mehrere Frauen hat, kann nicht katholischer Christ werden, ohne sich für eine Frau zu entscheiden und die anderen wegzuschicken. Das ist häufig gar nicht möglich, vor allem wenn das Mütter mit ihren Kindern sind. Das widerspricht der Verpflichtung, die der Mann und Vater gegenüber den Frauen und Kindern, aber auch im Sippenverband hat.

Weitere Schwierigkeiten: Eine unfruchtbare Ehefrau kann sich durch eine noch ehelose „Schwester" (das kann auch eine Base sein) vertreten lassen. Die so geborenen Kinder gelten als Kinder der Ehefrau. Das ist etwa wie die Rolle der Leibmägde beim Patriarchen Jakob (vgl. Gen 29 und 30). Mit christlicher Ehe in unserem Sinn ist das ebensowenig vereinbar wie der Brauch, daß eine Frau nach dem Tod ihres Mannes dem männlichen Erben ihres Mannes mit ihren Kindern zufällt, wenn sie nicht vorzieht, *in ihre Sippe zurückzukehren (ohne ihre Kinder). Das geschieht aber selten. – Wo das noch so geschieht, gibt es kein Witwen- und Waisenproblem.*

Die Gründe für die Vielehe sind selten gefühlsmäßig, in der Regel sind es soziale (Ansehen), wirtschaftliche (Ausdruck des Reichtums), familiäre (Wunsch nach Kinderreichtum) und politische (z. B. Besiegelung des Friedens). Außer der Vielweiberei kennen die Mongos ein rechtlich mögliches Konkubinat. Ein Vielweiberer kann z. B. eine seiner Frauen einem jüngeren Mann geben, um Nachwuchs zu erhalten. Ebenso kann er einer seiner Frauen zugestehen, mit einem Geliebten zusammenzuleben. Er selbst bleibt dabei rechtlich der Gatte und gilt auch als Vater der Kinder aus dieser Verbindung.

Diese Verhältnisse bedingen nicht nur eine Erschwerung der Annahme des Christentums mit seiner Forderung nach einer unauflöslichen Ehe, sondern auch eine gesellschaftliche Minderbewertung der Frau. Sie hat praktisch alle Arbeit in Haus und Feld zu leisten, mit Ausnahme des Rodens für neue Pflanzungen. Eine echte Familiengemeinschaft ist unbekannt. Die Mutter lebt mit ihren Kindern in ihrer Hütte und der Küche, der Mann kümmert sich nur wenig darum. Die Knaben treten in seine Sphäre erst ein, wenn sie in den Wald zur Jagd oder an den Fluß zum Fischfang mitziehen können, die Mädchen, wenn sie heiratsfähig sind und damit „Brautgabe" einbringen. Dennoch werden auch hier die Kinder sehr geliebt, und Kinderreichtum ist ein Zeichen besonderen Segens. Die Kinder werden verwöhnt, Strafen sind selten. Von eigentlicher Erziehung im europäischen Sinne kann kaum die Rede sein. Sie wachsen wild und in allgemeiner Freiheit heran.

Die Ehescheidung als Aufhören jeder rechtlichen Verbindung kennen die Mongo für den Fall, daß die Weiterführung einer Ehe unmöglich geworden ist, z. B. wenn sich Ehegatten hoffnungslos und ohne weitere Möglichkeit einer Vermittlung zerstritten haben. Früher war die Ehescheidung selten, heute ist sie durch die Einflüsse europäischen liberalen Rechtsdenkens wesentlich häufiger.

Trotz dieser dem Wesen der christlichen Ehe so sehr entgegenstehenden Auffassungen hält die Mehrzahl der christlich geschlos-

senen Ehen. Und nirgends wird der durch das Christentum her-
beigeführte Wandel sichtbarer als in den blühenden christlichen
Familien, in denen die Frau nicht mehr Arbeitssklavin und nur
Gebärerin, sondern gleichberechtigte Partnerin des Mannes ist,
in denen die Kinder nicht mehr wild heranwachsendes junges
Volk sind, mehr oder minder sich selbst überlassen, sondern ge-
borgen sind im gemeinsamen Heim in der Liebe und Sorge von
Vater und Mutter. Erst durch das Christentum wurde der
Durchbruch von der Ehe als sozialer und wirtschaftlicher
Zweckgemeinschaft zur personalen Liebesgemeinschaft erreicht.

✳ ✳ ✳

Yokolo war zwar mein wichtigster Außenposten, aber doch nur
eines von 88 Dörfern, die zu meinem Gebiet gehörten. In etwa
einem Viertel davon hatten wir Schulen und/oder Katechisten,
damit auch Gottesdienststationen (in Buschmaterial, außer auf
den Pflanzungen und bei zwei ehemaligen Subposten eines meiner belgischen Vorgänger, die ich beide renovierte; auf den
Pflanzungen existierten in aller Regel Schulkirchen in dauerhaf-
tem Material). Trotz der politisch immer recht instabilen Lage
entfaltete sich die Arbeit in Yokolo erstaunlich gut. Aus dem
Lehm einiger Termitenbauten wurden Lehmziegel geformt, unter Palmblattdächern getrocknet und dann zu einem großen
Brennofen geschichtet und gebrannt. Die Fundamente für ein
ebenerdiges Schulgebäude für sechs Klassen und die Beton-
estrichplatten darauf wurden gegossen. Das Wohnhaus für den
Missionar war im Rohbau bis über die Fenster- und Türstürze
hochgezogen, 10 x 10 Meter Grundfläche. Für den Kirchenbau
war nur der Platz ausgesteckt. Vorläufig diente ein Reisschup-
pen als Notkirche. Die Schule und die Lehrerhäuser waren
– wie überall am Anfang – aus Buschmaterial in Palisadenbau-
weise erstellt. Ein solches Haus war auch meine Unterkunft,
wenn ich jeweils für etwa eine Woche am Ort war.

✳ ✳ ✳

Bürgerkrieg!

Etwa seit der Mitte des Jahres 1963 meldeten Missionare und Verwaltungsstellen aus der Provinz Kwilu im Südwesten des Landes, etwas südöstlich der Hauptstadt Kinshasa, damals noch Leopoldville, eine gesteigerte Propagandatätigkeit gegen die lokalen Staatsbeamten und gegen die Zentralregierung. Am Ende des Jahres kam es zu den ersten Ausschreitungen und zur Ermordung von Leuten, die sich weigerten, mit den Rebellen gemeinsame Sache zu machen. Im Januar 1964 wurden Brücken zerstört und Straßen gesperrt, um Polizei und Militär zu behindern. Im Busch wurden die Schulen niedergebrannt, weil die Lehrer, vom Staat besoldet, als Feinde galten. Es folgte eine systematische Jagd auf alle, die in irgendeiner Form mit dem Staat zusammenarbeiteten. Die Missionsstationen im Hinterland der Städte wurden abgeschnitten. Ende Januar gab es die ersten Toten unter den Missionaren. Bis zum Frühjahr gelang es aber, in der Provinz Kwilu die Ordnung in zähen und verlustreichen Kämpfen wiederherzustellen.

Anfang Mai 1964 wurde in Coquilhatville, heute Mbandaka, der Hauptstadt unserer Provinz Equateur, eine Verschwörung gegen die Provinzregierung aufgedeckt, aus dem sichergestellten Propagandamaterial ging eindeutig die Arbeit des Comité National de Libération (C.N.L.) hervor, auch ein Leitfaden für den Partisanenkrieg wurde gefunden.

Die größte Gefahr entstand aber immer deutlicher im Osten. Schon seit Februar suchten die Köpfe des C.N.L., die in der Ostprovinz des Kongo zu Hause waren, von Burundi aus den Bürgerkrieg in den östlichen Gebieten zu entfachen. In Bukavu, der Hauptstadt der Provinz Kivu, stießen sie auf heftigen Widerstand der Armee. Aber sie sickerten ein, umgingen die Garnisonen, besetzten Dörfer und kleine Städte. Eines Tages trugen sie den Namen Armée Populaire de Libération (A.P.L.). Sie schlugen immer wieder kleinere Einheiten der Armee, unsichere Einheiten rissen vor jeder Gefechtsberührung aus, ließen Waffen und Material zurück und rüsteten dadurch die A.P.L. aus.

Mit dem endgültigen Abzug der multinationalen UNO-Truppen am 30. Juni 1964, vier Jahre nach der Unabhängigkeitser-

*klärung (30. Juni 1960), gescheitert an der Aufgabe, den Frieden
und den Aufbau des Landes zu sichern, reisten auch viele Europäer ab, andere wurden vor den Simbas (wörtlich „Löwen"),
den Aufständischen, evakuiert. Nur die Missionare blieben.
Anfang August fiel die Hauptstadt der Ostprovinz, Stanleyville
(heute Kisangani), in die Hände der A.P.L. Ende August flohen
die Staatsbeamten aus Ikela, dem Bischofssitz unserer Diözese,
auf dem Tschuapa mit der Fähre nach Westen, die Reste der Nationalarmee setzten sich mit ihren Fahrzeugen auf dem Landweg ab.*

✳   ✳   ✳

Als die Nationalarmee durch unser Gebiet zurückwich, war ich
in Yokolo auf meiner Baustelle. Als erstes rieten mir meine Leute, mein Fahrzeug, den Puch-Haflinger, ganz schnell verschwinden zu lassen. Mit ihrer Hilfe war er auch schnell verschwunden
und auch die Spuren waren gründlich verwischt. Ich ließ mich
auf der Straße nicht mehr blicken, die Leute vom Bau gingen
nach Hause. Es war eine gedrückte Stimmung. Am Abend übergab ich dem Schuldirektor in Yokolo das Bauwerkzeug in Verwahr und was ich sonst noch an Material für diesen Posten in
meinem Haus hatte und fuhr auf Anraten der Leute nach Mondombe zurück (58 km). In diesen Zeiten schien es den Leuten
besser, wenn wir Missionare zusammen seien. Dann konnten sie
selber auch leichter im Busch verschwinden.

1. September 1964: Überrollt!

Vor 25 Jahren: „Seit 5 Uhr 45 wird jetzt zurückgeschossen!"
Damals kam mir der Kriegsbeginn von 1939 in den Sinn – ich
hatte gegen meine Mutter eine Wette gewonnen, daß der
Reichsparteitag in Nürnberg ausfallen würde, und er fiel aus,
weil der Krieg begonnen hatte – ein Gewinn zum Weinen.
An jenem Tag war ich zusammen mit Br. Fritz mit dem LKW
nach Bokungu gefahren. Wir sollten versuchen, die Schwestern
zu überzeugen, daß es besser für sie sei, sich nach Westen abzu-

setzen. Doch wie die Schwestern von Ikela, der östlichsten Station, die ich einige Tage vorher schon hätte nach Mondombe mitbringen sollen, so weigerten sich auch die Schwestern in Bokungu (63 km westlich von Mondombe). Dafür kam der P. Schulinspektor als Verstärkung mit nach Mondombe. In der Nähe der portugiesischen Kautschukpflanzung Yalisenga kam uns ein LKW entgegen mit drei Gendarmen unter Gewehr. Sie waren Spähtrupp gefahren und wären beinahe von den Simbas geschnappt worden: Der Staatsposten Mondombe war schon besetzt. Als wir auf die Missionsstation kamen, waren die Simbas gerade wieder zum Staatsposten zurückgekehrt!

Am nächsten Morgen fuhr ich mit dem „Haflinger" in Begleitung unseres einheimischen Mechanikers in ein Fischerdorf am Fluß, Bokone, das notfalls als Zuflucht dienen sollte (etwa 10 km flußabwärts nach Westen), Ziel der Fahrt war aber hauptsächlich, den Wagen „in Panne" zu setzen. Der Einfall von Br. Fritz war genial: Mit Hilfe eines verborgenen Zündunterbrecherschalters, den ich schon in Graz als Diebstahlschutz eingebaut bekommen hatte – der Wagen hatte keine verschließbaren Türen und nur einen sehr einfachen Zündschlüssel, der notfalls durch einen entsprechend präparierten Nagel ersetzt werden konnte –, sollte ich bei der Rückfahrt den Zündstrom ausschalten, nachdem ich den Beifahrer abgelenkt hatte, dann den „Fehler" suchen, die „Panne" beheben, weiterfahren, dasselbe zwei-, dreimal wiederholen, mit der entsprechenden verbalen Begleitung. Das letzte Mal blieb der Motor nicht weit von der Garage stehen, und der Wagen wurde gleich über die Grube geschoben. Mein Begleiter, der noch nie im Haflinger mitgefahren war und von dem verborgenen Schalter nichts wußte, ahnte nichts vom gewollten Zusammenhang. Er war Zeuge, daß der Motor stehengeblieben war.

Am nächsten Morgen haben wir, Fritz und ich, ohne Helfer und Zuschauer, den Motor ausgebaut, und dann kam der Trick: In die Gewindebohrungen zum Abdrücken der Schwungscheibe kamen bei angezogener Zentralmutter Madenschrauben, die – fest angedreht – die Bewegung der Kurbelwelle und damit die Kolben blockierten. „Kolbenfresser" lautete der Befund. Die Madenschrauben wurden mit der Lötlampe noch schön angeblaut, dadurch fielen sie nicht als Fremdkörper auf. Der Motor blieb so ausgebaut stehen. Zusammen mit der Durchschrift eines Briefes ans Werk in Graz, mit dem ich einen neuen Motor zum Austausch schon bestellt hatte, war das ein hinreichender Beweis, daß der Wagen nicht in Gang zu setzen war. Der Wagen wurde nach der Rückkehr der Missionare so wieder vorgefunden, war also nicht von Rebellen oder Söldnern zu kriegerischen Zwecken gebraucht worden. Pleite trotzdem: Die Reifen waren zerschnitten. Außerdem: Wenn eine Maschine über 15 Monate in dem tropischen Klima praktisch im Freien steht, wenn auch unter Dach, so ist der Ölfilm abgerissen, Rost besorgt den Rest, die „Panne" ist nicht mehr wirklich zu beheben. Der Ersatzmotor hat den Bürgerkrieg in der Prokura in Mandaka überstanden, aber nicht den Transport auf dem Fluß nach Mondombe. Er ist mit dem Schleppkahn abgesoffen und nicht mehr geborgen worden.

Ende Oktober türmten die Simbas, aber sie wollten die Missionare und die Weißen von den Pflanzungen als Geiseln mitnehmen. Unser Stationsrektor, Generalvikar der Diözese Ikela, versuchte sich mit seinen Anbefohlenen dem zu entziehen und ging am frühen Morgen mit dem P. Schulinspektor, dem Br. Tischlermeister, einem Entwicklungshelfer (Maurergeselle) und den vier Schwestern nach Bokone, um von dort aus mit einem Kanu flußabwärts den Befreiern entgegenzufahren. Aber die Gruppe wähnte sich zu sicher; zuerst feierten sie noch einen Gottesdienst mit der kleinen Christengemeinde des Dorfes, dann frühstückten sie und dann – waren die Simbas da mit einem LKW und brachten sie wieder zurück. Sie hielten aber auf der Station gar nicht mehr an, sondern fuhren durch, Richtung Staatsposten Mondombe. Br. Fritz und ich waren in der unmittelbaren Nähe der Station in Deckung gegangen und konnten diesen Transport durch die Station beobachten. Wir wollten uns in der Nähe halten in der Hoffnung, daß die Regierungstruppen unter Führung des deutschen Söldnerführers Hauptmann Müller (Ritterkreuzträger aus dem Rußlandfeldzug) in ein paar Tagen in Mondombe seien. Diese Truppe – 18 weiße Söldner und etwa 40 katangesische Gendarmen – hatte bei Bekili, westlich von Boende in strategisch günstiger Igelstellung mit massiver Luftunterstützung den Vormarsch der Rebellen aufgehalten und war dann zum Gegenangriff angetreten. Die Simbas flohen in Panik, aber die Söldnertruppe folgte zunächst nicht. Nach vier Tagen waren die geflohenen Simbas wieder zurück – sie zwangen die Leute von vier Dörfern, Br. Fritz und mich zu suchen. Die Drohung, die Dörfer niederzubrennen und die Männer zu töten, war sicher ernst gemeint.

Wir ahnten nicht, daß den Simbas an uns gelegen war, ahnten nichts von den drei Telegrammen des Hauptquartiers der Volksarmee. Das erste lautete: Belgier und Amerikaner festnehmen und an sicherem Platz bewachen. Im Falle eines Bombardements der Region alle töten ohne weitere Erklärung. Das zweite: Alle Belgier und Amerikaner festnehmen, besonders die Missionare, und nach Stanleyville bringen. Das dritte: Die Missionare sind sofort auf freien Fuß zu setzen. Die Telegramme kamen innerhalb kürzester Zeit nacheinander an. Das dritte ignorierten die Parteibehörden der Rebellen in Ikela gegen den Einspruch des Ortskommandos der „Volksarmee" und der Sicherheitsbehörde. So wurden wir gejagt.

Es war der erste sonnige Morgen. Vier Tage und Nächte hatte es fast durchgehend geregnet. Wir waren nie aus den Kleidern gekommen und hatten nur kurzzeitig ein wenig vor uns hin gedöst. Wir wähnten uns sicher in einem Maniokfeld. Spuren hatten wir immer verwischt, immer wieder waren wir durch Bäche gewatet, der tropische Regen hatte uns sicher auch geholfen. Wir wollten einmal wieder trocken werden und vor allem unsere Füße aus den nassen Gummistiefeln befreien. Wir hatten unsere nassen Klamotten an Maniokstauden aufgehängt und lagen in der Sonne. Plötzlich hörten wir auf einem Jagdhorn – das ist dort ein entsprechend hergerichteter kleiner Elefantenzahn – Signale, dann die Antwort von einer anderen Gruppe. Nach kurzer Zeit war uns klar, daß sich mindestens drei Suchtrupps auf uns zu bewegten, und zwar so, daß wir keine Möglichkeit mehr sahen, zum Fluß und einem Kanu mit Paddeln zu gelangen. Das Boot hatten wir erst am Morgen entdeckt. Wir zogen uns wieder an und standen auf, um uns zu erkennen zu geben. Sobald wir die Leute anrufen konnten, ergaben wir uns. Es waren nur Dorfleute, keine bewaffneten Simbas. Sie wollten uns nichts Böses, aber sie standen unter dem Druck der Drohung, von der sie uns erzählten. Ich gab meine Machete einem der Männer, damit wir auch gar nichts Waffenähnliches bei uns hätten.

Die Simbas waren auf der Straße geblieben. Sie hörten von den Dorfleuten, daß wir ohne uns zu verstecken und ohne Widerstand mit ihnen gegangen seien. Nun erst wurden wir Gefangene. Wir mußten unsere Taschen ausleeren, alles wurde uns abgenommen. Dann mußten wir unsere Gummistiefel und Socken ausziehen, und die Hände wurden uns auf den Rücken gefesselt. Sie banden uns auch noch einen Strick um die Hüften, um uns daran zu führen. Dann wurden wir von der Meute junger Simbas mit Stockschlägen barfuß im Laufschritt die sieben Kilometer zum Staatsposten Mondombe getrieben. Die Stockschläge auf Schultern und Rücken lenkten uns von den schmerzenden Füßen ab, deren aufgeweichte Sohlen dem Limonitschotter der Straße nicht lange widerstehen konnten. Aber es gab kein Stehenbleiben, kein Langsamerwerden, wir wurden auf Trab gehalten.

Am Staatsposten wurden wir zunächst einem Offizier vorgeführt, der auch die uns abgenommenen Sachen übernahm, dann wurden wir in ein anderes Gebäude in einen größeren Raum gebracht und mußten uns mit dem Rücken an die Wand mit gestreckten Beinen auf den Boden setzen. Die Hände blieben auf den Rücken gefesselt. Vor uns begannen die jungen Simbas zu tanzen zum Klang von einigen Tamtams. Aus dem Kreis der Lanzenträger tänzelten immer wieder einzelne auf uns zu und schwangen singend ihre Lanze gegen den einen oder andern von uns beiden, Richtung Hals, Kopf, Bauch, Unterleib, und Beifall brandete auf, wenn der Fintenstoß uns genügend nahe gekommen war. Wann aus der Finte ernst würde, wußten wir nicht. Es war uns in dem Trubel auch nicht möglich, abzuschätzen, wie lange das Spiel dauerte. Auf einen Ruf von draußen brach es schlagartig ab. Sie nahmen uns die Fesseln ab. Einer lieh uns seinen Dolch, damit wir die Hautfetzen von unseren Fußsohlen abschneiden konnten. Br. Fritz hatte sich einen murmelgroßen Stein unter die Hornhaut des Ballens getreten, den ich ihm mit der Spitze des Dolches herauspulen konnte. Dann wurden wir wieder ins Freie geführt.

Ein einzelner Simba in Uniform nahm uns in Empfang, offenbar ein ehemaliger Soldat der regulären Truppe, bewaffnet mit einer FAL (automatisches Gewehr belgischer Herkunft), stellte uns an die Wand, lud seine Waffe durch, legte an und fragte: „Wo habt ihr die Phonie?" (Phonie für Telephonie, Funksprechgerät). „Wir haben keine und haben nie eine gehabt." Drohender: „Wo habt ihr die Phonie?!" „Ihr selbst habt alles durchsucht. Ich kann nur versichern, daß wir auf der katholischen Mission kein Phoniegerät haben." Er gab sich zufrieden und ließ uns wieder ins Haus gehen. Nach einiger Zeit brachte man uns sogar Wasser und etwas zu essen, gebratene Bananen.

Nachmittags wurden wir dem Offizier vorgeführt zum Verhör. Br. Fritz bekam dabei von einem der umstehenden Simbas noch ein paar ab. Zunächst beschuldigte der Offizier uns, wir seien im Wald gewesen, um mit Hilfe von Phonie mit den Söldnern, den „Amerikanern", Verbindung aufzunehmen. Wir antworteten wie vorher. Außerdem war diese Anschuldigung mit Hilfe der Leute, die uns gesucht hatten und jetzt das Verhör verfolgten, schnell zu widerlegen. Nachdem er auch mit anderen Anschuldigungen nicht durchkam, sondern die Leute immer wieder widersprachen und darum sein „Volksgericht", wie er selbst es nannte, zu keinem Ziel kommen konnte, wollte er noch mal unsere Pässe sehen; sie wurden ihm gereicht. Er zerriß unsere bundesdeutschen Pässe und erklärte uns grinsend zu Amerikanern, und Amerikaner würden erschossen. Wir wurden aber vorläufig erst einmal wieder gefesselt und in den cachot abgeführt. Der cachot war eine freistehende Arrestzelle von etwa 4 x 4 Metern, ungefähr zwei Meter hoch, mit einem flachen Blechdach drauf, fensterlos. Für die Lüftung sorgte ein gut fingerbreiter Spalt unter und über der Tür. Sieben einheimische Gefangene waren schon in dem kleinen Raum und saßen gefesselt entlang den Wänden auf dem Boden. Eine Ecke diente als Abtritt, in der Mitte des Raumes schwelte ein kleines Feuer. Es stank. Reden war verboten. Fritz und ich gingen neben der Tür, gegenüber der Abtrittecke an der Wand, zu Boden.

Nach einiger Zeit – draußen war es dunkel geworden – ging die

Tür wieder auf und herein kam ein Kerl mit einem armdicken Prügel. Jeder der Gefangenen mußte sich im Sitzen nach vorn beugen und bekam einen Schlag längs der Wirbelsäule, und zwar so, daß der Prügel etwa die ganze Länge des Rückens traf. Ein besonderes „Betthupferl", das einem die Luft nahm. Nachdem wir alle neun bedient waren und am Boden lagen, warf ein anderer noch eine Handvoll getrockneter Kräuter auf die Glut. Am Geruch erkannten wir, daß es „Tata Bangi", Cannabis, war. Einige der Gefangenen krochen hin und sogen gierig den süßlichen Rauch ein. Fritz und ich lagen neben der Tür, möglichst nahe dem unteren Türspalt, durch den etwas frische Luft herein zog, denn draußen wurde der Abend schon kühl, während sich in unserem engen und niedrigen Raum die Hitze noch unter dem Blechdach staute.

Die ganze Nacht über gab es keine Ruhe. Vor dem Gefängnis tanzten und sangen die Mädchen auf dem Dorfplatz für die Simbas. Erst im Morgengrauen ebbte der Lärm ab. Die Simbas brachen auf nach Westen. Sie sollten die verlorene Distrikthauptstadt Boende wieder besetzen.

Fritz und ich wurden wieder aus dem cachot abgeholt. „Abführen zum Erschießen!" lautete der Befehl (oder die Einschüchterung?). Es waren wieder wachsame Leute da, die dazwischen kamen. Der Prügelschwinger vom Vorabend verpaßte mir mit seinem genagelten Stiefel einen Fußtritt gegen den Knöchel, ein Andenken, das mir mit einer bösen Infektion fast drei Monate zu schaffen machte. Aber das war's auch schon; Palaver der Leute mit dem verbliebenen Häuflein Simbas, und wir wurden wieder in den cachot zurückgebracht. Doch nicht für lange. Diesmal holte uns ein Zivilist heraus, den wir als einheimischen Kollaborateur der Simbas kannten. Er war Christ und mit den wechselnden militärischen Obrigkeiten der Rebellen immer wieder auf der Mission gewesen, mal um eine Kuh, dann wieder um ein Schwein zu „kaufen" gegen eine handschriftliche Bestätigung, daß die Bezahlung nach dem Siege erfolge. Er brachte aber auch mal eine Kiste Bier, die die Simbas oder er mit ihnen einem anderen abgenommen hatten, gegen Gutschein, versteht sich. Er versuchte aber die Mission nur freundlich zu schröpfen, ohne es zu allzu gewalttätigen Drohungen oder gar Handlungen kommen zu lassen, und meist hatte er mit seinem mäßigenden Einfluß bei den Simbas Erfolg. Nun brachte er uns wieder in das Gebäude gegenüber, in dem der „Begrüßungstanz" mit den Lanzen stattgefunden hatte, aber in einen kleineren Raum mit Tisch und Stühlen und, o Wunder, zwei Büchsen, sichtlich „besorgt" auf der Mission der Disciples of Christ, unserer evangelischen Nachbarn.

Die amerikanischen Missionare waren mit ihren Familien gerade noch vor der Ankunft der Simbas weggekommen. Sie hatten gut daran getan, sich abzusetzen, denn die Haßgegner der Simbas waren auf seiten der Weißen die „Amerikaner" und die „Belgier", die mit den Söldnern, dem Rückgrat der Regierungstruppen, gleichgesetzt wurden. – Bei den Söldnern waren keine Amerikaner, ein Belgier ist uns später bei den Söldnern begegnet, aber er war vorher in der französischen Fremdenlegion gewesen. Bei der kongolesischen Nationalarmee gab es aber belgische Militärberater ohne Kommandofunktion. – Mit den englisch beschrifteten Dosen konnten die Simbas und ihre einheimischen Helfer nichts anfangen. Die eine enthielt eine Art Knäckebrot, die andere Gemüse. Die erste richtige Mahlzeit seit sechs Tagen, wenn auch eine etwas merkwürdige Zusammenstellung. Mittags ging es uns noch besser. Wieder ließ uns unser ziviler Freund aus dem Gefängnis in das Staatshaus bringen. Der Boy des einzigen portugiesischen Händlers am Platz – der nicht Gefangener war, sondern im eigenen Wagen schließlich von einem Simba-Offizier „evakuiert" wurde – stand da und servierte uns Reis, Gulasch und Wasser, frisches Wasser aus dem Kühlschrank! Festtag! Drei Flaschen haben wir ausgetrunken. Am Nachmittag durften wir, begleitet von zwei Simbas, zum Fluß baden gehen und uns waschen. Sie hatten sogar Seife besorgt.

Wir waren gerade vom Tschuapa zurück, und unser ziviler Gastgeber erklärte uns, daß wir die folgende Nacht nicht mehr im Gefängnis, sondern bei den einheimischen Simbas von Mondombe und Bokungu schlafen sollten, in einem Haus der Polizeisiedlung, da kam ein Pkw mit einem Sanitäter, der mehrfach bei uns auf der Mission Hilfe erbeten und erhalten hatte. Zuletzt hatte Fritz seinen Kombi repariert. Er schüttelte den Kopf, als er uns sah; er war gleich bereit, uns zu verarzten. Doch bevor er richtig anfangen konnte, kam ein weiteres Fahrzeug. Diesmal war es ein höherer Offizier der Simbas. Der Sani packte schnell seine Sachen weg. Der Offizier forderte den Wagen von Herrn Fereira, dem portugiesischen Händler, und bot ihm dafür an, ihn sicher nach Ikela zu bringen. Wir wurden wieder in den ca-chot gebracht. Die Luft sollte erst rein sein, bevor wir in das neue Quartier gebracht würden.

Wir waren nicht lange in dem grauslichen Loch, als die Lastwa-gen mit den Simbas von Bokungu zurückkamen. Bokungu war gefallen! Wir hofften, daß die Simbas uns vergäßen. Aber plötz-lich gab es ein wüstes Geschrei, dann wurde die Gefängnistür aufgerissen, wir wurden herausgeholt. Zwei Burschen mit Ma-schinenpistolen schrien, daß sie uns zum Erschießen bringen wollten. Da tauchte der Leutnant auf, der uns nachmittags ver-hört hatte, und brüllte die Burschen an, er müsse uns unbedingt lebend nach Ikela bringen. Das sei Reglement, und sie hätten kein Recht, uns jetzt hier einfach standrechtlich zu erschießen. Wir wurden auf einen Lastwagen der Soldaten verladen. In der allgemeinen Verwirrung – alle suchten jetzt Plätze auf den Wa-gen – rief mich plötzlich einer an. Dicht hinter unserem Lastwa-gen stand der nächste mit aufgeblendeten Scheinwerfern. Ich war geblendet und konnte den Rufer nicht erkennen. Da warf mir der Kerl eine Handvoll Sand ins Gesicht. Gott sei Dank hat er mir mehr in den Mund geworfen, den ich bei meiner Frage, was er wolle, offen hatte, als in die Augen. Aber die Simbas rechts und links von mir kriegten auch was ab. Sie sprangen vom Wagen und schlugen auf den Burschen ein, bis andere da-zwischengingen und die Streitenden trennten. Endlich fuhren wir ab. An den Steigungen zog die Maschine nicht mehr, die Kupplung rutschte. Schließlich blieben wir an einer etwas län-geren Steigung hängen. Zu Fuß sollte es weitergehen. Für uns mit unseren zerschundenen Füßen waren das keine guten Aus-sichten. Da sie aber auch lieber fuhren, ließen sie Br. Fritz ver-suchen, den Wagen wieder in Marsch zu setzen. Es gelang Fritz, die Kupplung noch ein wenig nachzustellen. Die Fahrt ging weiter.

Endgültig war die Fahrt fürs erste in Bolunga zu Ende, dem östlichsten Dorf meines Reisegebietes. Dort muß auf einer hohen und etwa siebzig Meter langen Brücke – damals eine etwas altersschwache Holzkonstruktion – die Mokombe, ein Nebenfluß des Tschuapa, überquert werden. Das wagten die Simbas nicht bei Nacht. Sie verteilten sich in die Häuser. Wir bekamen in ihrer Mitte ein Nachtlager bei einer Christenfamilie. Ich erkundigte mich nach dem Katechisten und seiner Familie. Alle seien wohlauf. Die Simbas kochten Reis, auch wir bekamen eine Ration. Unsere Gastgeber brachten uns zwei Schlafmatten, dann konnten wir einige Stunden schlafen. Am frühen Morgen ging es weiter. Unsere Gastgeber waren nicht zu sehen. Es war ein eiliger Aufbruch. Kurz nach der Brücke gab es noch mal eine Verzögerung: Ein Offizier war mit seinem Pick-up liegengeblieben. Br. Fritz sollte ihn reparieren. Glücklicherweise hatten die Leute ziemlich viel Werkzeug dabei, aus Fritz' Werkstatt in der Mission Mondombe. Auch dieser Wagen wurde wieder flott. Zum Dank dafür durften wir umsteigen. So ging es bis Bomanja, der Station unseres kongolesischen Mitbruders, den wir kurz vor der Ankunft der Simbas noch in seine Heimat Bokela evakuiert hatten. Dort hat er in einem Versteck im Busch mit seiner Sippe den Bürgerkrieg unbeschadet überstanden.

In Bomanja war die Straße durch eine Barrikade gesperrt. Hier sollte offenbar die letzte Stellung vor Ikela bezogen werden. Zwei Offiziere der Sûreté, der Sicherheitsbehörden von Ikela, nahmen uns in Empfang. Höfliches Verhör – in französischer Sprache – über den Grund unseres Ausweichens in den Wald. Ich gab als Motiv an: Furcht vor herumstrolchenden Deserteuren und ein Gerücht, das der Anlaß zum Aufbruch am 30. 10. gewesen war: Früh um drei hatte unser Hausboy den Rektor der Station, P. Matthias, geweckt mit der Kunde, alle Leute der Station hätten die Flucht ergriffen, weil gemeldet worden sei, die Simbas kämen, um ihn, den Chef der Station, umzubringen. Wir, Br. Fritz und ich, seien ausgewichen, weil offenbar keine Autorität der Volksarmee mehr für den Schutz der Mission und unser Leben garantieren könne. Diese Aussage wurde so akzeptiert. – Die beiden erzählten nun ihrerseits: von ihrer Ausbildung in Moskau bzw. Prag, der eine war bei der Weltausstellung in Brüssel gewesen und berichtete von der herzlichen Aufnahme dort.

Beide schienen nicht gehässig, sondern recht vernünftig. Unterwegs zahlten die beiden noch allerlei Leute aus – ein Rückzug ohne Schulden? Gegen elf kamen wir in Ikela an und wurden in jenem Gästehaus des Staatspostens abgeliefert, das inzwischen zum Gefängnis für alle gefangengesetzten Weißen umfunktioniert war. Dort hausten 32 Mann, Missionare und Leute von den Pflanzungskompanien – der portugiesische Händler von Ikela war noch „frei", d. h. konnte noch in seinem Haus wohnen –, und 13 Schwestern. Die Schwestern von Ikela durften jeden Tag zur Mission gehen, um für alle Gefangenen Essen zu bereiten. Als wir dazukamen, war es für die Gefangenen der sechste Tag in drangvoller Enge: drei Räume, einer mit etwa 20 Quadratmetern, die beiden anderen kleiner, aber alle konnten auf dem Boden Platz zum Schlafen finden; eine Toilette, ein Bad, sogar mit fließendem kaltem Wasser, eine Abstellkammer und ein kleiner Gang, der nicht von außen eingesehen werden konnte: die Kapelle. Dort feierte einer der Patres jeden Tag die hl. Messe, und alle konnten jeden Tag die hl. Kommunion empfangen, für Christen ein nicht zu unterschätzender Trost in solcher Situation. Mittags kam der Sekretär vom Territoire, nahm unsere Personalien auf – zum wievielten Mal? – und verhörte uns kurz. Um zwei Uhr wollte er uns ins Gefängnis sperren lassen. Wir fürchteten, daß die Partei uns doch noch ans Leder wollte. Die Beschuldigung lautete wiederum: „Ihr seid in den Wald gegangen, um mit eurem Funkgerät die Flieger und die Amerikaner zu rufen!" Ich verlangte, daß der Leutnant von Mondombe, der uns gefangengenommen und als erster verhört hatte, seine Aussage mache. Nun, der war noch nicht da. Außerdem: Nach seinem schwankenden Verhalten war er nur eine schwache Hoffnung; aber es galt, Zeit zu gewinnen. Die Sûreté-Offiziere schienen auf unserer Seite, auch manche der Offiziere der Volksarmee, nicht aber die Partei. Die beiden Sûreté-Offiziere beschwerten sich beim Administrator, dem Chef der Zivilverwaltung, und versuchten nach Aussagen einheimischer Christen, auf Grund des dritten Telegramms aus Stanleyville die Freilassung der Missionare zu erreichen. Doch der Sekretär des Territoire, den die Weißen den „Teufel von Ikela" nannten, lehnte ab. Er wollte alle Weißen ans Messer liefern. – Nachmittags erschien der Administrator selbst; er ließ uns eine Viertelstunde einsperren – in das Abstellkämmerchen in dem Haus, in dem wir alle untergebracht waren. Das war alles. Dann waren wir allen anderen weißen Gefangenen gleichgestellt. Für uns war das zunächst schon ein Trost: Es drohte keine „Sonderbehandlung" mehr.

Nun hörten wir von dem Tod von P. Karl Weber, der in Bokungu beim Versuch, dem Abtransport zu entgehen, um mit seinem Motorboot nach Westen zu entkommen, auf einen Lanzenträger gestoßen war, der ihn nicht durchlassen wollte. Bei dem Gerangel um die Lanze, bei P. Karls Versuch vorbeizukommen, bzw. dem Versuch des jungen Simba, das zu verhindern, rutschte sozusagen dem Simba die Lanze aus und traf den Pater unterhalb des rechten Schlüsselbeins. Der Verwundete konnte nur sehr notdürftig versorgt werden, denn die Schwestern, P. G. und die zwei Laienhelfer waren schon bei oder auf dem LKW zum Abtransport. Der Transport auf dem offenen LKW über die staubigen Straßen mit vielen Schlaglöchern verursachte dem Verwundeten nicht nur schlimme Schmerzen bei der wilden Fahrt, sondern er verlor auch erheblich Blut aus der großen Fleischwunde, obgleich weder die Lunge noch ein großes Gefäß verletzt war. Dazu die Hitze und die scheinbare Hoffnungslosigkeit der Lage, das hat den schwer herzkranken Mann sehr mitgenommen. – P. Karl hatte bereits die Flugkarte nach Europa, als wir von den Rebellen überrollt wurden; es war ihm aber nicht mehr möglich gewesen, den Flugplatz in Boende vor den Simbas zu erreichen. Ein Leben und Sterben für Afrika! – Dieser Zwischenfall hatte sich etwa zu der Zeit ereignet, als der Generalvikar in Begleitung vom P. Schulinspektor, dem Br. Tischlermeister und unserem Laienhelfer mit den Schwestern sich über Bokone abzusetzen versuchte und Br. Fritz und ich in der Nähe der Station ein Versteck suchten, um zu bleiben. Am Staatsposten Mondombe kam die kleine Schar von Bokungu mit dem Verletzten, zusammen mit den in Bokone erwischten Missionaren von Mondombe. Nun erst konnte P. Karl richtig verbunden werden, aber es gab keine Möglichkeit, ihm etwa mit einer Blutkonserve oder mit Antibiotika zu helfen. Der Transport nach Ikela ging ohne längeren Aufenthalt und ohne Erleichterung für den Verwundeten auf dem LKW weiter und erzwang auch noch eine Übernachtung unterwegs (Entfernung: 153 km, aber eben Buschstraße!). In Ikela wurde P. Karl sofort ins Staatskrankenhaus gebracht, aber die Schwestern und Missionare wurden daran gehindert, dem Verwundeten, der nun sichtlich schon unter schwerem Fieber litt, wohl durch eine Wundinfektion, der zudem außerordentlich geschwächt war, in irgendeiner Weise zu helfen. Sie wurden von ihm getrennt. Am Tag unserer Ankunft in Ikela war er gestorben. – Erst als die Missionare nach dem Ende des Bürgerkriegs wieder nach Ikela zurückgekehrt waren, konnten sie sich um das Grab kümmern.

Wir waren nicht mehr lange in Ikela. Bereits am nächsten Morgen wurden wir alle weiter in Richtung Osten transportiert. Ziel war Stanleyville, Etappenziel Opala, östliche Nachbarmission von Ikela in der Diözese Isangi. Transportmittel waren zwei offene LKW. Auf jedem war auf der Pritsche zu den Gefangenen ein Bewacher mit FAL aufgestiegen. Zu sitzen war aus Platzgründen kaum möglich, außerdem war es wegen des Straßenzustandes einfacher und weniger schmerzhaft, zu stehen und die Stöße der Straße in den Knien abzufangen. 160 km lagen vor uns. Da wir keine Hüte tragen durften, schützten wir unsere Köpfe mit Taschentüchern und Handtüchern gegen die Sonne. Mit unseren bärtigen Gesichtern sahen wir aus wie Figuren aus „1001 Nacht". Immer wieder gab es kurze Stopps in Dörfern; die Simbas verlangten Palmwein und Ananas von der Bevölkerung. Davon bekamen auch wir immer wieder etwas ab. Der andere Zweck der Aufenthalte war aber erkennbar auch, daß sich die aufgehetzte Bevölkerung an unserem Anblick weiden konnte und unser Transport auch eine Propagandamaßnahme der Simbas zur Bestätigung ihrer Parolen war. „Amerikaner! Phonie! Politiker!" – das waren die eingetrichterten Schlagwörter, die uns entgegengeschrien wurden.

In einem größeren Dorf wurde die Situation kritisch. Da kam zur versammelten Menge ein „besserer Herr", europäisch gekleidet, mit weißem Hemd und Brille: „Kennt ihr mich nicht?! Ich bin der Präsident der MNC-Lumumba [Mouvement National Congolais / Kongolesische Nationale Bewegung Lumumba] des ganzen Distriktes zwischen Opala und Stanleyville. Ich bin Kommunist. Ich werde euch alle massakrieren!" Er gab dem

Leiter unseres Transportes Weisung, uns zu seinem Wohnsitz, dreizehn Kilometer weiter, zu bringen. „Eine Schwester will ich für mich behalten." – Da sah er unter den Gefangenen den Generaldirektor der Busira-Lomami, der wohl größten Pflanzungskompanie zwischen den Flüssen Busira im Westen und Lomami im Osten, also der Provinz Equateur, in der unsere Mission lag, und etwa der Hälfte der Ostprovinz, zu der die Diözese Isangi gehörte. Diesen Chef kannte der Herr. Und sofort lenkte er ein, ein Rückversicherer! Auch unser Sergeant und der Fahrer des einen LKW waren Arbeiter der Busira-Lomami gewesen. Sie benahmen sich ordentlich und machten kein Hehl daraus, daß sie nach dem Krieg gern wieder Arbeit bei der Kompanie hätten.

Eine längere Rast hatten wir in einem Dorf, in dem die Bevölkerung zum Tanz versammelt war. Es wurden sogar Stühle für uns herbeigeschafft und eine Menge Ananas. Unsere Begleitmannschaft hatte augenscheinlich keine Eile, nach Ikela zurückzukommen. Dort war das Leben mit Annäherung der Söldner unsicherer!

Da der Motor unseres Wagens schon verdächtige Geräusche von sich gab, waren wir froh, als wir noch bei Tageslicht Opala erreichten. Dort war die Stimmung geladen, feindlich. Wir wurden mitten am Stadtplatz stehengelassen – zum Schauspiel für die tobende Parteijugend. Endlich wurden wir vor einem Haus der Territoire-Verwaltung abgeladen. Einige von uns, die sich an die Unruhen nach der Unabhängigkeitserklärung des Kongo erinnerten, meinten, es sei nicht gut, hier zu bleiben. Besser sei es, möglichst schnell nach Stanleyville zu kommen. 1960 war es den Missionaren und Schwestern von Opala schon schlimm ergangen.

*   *   *

Hier muß ich vielleicht doch zum besseren Verständnis der so unterschiedlichen Haltung gegenüber den Missionaren in den beiden Provinzen einen kurzen historischen Exkurs einfügen: Die Provinzgrenzen entsprechen nicht genau den Stammesgrenzen; eine Minderheit der Mongos, der größten Gruppe der

Equatorprovinz, lebt auch noch in dem unmittelbar anschließenden Teil der Ostprovinz. Die Mongos waren bis um die Jahrhundertwende Beute der von Osten kommenden Sklavenjäger, die ihre westlichste große Niederlassung in Kisangani (Stanleyville) hatten. Dieser Sklavenhandel wurde von Westen her von der Force Public der europäischen Kolonialmacht unterbunden. Soweit dieser Sklavenjagdbezirk der muslimischen arabisierten Sklavenjäger reichte – und damit der Bezirk der Erfahrung der Weißen als Befreier davon (die Grenze lag im Gebiet von Mondombe, meinem Reisegebiet) –, so weit galten die Sympathien den Weißen als Befreiern, guten Menschen, bis in die Gegenwart. Östlich der Grenze der Gejagten waren wir aber im Gebiet der Verbündeten der Jäger, also dort, wo die Weißen das Geschäft verdorben hatten, Feinde waren.

Ähnliches galt westlich des Gebietes der befreiten Gejagten, dort, wo die frühen Kontakte mit den Weißen durch die zwangsweisen Kautschuksammelaktionen durchaus vergleichbar negativ besetzt waren. Dort hatte die Rebellion gegen ein Regime, das auf seiten der Weißen stand, durchaus die Sympathien der Bevölkerung. Menschen, deren Tradition mündlich überliefert wird, haben ein gutes Geschichtsbewußtsein und -gedächtnis. P. Karl war vielleicht ein Opfer davon an der Westgrenze, einer der Patres von Opala ein Opfer an der Ostgrenze dieses Gebiets.

* * *

Zunächst schrieb ein Sekretär wieder einmal alle unsere Personalien auf. Das vermittelt ein gewisses Macht- bzw. Ohnmachtsbewußtsein. Inzwischen wurden die vier Patres und die fünf Schwestern von Opala herbeigeführt, die alle vor wenig mehr als einer Woche, am vergangenen Christkönigsfest, brutal gefesselt und verprügelt worden waren. Einer der Patres, der für die Schule zuständig gewesen war, wurde übel gefoltert. Die Fesseln zerschnitten ihm die Oberarmmuskeln. Die angewandte Art der Fesselung nannten die Simbas „commande contre avion" (Bestellung gegen Flugzeuge – Flugabwehrbestellung). Dahinter steckte wohl ein Stück des magischen Weltbildes: Der Geist des gequälten Weißen soll den Geist des anfliegenden Pi-

155

loten veranlassen abzudrehen, weil sein weißer Bruder hier der Folter unterworfen ist. Tatsächlich wurde in Boende, unserer Distrikthauptstadt in der Provinz Equateur, der Chef der Hevea-Congo, einer der großen Pflanzungskompanien, der in seinem Verwaltungszentrum Watsi bei Boende geblieben war, anläßlich eines Bombenangriffs auf Boende gefangengenommen und in einer vierstündigen Tortur im Angesicht der übrigen gefangenen Weißen zu Tode gefoltert.

Ein nicht körperlich gefoltertes Opfer dieser Tortur ist ein Mitbruder, der seitdem in einer Anstalt für psychisch Kranke leben muß, weil er mit dem Erlebten auch mit psyiatrischer Hilfe nicht zurechtkommen konnte.

✻   ✻   ✻

Wie viele vergleichbare „indirekte" Opfer mag es heute geben, angesichts der unzähligen direkten Opfer schwerster Mißhandlungen und Vergewaltigungen in den kaum mehr zu erfassenden Konflikten – Kriegen, Bürgerkriegen, „bürgerkriegsähnlichen Unruhen", rassistischen Ausschreitungen, „ethnischen Säuberungen", fremdenfeindlichen Anschlägen, dem immer noch nicht, auch bei uns nicht, „im allgemeinen Volksempfinden" überwundenen „Antisemitismus" (immer noch der gleiche unzutreffende Ausdruck für Schändungen jüdischer Friedhöfe mit Hakenkreuzschmiereien oder für die Brandstiftung an der Synagoge in Lübeck!)? Wir Europäer des 20. Jhd. systematisieren alle Bürgerkriegsursachen in wirtschaftliche, religiöse, ethnische. – Ruanda und Burundi, der Konflikt zwischen Tutsi-Hirten/-Viehzüchtern und Hutu-Ackerbauern mit seiner Unzahl von Toten, offenbart, daß über oder unter all den bereits genannten Konflikten ein archaischer wie ein Vulkan vor dem Ausbruch verborgen ist. Dieser Konflikt kann kaum allein religös oder etnisch bedingt sein. Denn auf beiden Seiten findet sich eine große Zahl Christen derselben Konfession, und Hutu und Tutsi haben – obwohl von unterschiedlicher Abstammung – lange in Frieden zusammen gelebt und vielerlei voneinander übernommen. Dennoch: Jenseits aller versuchten Erklärungsmuster liegt: Kain und Abel. – Diese Geschichte (Gen 4) zeigt in kürzest möglicher Form eine urmenschlicher Erfahrung: Alle

Menschen sind Brüder, d. h. artverwandt. Jesus sagt: Kinder des einen Vaters im Himmel, darum „Vater unser". Aber diese Brüder können sich verfeinden bis zum Mord. In der Genesiserzählung scheint es ein religiöses Neidmotiv zu sein: Des einen Opfer wird angenommen, das des anderen nicht. Die Wirklichkeit ist einfacher und brutaler. Sie zeigt, daß der Erzähler dieser Geschichte ein Viehzüchter (Nomade?!) war, wie das Opfer der Geschichte, Abel. Der Ackerbauer war der Mörder, Kain. Eine Geschichte aus der nomadischen Vergangenheit. Die Nomaden fielen immer wieder ins Gebiet der ansässig gewordenen Bauern ein, wenn ihnen das Wasser oder die Weide für ihre Tiere knapp wurde. Diese Auseinandersetzung zog sich über einen langen Zeitraum, wahrscheinlich Jahrtausende. Immerhin entstanden die ersten Städte als befestigte Siedlungen der Ackerbauern gegen die immer wieder ihre Gebiete bedrohenden nomadisierenden Hirten vor etwa neuntausend Jahren – wenn man etwa der Datierung des alten Jericho glauben darf. In der Geschichte von Gideon (Ri 6 ff.) hat sich das Blatt gewendet. Gideon, der Retter Israels von der nomadischen Bedrohung, ist Ackerbauer. Das Volk Abrahams, Isaaks und Jakobs, der nomadisierenden Hirten, ist in Kanaan, dem Land, das den Vätern verheißen war, seßhaft geworden – und weiß sich gegen die Übergriffe der Nomaden zu wehren. Und doch sind sie „Brüder", schon die Sprachverwandtschaft weist es aus, bis heute. Der Unterschied in der Erzählweise: Es sind nicht mehr zwei Individuen – Kain und Abel –, sondern verwandte Völker verwandter archaischer Kulturen und Religionen, die auf Leben und Tod miteinander kämpfen. Und heroisiert werden die Sieger, die Unterlegenen verschwinden im Staub der Geschichte.

Und eben dieser archaische Konflikt zwischen seßhaft gewordenen Ackerbauern und den nun nur mehr teilweise nomadisierenden Viehzüchtern bricht nach langen Zeiten des Friedens wieder auf, weil das Land zu klein wird für beide Formen der Nutzung, zu klein, weil die Bevölkerung zu sehr gewachsen ist: Beide Gruppen, Tutsi wie Hutu, beanspruchen mehr Land, sei es für den Ackerbau, sei es als Weide. Das Land ist eines der fruchtbarsten in Afrika, aber die noch größere Fruchtbarkeit der miteinander rivalisierenden Gruppen scheint Land und Menschen zu vernichten. Das Land mag sich erholen für eine friedliche *und vernunftgesteuerte Neubesiedlung, wenn der Mensch erst einmal die Regeln des Zusammenlebens und Überlebens gelernt haben wird. Ein Ausgleich scheint möglich, denn es gibt Gebiete, in denen Ackerbau auf Dauer nicht möglich ist, sei es aus klimatischen, sei es aus geologischen Gegebenheiten: Dort können unter Umständen nomadisierende Hirten auch in Zukunft eine Nische finden. Vielleicht wird sie sogar wieder größer in dem Maß, in dem die zu intensive Landnutzung Land für den Ackerbau unbrauchbar macht, buchstäblich ver-wüstet.*

* * *

Wir hatten die ganze Nacht keine Ruhe. Immer wieder schrieen die Simbas „Lumumba – mai" (Lumumba, erster Ministerpräsident nach der Unabhängigkeit des Kongo, „mai" ist Wasser; das Lumumba-Wasser wurde von den Zauberern „geweiht" und auf die Simbas gespritzt als Unverwundbarkeitszauber, der aber nur bei strikter Einhaltung einer ganzen Serie von Taburegeln wirksam blieb. Jedenfalls war sichergestellt, daß die Unwirksamkeit nicht dem Zauberer zur Last gelegt werden konnte und daß durch die Wiederholung des ganz schön teuren Zaubers die Zunft der Zauberer ein gutes Geschäft in diesem schmutzigen Krieg machte.). In der Nacht gab es zusätzliche Unruhe und Beunruhigung, als zunächst die Schwestern von Mondombe und Bokungu, dann auch die anderen Schwestern von der Gruppe der männlichen weißen Gefangenen getrennt wurden. Am nächsten Morgen wurden wir wieder verladen – nur die Schwestern von Mondombe und Bokungu fehlten, die anderen Schwestern, die jetzt wieder zur Gruppe kamen, wußten nichts über deren Verbleib – und der Transport ging weiter nach Osten. Das Fahrzeug war diesmal ein LKW mit Kastenaufbau, bei dem nur die Rückwand offen war. Für 55 Menschen viereinhalb mal zweieinhalb Meter und nur ca. 1,70 m Höhe – das war das Ärgste, denn viele konnten dadurch nicht mal gerade stehen. Am schlimmsten ging es den Schwestern; die hatten als erste aufsteigen müssen. Wir waren froh, daß sie wieder da waren und daß ihnen nichts passiert war. Aber die Ungewißheit über die Fehlenden belastete. Schon nach kurzer Fahrt sahen die bewaffneten Begleiter die

Abb. 11 und 12: Beim ersten Aufenthalt in Afrika 1963

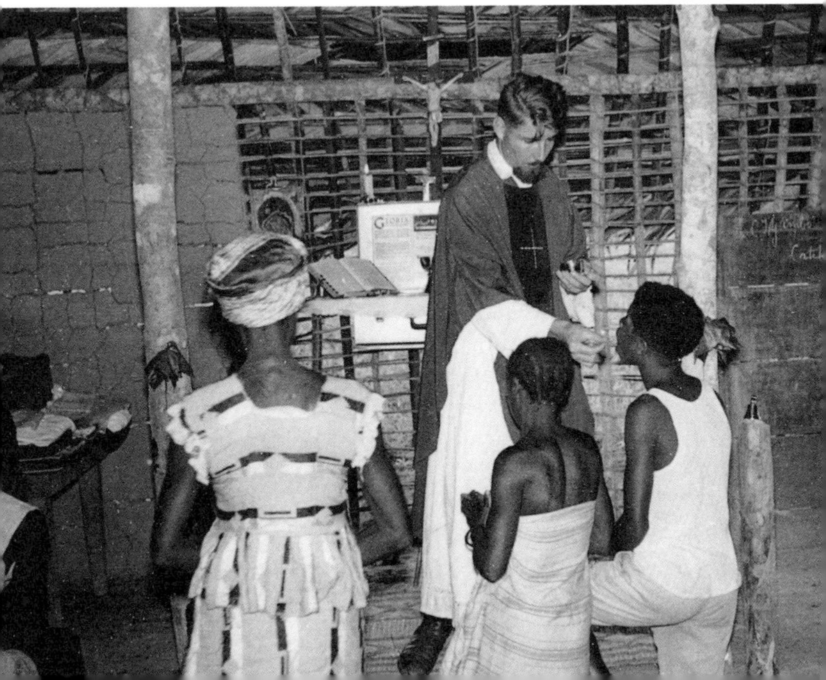

Unmöglichkeit dieser Transportbedingungen ein und ließen die Schwestern von Opala und etwa zehn der Männer absteigen. Sie sollten auf ein anderes Fahrzeug warten – 260 Kilometer vor Stanleyville.

Gegen Mittag kamen wir auf die herrlich gelegene, noch gut gepflegte Missionsstation Yaleko, deren Missionare bereits nach Stanleyville abtransportiert waren. Dort trafen wir unsere Schwestern wieder! Der „Kommandant" des Frontabschnitts, der sowohl in Mondombe als auch in Bokungu während des Vormarschs der Simbas die Missionare seines besonderen Wohlwollens und Schutzes versichert hatte, hatte sie im VW-Kombi unserer Missionsstation Yalifafu mitgenommen. Sie hatten hier für uns alle etwas zu essen richten können. Außerdem konnten wir uns waschen, eine Wohltat bei den gegebenen Temperaturen und dem Staub der Straßen.

130 Kilometer vor Stanleyville mußten wir mit einer Fähre den Lobai-Fluß überqueren und durften den LKW verlassen, bevor er auf die Fähre auffuhr. Gerade in dem Augenblick überflog uns ein viermotoriges Aufklärungsflugzeug, kreiste einmal und drehte ab. Die Talare der Patres und die Schleier der Schwestern mußten sie gesehen haben, auch wenn die nicht mehr blütenweiß waren.

Kurz vor Stanleyville gab es noch einmal eine gefährliche Situation. Wir mußten an einer Straßensperre halten. An die hundert junge Leute mit Lanzen und Macheten umringten unseren LKW und die drei Bewacher. Jetzt war der geschlossene Kasten ein Schutz! Die Wortführer der Jugend verlangten – uns! Die Gesten waren eindeutig. In unserem dunklen Kasten wurde es ganz still. Wir meinten, unsere letzte Stunde sei gekommen. Auch hartgesottene und rauhbeinige Männer von den Pflanzungen beteten. Schließlich gelang einem unserer Begleiter, sich kurz freizumachen. Mit einem Satz war er auf dem Trittbrett der Fahrerkabine, griff sich seine FAL, lud durch und legte auf die Nächstbesten mit lautem Geschrei an. Die beiden anderen nutzten ihrerseits die Situation und ab ging's. Vor dem LKW stand keiner, denn die „Fracht" war ja nur von rückwärts zu sehen. Die Sperre fuhr der Fahrer beiseite: Eine Bambusstange war über ein paar leere Tonnen gelegt, die flog zur Seite, ohne Schaden anzurichten.

Gegen Abend erreichten wir Stanleyville. Man brachte uns im Polizeilager auf dem linken Ufer des Kongo unter. Dort waren schon Weiße interniert, die von den noch freien Weißen mit Lebensmitteln versorgt wurden. Jedem von uns reichten sie zur Begrüßung eine Flasche Sprudel – etwas Köstlicheres konnte es im Augenblick nicht geben. Anschließend servierten sie uns ein – an den Umständen gemessen reichhaltiges – Abendessen. Es gab Möglichkeit zum Duschen und Feldpritschen als Lager. Wir fühlten uns geradezu gut aufgehoben. Aber – die ganze Nacht brannte das Licht im Haus, und wir wurden immer wieder durch Simbas gestört, die uns inspizierten.

Am nächsten Morgen (Samstag, 7. 11.) mußten wir nach dem Frühstück alle antreten. In Zweierreihen ging es hinunter zum Anlegeplatz der Motorfähre über den Kongo, ca. 300 Meter von unserem Quartier entfernt. Eine große Menge Neugieriger strömte von allen Seiten herbei. Die Lage wurde jede Minute gefährlicher, weil die Zuschauer sich gegenseitig zu Haßausbrüchen aneiferten. Mit Stockschlägen und Fußtritten wurden wir auf die Fähre getrieben und waren doch froh, als wir abgelegt und die johlende Menge hinter uns gelassen hatten. Auf der anderen Seite des Flusses, in der eigentlichen Stadt, war die Stimmung wesentlich ruhiger.

Bei der Ankunft Henry Morton Stanleys hieß sie – und seit 1966 heißt sie wieder – „Kisangani" (heute ca. 373 400 Einwohner, Stand 1994), ein Handelsplatz nördlich der großen Stromschnellen, die den Oberlauf „Lualaba" vom langen schiffbaren Mittelstück „Zaire" (bis Kinshasa) trennen, ebenso wie die Stromschnellen unterhalb von Kinshasa den Unterlauf und die Mündung vom zentralen Strom trennen; hier war ein Umschlagplatz des östlichen, arabischen Sklavenhandels. Von hier aus zogen die Sklavenjäger nach Westen bis in die Gegend von Mondombe (zuletzt 1904!) und die Sklavenkarawanen nach Osten durch das arabisierte Gebiet bis Daressalam, von wo aus die Sklaven in die islamische Welt verschifft wurden – wie vierhundert Jahre lang von den westafrikanischen Häfen durch die europäischen seefahrenden Nationen zunächst nach Europa und schon bald in die „beiden Amerikas" (zuletzt mit fingierten Arbeitspapieren ein 1890 in der Kongomündung aufgebrachter Transport!).

Wir wurden mit Lastwagen zum „Hotel des Chutes" gebracht. Dort waren weiße Frauen interniert. Im Speisesaal mußten wir uns zunächst auf den Boden setzen. Schließlich kam ein gutaussehender Major, der höflich unsere Pässe verlangte. Da Br. Fritz und ich ja keine Pässe mehr hatten, gab er sich mit den Zeugenaussagen unserer Mitbrüder, der Schwestern und der weißen Zivilisten zufrieden. Dann erschien auch jener Kommandant, der die Schwestern von Bokungu und Mondombe transportiert hatte. Er hieß uns auf den Stühlen sitzen. Mittlerweile kamen der holländische und der italienische Konsul. Alle, die keine Papiere (mehr) hatten, bekamen welche ausgestellt. Wir waren in unserer Gruppe Missionare sechzehn Österreicher, acht Deutsche, eine Italienerin und eine Schweizerin. Der holländische Konsul beschaffte sogar ein Mittagessen. Etwa um drei Uhr nachmittags durften die beiden Konsuln die Schwestern in das Kloster St. Thérèse bringen. Dort wurden sie im Mädcheninternat untergebracht. Die männlichen Missionare wurden zu Fuß in die nahegelegene Missionsprokura der Erzdiözese Stanleyville eskortiert. Der Abschied von unseren zivilen belgischen Leidensgenossen aus Ikela, die hier von uns getrennt wurden, mußte schnell geschehen. Sie sollten unter Bewachung interniert werden.

In der Prokura wurden wir bestens aufgenommen. Wir waren froh, unter uns zu sein, wenn wir auch zu dritt oder viert ein Einzelzimmer uns teilen mußten. Aber jeder hatte sein eigenes richtiges Bett. Hier wurden Br. Fritz und ich zum erstenmal medizinisch versorgt. Inzwischen hatte sich an meinem Knöchel von dem Mondomber Fußtritt ein schlimmes Geschwür gebildet. Aber hier gab es Medikamente, und der italienische Konsul konnte auch noch Medizin besorgen.

Die belgischen Missionare waren bei den Maristenschulbrüdern unter Bewachung interniert worden, die Prokura führten jetzt holländische Patres. Eine Gruppe Schwestern versorgte die Küche, unterstützt von einem kanadischen Pastorenehepaar, das der holländische Konsul mit Notpapieren als „Limburger" in die Prokura gebracht hatte (sonst wären sie wahrscheinlich unter die Rubrik „Amerikaner" gefallen!). In der Prokura waren nun außer den Holländern Luxemburger, Österreicher, Deutsche, die beiden Kanadier und weitere „Limburger", d. h. später gekommene ausweislose Belgier, denen der holländische Konsul ebenfalls diese Nationalität verpaßt hatte.

In der Prokura hatten wir relative Bewegungsfreiheit, wir waren weder eingesperrt noch bewacht. Wir konnten auch ungehindert in die Stadt gehen. Einige von uns nutzten die Zeit, einen noch nicht internierten griechischen Zahnarzt aufzusuchen. Im übrigen war es nicht geraten, auf die Straße zu gehen. Die Stimmung der Simbas war zu unberechenbar. Je weiter die Regierungstruppen und die Söldner gegen die Rebellen in Richtung Osten vorankamen, um so bedrohlicher wurde unsere Lage. Gelegentlich kamen Simbas auch in die Prokura. Sie hatten es auf den PKW des einheimischen Generalvikars der Erzdiözese Stanleyville, Mgr. Fataki, abgesehen. Der war mit seinem Wagen dauernd unterwegs, tauchte überall auf, wo Missionare und Schwestern interniert waren, und versorgte sie nach Kräften mit allem Nötigen. An einer Straßensperre stellten ihn die Simbas schließlich, aber sie gingen leer aus, denn er hatte einen Passierschein von Soumialot, dem Chef der Rebellenregierung, der dem Generalvikar motorisierte Bewegungsfreiheit zusicherte (der Erzbischof war, wie unser Bischof auch, in Rom bei der Versammlung des II. Vatikanischen Konzils). Mgr. Fataki ließ sich nicht einschüchtern und war sehr geschickt im Umgang mit den Machthabern.

Die Tage in der Prokura hatten an sich nichts Aufregendes an sich. Es gab eine große Bibliothek, Möglichkeiten für Tischtennis, Billard, Schach und Kartenspiele. Die eigentliche Belastung war die Ungewißheit. Wenn man auf engem Raum ohne Arbeit zusammengepfercht ist in einer Situation von latenter Bedrohung, dann geht das an die Nerven. Auf die Dauer war es zum Verrücktwerden. Zu allen Nachrichten drängten wir uns um das Radio. Es gab auch die von den Simbas herausgegebene Zeitung „Le Martyr". In Nr. 17 dieser zweimal wöchentlich erscheinenden Zeitschrift, die sich „Kampfblatt des nationalen Befreiungsrates der Sektion Ost" nannte, stand am Samstag, 14. Nov. 1964, zu lesen:

*„Der Staatschef, seine Exzellenz Christoph Gbenye, erklärt: Der Kampf setzt sich fort, und er ist sehr wichtig geworden. Wir wollten niemals töten oder brennen, aber die Ankunft der Amerikaner in Stanleyville wird das Verschwinden aller Belgier und Amerikaner bedeuten, die unter unserer Aufsicht stehen. ... Wir haben in unseren Krallen mehr als dreihundert Amerikaner und mehr als achthundert Belgier, deren Residenz überwacht ist und die sich an sicheren Orten befinden. Das geringste Bombardement unserer Gegenden und unserer Revolutionshauptstadt – und eine Bestimmung vom Jenseits wird die Affäre lösen, das heißt, sie werden alle massakriert werden. Alle Amerikaner und Belgier, die sich unter unserem Schutz befinden, haben ihre Testamente verfaßt und unterzeichnet. Wir werden diese nächstens in ihre Heimatländer schicken. Auf jeden Fall ist ihre Sicherheit abhängig vom Rückzug der Belgier und Amerikaner, die uns ständig massakrieren ... Wir werden **unsere Fetische mit den Herzen der Amerikaner und Belgier fabrizieren und uns kleiden in die Häute der Belgier und Amerikaner ...**"*

Am 23. 11. verlangte Gbenye, daß der Vormarsch der Regierungstruppen auf Stanleyville binnen 24 Stunden eingestellt werde, sonst sei es um die Weißen in der Stadt geschehen. Ministerpräsident Tschombe seinerseits forderte die Simbas zur Kapitulation auf, Widerstand sei zwecklos. Über den belgischen Rundfunk kündigte Außenminister Spaak die Landung belgischer Fallschirmjäger an, die die weißen Geiseln befreien sollten. Diese offene, unverschlüsselte Mitteilung rief bei uns Erstaunen und Zweifel hervor. Damit waren die Simbas ja gewarnt. Die Spannung unter den Weißen in „Stan" wuchs. Bei den Simbas war keine Reaktion auf diese Meldung zu erkennen.

24. November 1964: Befreit!

Am 24. 11. – Dienstag – weckt mich der Schrei eines Zimmergenossen: „Flugzeuge! Um Gottes willen, die werden bombardie-

ren!" Unser dritter Zimmergenosse ist schon unter der Dusche.
Unser Zimmer liegt auf der Flußseite der Prokura. Wir sehen
zwei zweimotorige Jagdbomber im Tiefflug über dem Stadtteil
am linken Ufer. Da ist aber noch ein anderes, viel tieferes Brummen, vergleichbar dem Brummen der Bomberpulks über
Deutschland in den letzten Kriegsjahren. Wir ziehen uns rasch
an und laufen hinaus. Die Wolken hängen tief, aber es regnet
nicht. Plötzlich taucht so ein Riesenflugzeug im Tiefflug über
der Prokura auf und ist kurz durch die untersten Wolkenfetzen
sichtbar: kein Bomber, ein Transporter mit großer Heckklappe!
In der Stadt beginnt es zu schießen, das Feuer wird immer leb-
hafter. In der Kapelle sind noch Mitbrüder beim Gottesdienst,
die nächste „Schicht" beeilt sich, auch noch die hl. Messe zu feiern. Sterben und Befreiung liegen so nahe nebeneinander vor
uns. Anschließend verteilen wir uns in den Räumen mit Sicht
nach draußen, bleiben aber immer außerhalb des direkten Einblicks von außen. Von einer Familie in der Nähe des Flugplatzes
wird angerufen: „Sie springen!" Wenig später kommt ein weiterer Anruf: „Sie sind am Boden, es sind Belgier." Jetzt beginnt
der Wettlauf gegen die Zeit. Der Flugplatz ist etwa acht Kilometer von der Prokura entfernt. Würden die Simbas versuchen ein-
zudringen?
Die Prokura ist ein großes Gebäudekarree um einen fast qua-
dratischen Hof. Auf der einen Seite sind Kapelle, Speisesaal und
Küche mit den Vorratsräumen, im zweiten Flügel Schlafräume
und die Bibliothek, an der Ecke zwischen den beiden Flügeln
nach draußen vorgesetzt die Wohnung des Erzbischofs und des
Generalvikars, am anderen Ende der Zimmerflucht schließt die
Kathedrale an, die den Übergang zum dritten Trakt, den Werk-
stätten, bildet. Die vierte Seite wird gebildet von dem großen eisernen Tor zur Straße hin und von Vorrats- und Lagerräumen
samt der Verwaltung. Seit 1960, dem Jahr der Unabhängigkeitserklärung des Kongo, waren alle Türen und Fenster nach
draußen durch schwere Gitter geschützt. Ein Eindringen von
außen war also nicht so einfach. Außerdem waren wir inzwischen etwa siebzig Mann und entschlossen, uns nicht einfach
abschlachten zu lassen. Zwar gab es keine Waffen in der Prokura, aber es gab Armiereisen, von ein paar Leuten der Prokura

auf Meterlänge abgeschnitten, immerhin eine Waffe gegen Eindringlinge, wenn man in der Deckung der toten Winkel blieb.

Der Kampflärm schwillt an, draußen rennen Simbas an den Fenstern vorbei. Umstellen sie die Prokura oder reißen sie aus? Am Fuß der großen Freitreppe zur Kathedrale ist ein MG-Nest der Simbas und feuert. Doch dann ist da ein neuer, sehr viel hellerer Ton im Feuer der Maschinenwaffen. Und da rollt es auch schon heran: ein gepanzerter Jeep, ein Zwillings-MG nach vorn, ein zweites nach rückwärts, drei Weiße in Kampfanzügen drauf, die Paras! Wenig später ist eine kleine Gruppe zu Fuß an der Tür der Bischofswohnung, ein Funker dabei. Ein paar andere bringen das MG vor der Kathedrale zum Schweigen. Die Tür der Bischofswohnung ist vernagelt und wird mit Gewalt geöffnet. „Wo sind die anderen Weißen?" „In der Résidence Victoria und im Hotel des Chutes." Sie geben die Meldung durch, daß sie in der Prokura alle wohlauf gefunden haben, die beiden Adressen und hasten weiter.

Wenig später kommt wieder eine Gruppe Paras. Diesmal heißt es: „Alle raus. Kein Gepäck mitnehmen. Eingliedern in die Schützenkette. Zwei Meter Abstand voneinander." Als alle da sind, setzt sich der Zug zu beiden Seiten der Straße in Bewegung, stadteinwärts. Auch Mgr. Fataki kommt mit, gefolgt von jenem Simbamajor, der seinerzeit unsere Personalien aufgenommen hatte. Der gibt sich den Belgiern gefangen und bietet seine Dienste an, die in der Stadt noch verstreut wohnenden Weißen zu finden.

Langsam ziehen wir durch die Stadt. Immer wieder kracht es. „Halt, Deckung!" Widerstand wird gebrochen, ein Hinterhalt ausgeräumt. Auf der Straße die ersten toten Simbas und ein Schwerverletzter. Einer der Patres geht hin, gibt ihm die Absolution, ein Sanitäter der Fallschirmjäger leistet erste Hilfe.

Der Zug wird immer länger, denn immer wieder werden von kleinen Stoßtrupps der Paras Weiße aus ihren Wohnungen in Seitenstraßen herausgeholt, Nichtbelgier, die nicht interniert worden waren, nun aber genauso in Lebensgefahr wie Belgier, Amerikaner und alle anderen. Keiner wird vergessen. Die Truppe ist ruhig und selbstsicher, es klappt wie am Schnürchen. Mitten auf der Straße zwischen den beiden Gänsemarschketten ein

Offizier mit einem Funker mit Walkie-talkie, der die Verbindung zu den anderen Trupps und Kolonnen sichert. So geht es durch die ganze Stadt bis fast zum Camp Kitele, dem Kasernengelände. Es ist bereits von einer anderen Einheit genommen. Plötzlich vor uns Halt. Eine Frau kommt in Wehen nieder. Per Funk wird ein Wagen gerufen, der sie zum Flugplatz in das Notlazarett der Paras in ärztliche Hände bringen soll. Während wir warten, ein Sani sich um die Frau kümmert, taucht aus einer Seitenstraße ein Landrover auf, Simbas, die abhauen wollen. Ein kurzer Feuerstoß, der Wagen steht, die Simbas springen davon, der Motor läuft noch. Sofort wird die Frau aufgeladen und zum Flugplatz gebracht. – Leider umsonst, wie wir später hörten. Mutter und Kind sind gestorben.

Dann heißt es: Das Ganze kehrt! Nun geht es durch die Stadt in Richtung Flugplatz. Vor der Résidence Victoria treffen wir die ersten befreiten Belgier, teils verwundet, alle blutbefleckt. Wir hören von dem furchtbaren Massaker, das die Simbas dort in letzter Minute angerichtet haben. Auch unsere Bekannten von Ikela treffen wir wieder.

Die Rebellen hatten auf Befehl eines Simba-Offiziers, der immer als den Europäern freundlich gegolten hatte, begonnen, die Belgier aus dem Erdgeschoß auf die Straße zu führen und sich dort hinsetzen zu lassen. Dann war durch die Ankunft anderer Simbas eine Panik ausgebrochen. Der Befehl Gbenyes wurde in die Tat umgesetzt. Ein Maschinengewehr schoß von einer Seite, Simbas mit MPs von anderen Seiten in die Weißen. 19 Männer, Frauen und Kinder starben unter den Kugeln. Viele andere wurden verletzt, einige starben noch auf dem Transport. Unter den Toten waren auch drei unserer Bekannten von Ikela. Nur das Dazwischenkommen der Fallschirmjäger hatte ein noch schlimmeres Blutbad verhindert.

Zunächst warteten wir im Schutz eines großen Geschäftshauses in der Stadt. Bei der ersten Kolonne zum Flugplatz war ein geretteter Zivilist von Simbas erschossen, ein anderer verwundet worden. Daraufhin sollten wir mit Wagen zum Flugplatz gebracht werden. Aber da waren keine aufzutreiben. Also ging es zu Fuß weiter. Als findige Paras schließlich einen Traktor mit Anhänger gefunden und in Gang gesetzt hatten, brachten sie zuerst Frauen und Kinder zum Flugplatz. Außerdem setzten sie ihre kleinen DAF-Ponys ein, um alte Leute zu fahren, Geländewagen, die auf das unbedingt Notwendige für ein motorisiertes Fortbewegungsmittel zu Transporten aller Art so reduziert sind, daß sie gegebenenfalls auch an Fallschirmen abgeworfen werden können.

Am Flugplatz wurden kurz die Namen der Geretteten aufgenommen, dann gab es zu essen – die Rationen der Paras. Bald nach uns kamen auch die ersten weißen Söldner, die mit einer Kolonne der Nationalarmee von Süden her auf Stanleyville vorgestoßen waren, auf einem vollbeladenen LKW am Flughafen an. Nach der Befreiung der weißen Zivilisten aus der Gefangenschaft in den verschiedenen Quartieren und dem Angebot der Evakuierung auch für noch frei in der Stadt lebende Weiße und andere, die gefährdet erschienen, zogen sich die belgischen Fallschirmjäger aus der Stadt zurück, die von der Nationalarmee übernommen wurde. Auftrag der Paras war allein die Rettung der Geiseln.

Am Flugplatz wimmelte es von Menschen. Fast zweitausend gerettete Europäer drängten sich in der Abfertigungshalle, dazwischen Inder, Pakistaner, auch ortsansässige Einheimische. Als unter den letzteren verkappte Simbas festgestellt wurden, mußten alle Schwarzafrikaner die Halle räumen und sich auf die andere Straßenseite ins Flugplatzhotel begeben. Die Gefahr, daß ein paar Fanatiker nachts im Schutz der Dunkelheit ein Morden hätten beginnen können, gegen das die Fallschirmjäger praktisch machtlos gewesen wären, war realistisch eingeschätzt. Am späten Nachmittag krachte eine Garbe in einen Büroraum gleich neben der Halle mit den Geretteten, eine Mahnung, daß die Simbas noch da waren und nahe! Die Warnung, nicht nach draußen zu gehen, war ernst zu nehmen.

Kurz vor dem Start der ersten „Herkules" mit befreiten Geiseln hatte der Kommandeur des amerikanischen Transportgeschwaders, das die Paras gebracht hatte und nun die Geiseln ausfliegen sollte, vor dem An-Bord-Gehen die Geretteten vom oberen Ende der großen Heckklappe aus, vor dem offenen dunklen Flugzeugrumpf in der Sonne gut sichtbar, begrüßen wollen, da fiel ein Schuß. Ein Scharfschütze der Simbas hatte ihn in den Hals getroffen. Die Ärzte der Paras konnten ihn nicht retten. Er war der einzige amerikanische Gefallene dieser Operation.

Die belgischen Paras hatten in „Stan" nur wenige Schußverletzte – neben einigen Sprungverletzten, weil sie unter der offiziellen Mindestsprunghöhe gesprungen waren, um mit Bodensicht springen zu können.

Inzwischen starteten die ersten Transporter mit Frauen und Kindern. Auch unsere Schwestern kamen zum Teil noch mit. Sie waren erst um Mittag befreit worden. Zwei Transportmaschinen fielen aus, Motorschaden durch Beschuß. Ein Hubschrauber, der Weiße vom linken Ufer der Stadt evakuieren wollte, mußte umkehren. Das Sperrfeuer der Simbas war zu stark, eine Landung unmöglich. – Erst in Leopoldville hörten wir, daß alle Europäer, die in dem Stadtteil auf dem linken Kongoufer gefangen waren, am Abend des 25. 11. im Keller eines Hauses niedergemacht worden waren. Überlebt hatte nur einer, der sich, verwundet, tot gestellt hatte und nachts aus dem Leichenhaufen sich befreien und flüchten konnte. Ein paar Tage später wurde er, schon fiebernd, in einem Maniokfeld von einheimischen Frauen gefunden und zu der inzwischen von Westen her in die Stadt eingedrungenen Nationalarmee gebracht. – Das Massaker am linken Ufer hatte 47 Weißen, überwiegend Missionaren und Schwestern, das Leben gekostet.

Die Nacht verging schlaflos. Immer wieder gab es kurze Schußwechsel. Die Simbas griffen die Stellungen der Paras an, die mit Leuchtkugeln die Anschleichenden immer wieder ausmachten und abwehrten. Am nächsten Morgen wurde der Abtransport der Geiseln wieder aufgenommen. Am Nachmittag des 25. November 1964 erreichten wir Leopoldville als von den belgischen Fallschirmjägern befreite Geiseln und wurden von unserem Bischof und dem deutschen Botschafter in Empfang genommen, als wir auf dem Flughafen, von Stanleyville kommend, aus der C-130 Herkules kletterten.

Da waren aber auch ein paar Reporter, deren erste und einzige Frage an mich war: „Was halten Sie davon, daß der Generalbundesanwalt B. 100,000.– DM für die Ergreifung Ihres Vaters ausgesetzt hat, lebend oder tot?" – In Gegenwart unseres damaligen Missionsbischofs und des deutschen Botschafters, der mich von diesen Leuten befreit hat, hatte ich nur eine Antwort, nachzulesen bei Goethe, Götz von Berlichingen, III. Akt, 17. Szene, der letzte Satz des Götz. Natürlich hab' ich die landläufige verkürzte Form und die ohne Quellenangabe gebraucht. Dank dem Botschafter, der die Frager abdrängte und mir bis zur Prokura in der Stadt Schutz bot! – Wir in „Stan" Befreite waren knapp entronnen. Immerhin waren an zwei verschiedenen Stellen noch insgesamt 85 Geiseln von den „Simbas" ermordet worden.

Drei Tage nach der Operation von Stanleyville sprangen die belgischen Fallschirmjäger noch einmal in Paulis ab, um die dort gefangenen Missionare und die übrigen Weißen aus dem Gebiet der Diözese Wamba und den umliegenden nördlichen Gebieten zu befreien, die dort konzentriert waren, weil der Vorstoß auf „Stan" schneller war als der Transport der Gefangenen nach „Stan". Auch diese Aktion war ein Erfolg, aber es gab härtere Kämpfe und mehr Opfer als in „Stan", weil die Simbas sich nach den Meldungen aus „Stan" schon vorbereitet hatten auf ein weiteres Eingreifen der belgisch-amerikanischen Befreiungstruppe.

Die gestellte Frage der Reporter war in der gegebenen Situation sicher nicht nur für mich unpassend, um es freundlich auszudrücken. Ich selbst war in diesem Augenblick nur fassungslos und wütend, denn die „Bormann-Suche" lief ja – damals – alle Jahre wieder in der „Saure-Gurken-Zeit" wie die nach dem Monster von Loch Ness.

Dazu noch eine Hintergrundinformation: Die von jenen Reportern vertretene Illustrierte hatten wir am 28. 11. 1964 in der Maschine, die uns von Belgien, Brüssel-Zaventem, nach München brachte; darin eine Reportage über den Vorstoß der Söldner unter dem deutschen Hauptmann Müller; in einer Art „Doppelpaßbild" die beiden Autoren in Kampfanzug und Stahlhelm in der Kopfzeile, der Text so, als seien sie dabeigewesen. – Erst später, nach meiner Rückkehr nach Zaire 1966, erzählten mir belgische Freunde in Kinshasa: Diese beiden Reporter hätten nur einmal für eben dieses Foto mit französischen Söldnern Kinshasa/Leopoldville verlassen. Sie waren clever, gaben einem deutschen Söldner der Kolonne Müller eine Kamera und das nötige Filmmaterial mit, und er schickte die belichteten Filme mit kurzen Tagebuchnotizen zurück. Daraus „strickten" die beiden im Hotel Memling ihre „Frontberichte". Dort war es sicherer und angenehmer. „Fritz", ihr Mann, war der einzige gefallene Söldner in dem kleinen Kessel von Bekili (auf dem Weg nach Boende), wo Müller sich mit seinen Söldnern und katangesischen Gendarmen eingegraben hatte, aus der Luft versorgt wurde und der Vorstoß der Simbas zusammenbrach. Der Hauptdeich der Straße durch die Sümpfe zu diesem Kessel – von Osten her – ist ca. 28 km lang. Ein Ausweichen in die Sümpfe ist nicht möglich. Kamen die Angreifer in Sichtweite dieser Insel im Sumpf, dann kamen die Schlachtflieger mit Exilkubanern als Piloten und schossen den Deich von Osten nach Westen bis kurz vor den Kessel frei. Dort endete die Offensive. „Fritz" fiel bei einem solchen Angriff – seiner Sache zu sicher –, weil er stehend im Jeep hinter dem hochmontiertem MG auf die nicht mehr von den Tiefffliegern Erreichten feuerte, die ihrerseits keinen Rückweg mehr sahen.

Bilanz des Bürgerkrieges: Nach Schätzungen weit über eine Million Tote.

Am 28. 11. waren die Reporter in derselben Boeing 707, mit der wir nach Brüssel ausgeflogen wurden. Also bat ich um Hilfe des Flugkapitäns der SABENA. Er gewährte sie gern und wirksam. In Brüssel stiegen die Befreiten und drei Verwundete der Fallschirmjäger durch die rückwärtige Tür aus und wurden vom belgischen Königspaar empfangen. Mich nahm die Mannschaft durch den vorderen Ausstieg mit ins Flughafengebäude, wo mich der Flughafenseelsorger in Empfang nahm. Ich bekam im Flughafenhotel ein Zimmer, konnte duschen, wurde von der Caritas neu eingekleidet, und dann ging der Flughafenseelsorger mit mir ins Flughafen-Restaurant zum Essen. Anschließend geleitete er mich wieder auf mein Zimmer, und ich konnte bis zum Abend schlafen. – Die Schwestern und Mitbrüder und Entwicklungshelfer der Diözese Ikela wurden in einem Bus nach Löwen zu den Patres Jesuiten gebracht und dort versorgt. Kurz vor dem Abflug der Maschine am Abend holte mich mein Betreuer wieder ab und sorgte dafür, daß ich mit der Bordcrew in die Maschine kam. Als die anderen kamen, war ich schon an Bord.

In München ging ich wieder mit der Crew nach den anderen von Bord und wurde zur Familie meines Bruders gebracht, der selbst noch mit Unterstützung von Freunden in München-Riem auf mich wartete und bereit war, mich wiederum abzuschirmen. So war es aber noch glatter gegangen.

Zunächst blieb ich dort, um mich zu erholen. Als das aber nur sehr schleppend ging, mußte ich zu einem Tropenarzt nach München. Der zapfte mir etwas Blut ab und nahm eine gründliche Untersuchung vor mit dem Ergebnis, daß er mir für den nächsten Tag schon ein Zimmer im Tropenkrankenhaus in Hamburg reservieren ließ. Dort war ich bis Anfang April in guten Händen. Ein zweites Mal war ich von Ende August bis zum November 1965 dort.

VIII.

Afrika, zweiter Teil
10. März 1966 – 27. November 1967

Im März 1966 fuhr ich – diesmal mit dem Schiff – wieder in den Kongo und begleitete den ersten großen Gütertransport für die Diözese Ikela nach der Wiederaufnahme der Arbeit am oberen Tschuapa, 158 Kisten, meinen UNIMOG (Ergebnis einer Sammelaktion unter meinen Freunden und Wohltätern) und einen gebrauchten, aber generalüberholten Anhänger, den ich durch Vermittlung eines Ingenieurs aus Gaggenau vom Anhängerwerk Waldshut geschenkt bekommen hatte, als ich zur Ausbildung für Wartung und Reparatur des UNIMOG 14 Tage im Spätherbst 1965 in Gaggenau war. Mein Gastgeber dort war der Pfarrer, meine Überraschung: Der Kaplan war ein Kurskollege, der seine Freisemester in Innsbruck absolviert hatte. Wir saßen oft abends lange noch zusammen, es gab soviel zu erzählen und zu diskutieren, über das Konzil und seine Auswirkungen auf die Seelsorge – damals waren noch der frische Wind und der große Aufbruch zu spüren.

Gaggenau – morgens mußte ich immer früh raus, denn um 7.00 Uhr begann der Kurs im UNIMOG-Werk, an dem Mechaniker aus Vertragswerkstätten, darunter zwei Nigerianer, und ich – als einziger Laie – teilnahmen. Zur Montage „meines" UNIMOG war ich im Januar 1966 wieder in Gaggenau und konnte ihn dann auch die ersten zehn Stunden mit genauer schriftlicher Anweisung als „Werksfahrer" einfahren. Im Jugendwerk Birkeneck rüstete der Bruder Mechanikermeister das Fahrzeug so aus, daß es als „Wohn- und Arbeitswagen" richtig ausgestattet war.

Eine in der Fahrerkabine eingebaute Lautsprecheranlage mit Tonband- und Mikrophonanschluß und zwei weitreichenden Trichterlautsprechern vervollständigte die Ausrüstung. Sie leistete sehr gute Dienste, um schon während der Fahrt bei der Annäherung an ein Dorf die Bevölkerung auf den bevorstehenden Besuch hinzuweisen und aufzufordern, ihre Taufbüchel mitzubringen und die Kranken auf den nächsten Treffpunkt aufmerksam zu machen. – Bald hatte der UNIMOG seinen Spitznamen von den Einheimischen weg: „njoku ya fafa Martin", der Elefant vom Pater Martin.

Noch war das Land nicht völlig befriedet, in den Wäldern steckten noch versprengte Simba-Gruppen. Darum mußten alle Weißen, die in diesen Gebieten ihre Arbeit wieder aufnehmen wollten, nachweisen, daß sie zur Selbstverteidigung mit der Waffe in der Lage seien, und sie wurden bewaffnet. Das war für uns ein sehr ungewohntes „Missionsgefühl". Aber das Mauser-Gewehr tat gute Dienste für die Fleischversorgung meiner Leute im Busch. Die Munition wurde auf der Schleifscheibe abgespitzelt, um als Jagdmunition zu dienen. Neben der Fleischversorgung der Leute diente die Jagd auch dem Nachweis, daß ich mit der Waffe treffen konnte. So etwas spricht sich unter solchen Umständen herum und hilft, Konflikte zu vermeiden.

Ein paar „Histörchen" mögen das veranschaulichen: In meinem nördlichsten Dorf, Yambo, nahe dem Fluß Maringa, ging ich am Abend meines ersten Besuches nach dem Bürgerkrieg mit drei jungen Männern auf Jagd, denn vom Dorf aus war jenseits eines Maniokfeldes der bereits bezogene „Schlafbaum" eines Affenrudels zu sehen. – Affen werden relativ selten von den Einheimischen mit Pfeil und Bogen oder mit Netzen und Lanzen erbeutet, weil es schwer ist, mit diesen Waffen an sie heranzukommen. Am ehesten gelingt es, wenn sie mittags in einem Bach zum Baden herumtollen und selbst viel Krach machen. Dann kann es dem Jäger gelingen, sie im Bach anzupirschen, wenn der Wind stimmt, aber meist merkt es einer der „Wachen", schreit, und die Meute entschwindet in die Höhe der Bäume mit lautem Gezeter.

Auf dem Schlafbaum sind sie außerhalb aller Gefahr, solange die Menschen ohne Feuerwaffen sind. Nun aber war ich da mit meinem Gewehr und auf seiten der Bevölkerung ein erheblicher Eiweißmangel, denn alle ihre Tiere, Hühner und Ziegen, waren die ersten Kriegsopfer gewesen. Die Soldaten beider Seiten dieses furchtbar grausamen Bürgerkrieges lebten „aus dem Lande" auf Kosten der Bevölkerung, die bei Annäherung von Soldaten immer nur in den Busch fliehen konnte. Dahin folgten die Soldaten beider Seiten kaum, denn in dem fast undurchdringlichen Dschungel kann ein Giftpfeil von rückwärts dem Eindringling ein rasches Ende bereiten, vor dem keine MP und keine FAL zu schützen vermag.

Wir sind also zu dem Schlafbaum gegangen, auf einem ganz normalen, gespurten Pfad, die Tiere auf dem Baum nahmen von uns keine Notiz. Der erste Schuß holte den ersten herunter (aus etwa 30 bis 40 Metern Höhe) und schreckte die Meute auf; sie flohen alle auf ihrer „Straße", einer hinter dem anderen; der zweite kam in einer „Kurve" herunter, der dritte fiel mir fast auf die Füße. Drei Schüsse, drei Treffer, die Distanz zwischen den Opfern war gegeben durch die Notwendigkeit, jeweils den nächsten Schuß der fünfschüssigen Büchse von Hand aus dem Schacht zu laden. Es gab Fleisch für das ganze kleine Dorf – ein Fest!

Nach meiner Rückkehr von dieser Buschtour wollten die Schwestern der Hauptstation auch teilhaben an dieser Möglichkeit, an Wildfleisch zu kommen, denn die Schafzucht und die Wiederaufnahme der Schweine- und Rinderzucht hatten gerade erst mit ganz wenigen Tieren wieder begonnen, und die Zuchttiere standen für die Fleischversorgung nicht zur Verfügung. Und immer nur Fleisch aus der Dose ist sehr schnell ein langweiliges Essen, bei allem Einfallsreichtum der Köchin. So bin ich mit meinem Reisebegleiter und noch zwei Jungen auf der „Straße" nach Bokone, am Fluß entlang losgezogen – und habe viermal daneben (!) geschossen.

Wir machten uns auf den Heimweg, es war kurz vor Einbruch der Dunkelheit. Da war plötzlich eine ähnliche Situation wie in Yambo: Hinter einem verwilderten Maniokfeld ein hoher Baum, darauf auf einem dürren, weit ausladendem Ast ein Affe. Eigentlich war die Entfernung zu groß, das Korn der Waffe deckte das Tier völlig zu. Aber meine Enttäuschung über die Fehlschüsse und die Wut über die Erfolglosigkeit waren zu groß, ich ließ „es fliegen" – und der Affe fiel. Die beiden Jungen mußten sich mit den Macheten den Weg zur Beute durchhauen. Das Tier lag nur ein paar Meter von der Absturzstelle am Ende einer breiten Schweißspur. Der Zufallstreffer war ein glatter Blattschuß. Die Deutung der Einheimischen war: ein besonderer „nguya" (Kraft, Stärke – mit und ohne Geisterschutz, jedenfalls nicht auf bloß normales menschliches Können zurückzuführen). Auch das spricht sich natürlich herum.

Und zum „.38-Colt Detective Special": Kurz nach meiner Rückkehr von einer Buschtour – ich war gerade beim Auspacken – gab es draußen großes Geschrei, und schon stand mein Antoine unter der Tür: „Mbwoa wa lingai, yaka noki!" (Ein tollwütiger Hund, komm schnell!). Ich griff die Waffe und raus. Gerade zur rechten Zeit. Der Hund, den die Arbeiter mit Lanzen und Stangen eingekreist hatten, um ihn zur Strecke zu bringen, war gerade aus dem Kreis der Jäger entkommen, denn wer Ziel seines Angriffs war, wich zurück, jeder wußte um die tödliche Gefahr. Nun lief das Tier entlang der Tischlerei und um die Ecke, da war der Maschinenraum mit dem Dieselaggregat für die Stromversorgung. Antoine und ich rannten dem Hund nach, ich ein wenig vorne mit der Waffe. Wir kamen um die Ecke, und da saß der kleine Hund (Größe etwa eines Basset) in kaum drei Meter Entfernung, Front zu uns, geduckt zum Sprung, mit gefletschten Zähnen und bösem Knurren. Die Waffe hoch, auf den Kopf des Tieres zeigen, durchziehen. In der inzwischen schon recht dunkel gewordenen Umgebung meine Hand im Feuer, das zwischen Trommel und Lauf austrat, vorne raus eine halbmeterlange Flamme, dazu der wirklich dröhnende Knall – mein junger Begleiter saß plötzlich neben mir auf dem Boden, der Hund lag vor uns, der Oberteil des Kopfes fehlte. – Die Beseitigung geschah mit größter Vorsicht. Die Reste wurden in einem tiefen Loch verbrannt und gut abgedeckt.

Die Tollwut war zu meiner Zeit noch eine wirklich ernste Gefahr für den Menschen. Drei Menschen habe ich an Tollwut sterben gesehen. Ich selbst wurde von einer tollwütigen Katze 1961 gebissen und verdanke mein Leben der schnellen Hilfe durch die „Busira-Lomami": Unser „Haustiger" zog die Hinterbeine merkwürdig nach. Ich nahm ihn auf, um zu sehen, ob er sich etwas eingetreten habe, da biß er zu. – Wir hatten kein Serum auf unserer Station, denn auch im Kühlschrank war es nur drei Monate haltbar. Bruder Fritz fuhr mit mir zum Hospital der Disciples of Christ, 14 km nach Osten; sie hatten auch kein Serum da. Nächste Station: Staatskrankenhaus Bokungu,

63 km nach Westen. Da war Serum im Kühlschrank, aber der Kühlschrank kaputt, das Serum verdorben. Dritte Station: zurück nach Mondombe-Staatsposten, mit der Fähre aufs Südufer des Tschuapa, dann 47 km nach Osten zur Pflanzung Yalusaka der Busira-Lomami, Sitz des Chef de Zone. Dort war damals noch ein spanischer Arzt, er hatte Serum im Kühlschrank, der Kühlschrank war in Ordnung, aber das Serum acht Tage über das Verfallsdatum. Er gab es mir trotzdem mit, damit die Schwester mir die Spritzen verpassen könne, und bestellte per Funk sofort frisches, das dann nach einer Woche per Kurier bis nach Mondombe kam – auf Kosten der Kompanie, denn ich war auch der Direktor ihrer Pflanzungsschulen. Die Kur wurde mit den neuen zwanzig Ampullen von vorne begonnen, so daß ich am Schluß 28 Spritzen in die Bauchdecke bekommen hatte.

Wenn ein Infizierter bereits Krankheitszeichen der Tollwut zeigt, z. B. Spucken, Wasserphobie, dann war er zum damaligen Zeitpunkt nicht mehr zu retten, man konnte ihn nur ruhigstellen, damit er niemanden durch seinen Speichel infizieren konnte. Früher haben die Einheimischen einen an Tollwut erkennbar erkrankten Menschen weitab von Dorf und Wegen sicher an einen Baum gefesselt und seinem Schicksal, dem sicheren Tod nach wenigen Tagen, überlassen.

Dieser zweite Aufenthalt in Zaire war für mich im wesentlichen der Versuch, rasch durch Besuche in den Dörfern einen möglichst sicheren Überblick über die Verluste unserer Bevölkerung zu gewinnen und die Seelsorge sowie die Wiederherstellung der Schulen und eine notdürftige Versorgung der Kranken wieder aufzunehmen. Außerdem mußten wir sehen, daß wir die Kirchenbücher neu schrieben. Besonders schwierig war das für den Zeitraum nach 1962, denn in Ikela, dem ersten Sitz unseres Bischofs, waren auch alle Duplikate vernichtet, die nach der Gründung der Diözese Ikela nicht mehr zum Bischofssitz Mbandaka (= Coquilhatville) geschickt worden waren, sondern nach Ikela.

Andere vor dem Bürgerkrieg begonnene Arbeiten blieben liegen, etwa an einem Dialektlexikon für die Mongo-Dialekte des Reisegebiets und einem Lexikon für die Topokesprache, die eine selbständige Sprache aus dem Osten Zaires, aus der Gegend des

Isangi, ist; 104 Topokeleute aus dem Osten wurden 1904 bei Mondombe gestoppt, angesiedelt und befriedet, zu meiner Zeit waren es etwa 3.000 Menschen, die Nachkommen der gestoppten Kannibalen, friedliche und fleißige Leute, die meisten von ihnen Christen, evangelische der Baptisten oder Katholiken. Ihre Stammesgenossen im Osten standen im Bürgerkrieg auf seiten der Aufständischen gegen die Zentralregierung, unsere Topoke standen auf seiten der Zentralregierung, denn Teile der Mongo-Bevölkerung unserer Gegend – früher die „Beute" der Topoke! – paktierten mit den Aufständischen aus dem Osten, um zu überleben. Also waren unsere Topoke auf der Regierungsseite.

Die Verluste in dieser Region Moma und Topoke waren entsetzlich. Ganze Dörfer waren verschwunden. Die Zivilbevölkerung hatte etwa zwei Drittel der Gesamtzahl vor dem Bürgerkrieg als Opfer von Gewalt, Hunger und Krankheiten in den zwei Jahren 1964 bis 1966 zu beklagen.

Die zweite nicht mehr wieder aufgenommene Arbeit galt der Sammlung afrikanischer Heilpflanzen, ihrer Fundorte und Verwendung. Diese Arbeit war aufgebaut auf dem Gedanken, daß die „Heilpraktiker" der Einheimischen über eine Fülle überprüfbaren Wissens verfügten, das es zu nutzen galt; andererseits konnten wir Europäer ihnen Hilfe gegen Krankheiten anbieten, die sie mit ihrer Naturheilkunst nicht in den Griff bekamen. Also Tausch: unsere Medikamente, die nicht besondere Kenntnisse für die Verabreichung erforderten, mit denen geholfen, aber nicht leicht Schaden angerichtet werden konnte, gegen die Heilpflanzen in frischer oder getrockneter Form, mit Beschreibung des Fundorts und der Verwendung. Meine Mitarbeiter in Afrika waren Lehrer, Katechisten und ältere Schüler. Sie stellten die Verbindung zu den „Heilpraktikern" her. Der Partner in Europa war der Vater eines Kurskollegen, Professor an der Medizinischen Fakultät der Universität Innsbruck, der mit seinen Pharmaziestudenten und Medizinern die Präparate auf ihre Wirksamkeit untersuchen wollte. Leider starb dieser Partner noch während meines Europaaufenthaltes nach der Befreiung aus Stanleyville – darüber hinaus hat die Kürze meines zweiten Aufenthaltes in Zaire einen Neuanfang an dieser Arbeit verhindert.

Im Sommer 1966 war das Referendum über die neue föderative Verfassung der Regierung Tschombe, die vielleicht ein Ausweg aus den Rivalitäten der Stämme gewesen wäre. Ich war an einem Ort in meinem Reisegebiet Zeuge dieser „Volksabstimmung": Die „Wahlberechtigten" (= zur Wahl Verpflichteten) wurden von Polizisten unter Gewehr mit aufgepflanztem Bajonett zum Wahllokal eskortiert. Dort mußten sie mit gestreckten und geschlossenen Beinen auf der Erde sitzen – wie früher Gefangene, leicht zu bewachen auch von Wächtern, die nur eine Lanze hatten. Dann wurden sie einzeln ins Wahllokal geleitet und bekamen zwei Wahlzettel, einen weißen mit groß aufgedrucktem „Oui" und einen grünen mit aufgedrucktem „Non". Dann wurden sie angewiesen, den weißen in die „Wahlurne" zu stecken, den grünen in einen Abfallkorb zu werfen. Dann durften sie nach Hause gehen. Sie waren froh, so gut und billig davongekommen zu sein. Verstanden haben sie den Sinn nicht. Es war einfach Anordnung „des Staates", der ja immer noch eine feindliche Macht war, jetzt eher schlimmer als in den letzten Zeiten der Kolonie, an die sich Ältere noch gut erinnerten. Der Bürgerkrieg mit all seinen Schrecken lag hinter ihnen, aber der Willkür bewaffneter Macht blieben sie ausgeliefert.

In mir stieg ein Bild aus Kindertagen auf: 1938, die „Volksabstimmung über den Anschluß Österreichs an das Deutsche Reich" (10. April 1938). Der Wahlmodus war damals nicht so martialisch, aber gleichwohl wirksam: Die Wahl wurde als Volksfest aufgezogen. Die Uniformierten aller Gliederungen der Partei machten den Anfang. Sie traten einzeln, alphabetisch geordnet, vor die Wahlkommission, leisteten den „Deutschen Gruß", nahmen den Wahlzettel in Empfang, auf dem zwei Kreise waren, ein großer in der Mitte mit eingedrucktem „Ja" und ein recht kleiner in der rechten unteren Ecke mit eingedrucktem „Nein". Es gab zwar eine Wahlkabine, aber die ersten in der Reihe salutierten, winkten ab zur Aufforderung, in die Wahlkabine zu gehen, machten ihr Kreuzchen deutlich und groß vor der Wahlkommission auf dem Tisch, steckten den Zettel in den Wahlkasten, salutierten nochmals mit „Deutschem Gruß" und traten ab. „Der nächste!" Die Reihe der Uniformierten war lang, erst dann kamen die Zivilisten, bei uns im Süden in Tracht.

Der „Einschüchterungseffekt" war schon durch die Länge der Reihe erheblich. Die Jugend in Tracht folgte dem Beispiel der Uniformierten. Die wenigen, die nachher noch in die Wahlkabine zu gehen wagten, wurden natürlich mit allenfalls abgegebenen „Nein-Stimmen" identifiziert. Und das konnte schlimme Folgen haben, angefangen von mit entsprechenden Parolen verschmierten Hauswänden bis hin zu Prügel von „Unbekannten" irgendwann und irgendwo auf einem Heimweg ohne Freunde. Bei besonders auffälligen „Gegnern" konnte das auch „Schutzhaft" bedeuten, wenn sie als „Reichsfeinde" eingestuft wurden: ab ins KZ!

War der Unterschied zwischen Zentralafrika 1966 und Deutschland 1938 wirklich so groß?!?

Die Wahl 1938 ergab im „Altreich", wie die Österreicher sagten, 99,08 % Ja-Stimmen für den „Anschluß", in Österreich sogar 99,73 %. Die Ergebnisse der Volksabstimmung in Zaire 1966 waren unter den gegebenen Umständen nicht schlechter. Der Unterschied in der Methode bezog sich nur auf die eingesetzten Mittel, hier die brutale physische Gewalt, verständlich auch für Analphabeten, die „Staat" als fremde, „koloniale Übermacht" verinnerlicht hatten und froh waren, für so eine geringe schmerzfreie Gegenleistung nach Hause gehen zu dürfen, dort damals, 1938, die ausgeklügelte psychische Gewalt, abgesichert durch die Erfahrung der physischen Bedrohung seit 1933, die jeden Widerstand zu brechen wußte.

In den Sommerferien 1966 mußte ich zu einer Nachuntersuchung nach Kinshasa (Leopoldville) in die Universitätsklinik, konnte aber innerhalb einer Woche wieder in die Mission am oberen Tshuapa zurückkehren. Im gleichen Sommer schickte mir der Bischof, bald nach meiner Rückkehr aus Kinshasa, einen Amerikaner, wohnhaft in Paris, der Forschungen anstellen wollte über das „kollektive Unbewußte nach C. G. Jung" bei den Zentralafrikanern. Ich nahm den Mann mit nach Yambo, meinem nördlichsten – etwa zwei bis drei Kilometer nördlich des Äquators gelegenen und von der europäischen Zivilisation am wenigsten berührten, beeinflußten (am wenigsten verdorbenen?) – Dorf. Wir übernachteten in Yambo, und ich machte meine normale Arbeit dort. Diese Fahrt war ohnehin fällig gewesen und konnte nur in den Trockenzeiten erfolgen, also in der Regel zweimal im Jahr. Die kleine Gemeinde hatte den Bürgerkrieg recht gut überstanden, weil keine der beiden kriegführenden Seiten sich bis dorthin verirrt hatte. Dennoch hatten Anhänger der beiden Seiten aus den Nachbardörfern abwechselnd das Dorf von seinen Haustieren befreit. – Den Amerikaner hatte ich im Haus des Katechisten untergebracht, ich schlief wie immer in meinem Wagen.

Bei meinem ersten Besuch in Yambo, damals noch mit dem „Haflinger", wohl 1962, war beim Aufstehen nach einer Regennacht vor meiner „Haustür", vielleicht einen halben Meter neben dem Auto, der tiefe Eindruck eines Elefantenfußes, die anderen Spuren etwas weiter weg. Das Tier muß den Haflinger fast gestreift haben. Aber der war eben kein „Feind". Vielleicht hat der Dickhäuter auch nur etwas zu Fressen zwischen dem Haus und der Küche gewittert. Schäden an bewohnten Häusern durch Elefanten habe ich nie gesehen; wohl habe ich einmal, auch in Yambo, nachts eine Feuer- und Lärmaktion erlebt, um die Elefanten aus den Bananen zu vertreiben.

Es stellte sich rasch heraus, daß das „kollektive Unbewußte" den Amerikaner viel weniger interessierte als die Stimmung der Leute – gegen oder für die Zentralregierung, gegen oder für die Simbas. Und da mußte ich ihn enttäuschen, denn zum Anfänger-Einmaleins des Fragens bei den Mongos, vielleicht bei allen Bantus Zentralafrikas, gehört es, daß der Fragende weiß, wie er *richtig* fragen muß. Die erhoffte oder erwünschte Antwort darf in keiner Spur in der Frage erkennbar sein, sonst wird absolut sicher die Antwort dieser Hoffnung, diesem Wunsch entsprechen – ein Stück Überlebensstrategie aus schlimmen Zeiten. Beispiel: Ein Neuling kommt „im Busch" auf seiner Straße an eine nicht in seiner Karte eingezeichnete Abzweigung, Kreuzung o. ä. und fragt einen des Weges kommenden Einheimischen angesichts dieser verschiedenen Möglichkeiten nach seinem, des Neulings, etwa 40 km entfernten Zielort „Ikela", mit der Frage (begleitet von einem von ihm, dem Neuling, für eindeutig gehaltenen Handzeichen): „Führt diese Straße nach Ikela?" Die Antwort wird selbstverständlich bejahend sein, denn der Gefragte hört den Wunsch des Fragenden, nämlich nach

Ikela zu kommen, heraus. Nein zu sagen könnte eine Menge Komplikationen mit sich bringen, z. B. genötigt zu werden, aufzusteigen auf das Fahrzeug („Was hab' ich mit dem zu schaffen? Das wäre Freiheitsberaubung!"), um diesem Fremden den Weg zu zeigen („Der meint, ich wüßte ihn. Aber ich war da noch nie, ich geh' ja nur zu Fuß und nur dorthin, wo ich hin will oder muß."). Auch die Frage, „Wo geht es denn hier bitte weiter nach Ikela?" führt den Fragenden nicht sicher zum Ziel (das der Gefragte ja eben vielleicht gar nicht kennt). Die Antwort wird – vielleicht auch nur mit einer eindeutig scheinenden Handbewegung begleitet – sein: „Dort." Im Zweifelsfall stimmt es ja eh immer, denn der Fremde mit seinem Auto ist auf allen hier möglichen Wegen immer schneller als der Fußgänger am Ziel – und der Gefragte ist für Reklamationen längst nicht mehr erreichbar, wenn der Fragesteller etwas später Zweifel haben sollte. Wenn ich *eindeutig* frage: „Wo führt dieser Weg hin?", ist die Frage so gestellt, daß ich den nächsten, vielleicht sogar den nächsten für mich wichtigen und auf meiner Karte verzeichneten Ort genannt bekomme.

Henry Morton Stanley, der als erster Weißer Afrika von Ost nach West durchquert hat, fragte einmal nach dem Namen eines in den großen Strom (Kongo/Zaire) einmündenden Flusses, den er mit seiner Expedition flußabwärts befuhr. Die Antwort trug er auf seine Karte ein – und sie steht noch im Brockhausatlas von 1975: Aruwimi. Der Dolmetscher Stanleys, der Gefragte und Stanley hatten offenbar Sprachschwierigkeiten, denn diese Anwort – eine Rückfrage! – heißt nichts anderes als: „Was will der Mann?"

Auf seine Fragen konnte der Amerikaner aus Paris bei mir im Busch also keine Antwort bekommen, denn die Leute wußten, daß wir Missionare und die anderen Weißen ihrer Gegend von den Simbas gefangen und verschleppt worden waren und nur deshalb wieder bei ihnen sein konnten, weil die Zentralregierung sich durchgesetzt hatte. Also kannten sie die gewünschte Antwort – vor jeder Frage.

Ein kleines Kommando Söldner war zur Zeit meiner Rückkehr noch in unserer östlichsten Missionsstation Ikela. Wir hatten wenig Berührung mit ihnen, sie kamen nur gelegentlich, wenn sie bei uns vorbeifuhren, auf einen Sprung herein auf die Station, um sich nach unseren Eindrücken zu erkundigen. Wir machten keine negativen Erfahrungen mit ihnen, aber unter den Weißen in Ikela kursierten Gerüchte: „Zwei per Interpol gesuchte Mörder sind dabei!" – „Der Chef der Gruppe schläft nur zwischen zwei durchgeladenen MPs!" – „Einer trägt einen Gürtel, da hat er die abgeschnittenen getrockneten Ohren seiner Opfer dran. Der hat sich bei Gefechtsberührungen immer in die Büsche geschlagen und nur mit dem Messer ‚gearbeitet'."

In unserem Distriktort Boende hat ein italienisches Filmteam für „Adios Africa" (einen Dokumentationsfilm über den Bürgerkrieg 1964-1966) gedreht und dort für Aufnahmen einen 12jährigen Simba von einem weißen Söldner erschießen lassen. Der Junge galt als ein schlimmer fanatischer Killer der Simbas, aber er war nicht zum Tode verurteilt, sondern der Söldner war zum Töten gekauft. Der Film wurde in Italien verboten, die Verantwortlichen wurden dort zur Rechenschaft gezogen.

Ein weiteres Beispiel, das ich nur als Ohrenzeuge direkt belegen kann (ohne es justitiabel „beweisen" zu können): 1966 gab es in Ikela, unserem Territoire-Ort (vor dem Bürgerkrieg auch Sitz unseres Bischofs), Militärgerichtsverhandlungen gegen Simbas (Aufständische), die sich unter dem Angebot von Amnestie, wenn nicht direkte Verstrickung in Verbrechen gegen die Menschlichkeit nachweisbar sei, ergeben hatten. In einer Reismühle nahe bei Ikela traf ich die „Gerichtsherren" beim Mittagessen bei dem dorthin zurückgekehrten Europäer. Ihre Aussage: Jedes Urteil *über* drei Jahre Zwangsarbeit sei ein Todesurteil, denn das halte keiner aus.

Tatsache: Von den Gefangenen, die in den Flußschiffen bei uns flußabwärts (ca. 150 km) ankamen, wurden Tote ausgeladen, weil die Gefangenen nur nachts aus den Lastkähnen von etwa 1,5 m lichter Höhe an Deck durften, an die frische Luft, zur Verrichtung der Notdurft und zum Essen und Trinken. Die Gefangenen waren in den Lastkähnen untertags dicht gedrängt, die Lüftung reichte bei der tropischen Hitze nicht aus, denn es gab keine Fenster, keine Luftöffnungen; die Lastkähne waren ja nicht für Menschen, sondern für den verderbnisfreien Transport von Waren bestimmt, denen trockene Hitze nicht schaden konnte. Der erste Transport entlud drei Tote. Unser Generalvikar, damals der Rektor der Station Mondombe, protestierte, mehr konnte er, konnte keiner von uns unter den gegebenen Umständen tun.

Wir wissen um so vieles Unrecht – und können ihm nicht wirksam begegnen. Viele verstummen deshalb, aber wir müssen schreien gegen das Unrecht, auch wenn „sie", die Anonymen, uns darob vernichten können. Nur wenn wir nicht mehr aus Todesfurcht erpreßbar oder bestechlich sind, werden wir frei sein, frei zur Freiheit der Kinder Gottes. Wir müssen weitermachen.

Ein Jahr später, im Sommer 1967, wurde die politische Situation durch die Weigerung der europäischen Söldner, ihre Waffen abzugeben, auch für die zivilen Weißen im Land, auch für uns Missionare, wieder gefährlich. Die Nationalarmee verdächtigte uns, mit den Söldnern unter einer Decke zu stecken. Gott sei Dank gab es zu dem Zeitpunkt in unserem Gebiet keine mehr, aber wir hatten inzwischen auf allen Stationen „Phonie", Funktelefone, und regelmäßigen Sprechkontakt untereinander und mit der Bischofsstation zu bestimmten angemeldeten Zeiten. Verkehrssprache war ausschließlich Französisch, d. h., wir konnten jederzeit abgehört und überwacht werden. Trotzdem war da wieder das Mißtrauen wegen der „Phonie", wie 1964 bei den Simbas. Unsere Waffen, die ja alle registriert waren, mußten wir gegen Quittung beim Staatsposten abgeben.

Im September begann das neue Schuljahr. Nach der ersten größeren Buschtour zeigten sich bei mir Symptome eines Wiederauftretens von Filariosis. Ein als „assistant medical" zugelassener Mitbruder untersuchte mich, setzte den Bischof in Kenntnis, und so kam es, daß ich im November 1967 zunächst nach Mbandaka (Coquilhatville) geschickt wurde. Dort residierte der Provinzialarzt der WHO. Er gab mir Mittel gegen meine nässenden Ekzeme und entschied, daß ich nach Europa zurückkehren müsse. Eine Woche später konnte ich nach Kinshasa fliegen, von dort nach Belgien und weiter nach Hamburg ins Tropenkrankenhaus.

Bei der Ankunft in Mbandaka lief mir in dem kleinen Flughafengebäude eine junge weiße Frau über den Weg, blond – ihre

Augen hab' ich nicht gesehen –, barfuß in Plastiksandalen, in einer Elamba, dem Leibwickeltuch aus bedrucktem Kattun, wie es die einheimischen Frauen tragen. Das Haar war strähnig, ihr ganzes Aussehen etwas vernachlässigt, ihre Haltung erschöpft, ihr Gang schleppend. Da sie die einzige Weiße im Gebäude war und der belgische Mitbruder, der mich am Flughafen abholte – der liegt etwa 10 Kilometer vor der Stadt –, sie gesehen haben mußte, fragte ich ihn sofort, wer das denn gewesen sei; es waren zu der Zeit nur etwa 80 Weiße in der Stadt, und „man" kannte sich. Er kannte sie. Sie war die Frau eines einheimischen Arztes am Krankenhaus. Er hatte in Belgien studiert, dort hatten sie sich kennengelernt und schließlich geheiratet trotz der Drohung ihres Vaters, eines Universitätsprofessors, sie nicht mehr als seine Tochter zu kennen. Durch ihre Ehe hatte sie die zairische Staatsbürgerschaft angenommen, die belgische abgelgt. In Belgien war das kein großes Problem, aber dann kehrten sie nach Zaire zurück. Ihr Mann hatte gehofft, eine Staatsstelle in einem Gebiet zu erhalten, das weit genug entfernt von seiner Sippe sei. Um eine solche im Süden ausgeschriebene Stelle hatte er sich beworben. Vergeblich. Er kam nach Mbandaka, die Hauptstadt der Äquatorprovinz, in sein Stammesgebiet, in die Nähe seiner Sippe. Damit nahm das Unheil seinen Lauf. Seine älteren Brüder machten ihre Ansprüche geltend, Freunde der Familie wohl auch. Hier galt Stammesrecht. Sie hat es offensichtlich bis zur Neige durchleiden müssen. Nach der Auskunft meines Mitbruders hatte ihr Mann, weil er sie liebte, versucht, sie ihrer Familie nach Europa zurückzuschicken, um sie aus diesen grausamen Verhältnissen zu befreien. Der Versuch war gescheitert, denn der belgische Botschafter war für sie nach dem Verzicht auf die belgische Staatsbürgerschaft nicht mehr zuständig.

Mit dieser Information flog ich eine Woche später nach Kinshasa. Inzwischen konnte man mir die Reise nach Europa zumuten. Als ich mich in Kinshasa beim Kanzler der deutschen Botschaft verabschieden wollte, stieß ich beim Betreten des Hauses unter der Tür fast mit meinem „Amerikaner aus Paris" zusammen, der das Haus verließ. Er erwiderte zwar kurz meinen Gruß, hatte es aber offenbar eilig und schien mich nicht zu erkennen. Ich erzählte meinem Gastgeber von jenem Besuch im Busch und dem merkwürdigen Zusammentreffen gerade an der Haustür. Er lachte. Im Stockwerk über seiner Wohnung wohnte damals der Resident des CIA. Nun war mir das besondere Interesse meines Besuchers damals klar. Das „kollektive Unbewußte" war nur der Einstieg, um das Gewünschte, die Auskünfte über die Stimmung im Lande, möglichst aus erster Hand, unauffälliger, wie nebenbei zu erhalten.

Dann kamen wir im Gespräch auf meine Erfahrung mit dem Problem der jungen weißen Frau und ihres afrikanischen Mannes. Der Kanzler meinte auch, da müsse man doch helfen können; aber wie?! Am gleichen Abend hatte im Kreis der Missionare ein alter Pater die rettende Idee: Nachdem die beiden in Europa geheiratet hatten, hatte die Sippe der Frau sicher kein Brautgeld gefordert, es war also auch sicher keines von der Sippe des Mannes gezahlt worden. Dann aber war diese Ehe nach Stammesrecht ungültig, trotz der europäischen standesamtlichen und kirchlichen Trauung. Das war sogar nach in Zaire geltendem Kirchenrecht ein Formfehler, der die kirchliche Trauung verbot bzw. im vorliegenden Fall anfechtbar machte. Die Lösung: Der belgische Botschafter sollte den Fall über das belgische Außenministerium an das Innenministerium, dieses an den Vater bzw. die Familie der jungen Frau in Belgien herantragen und im Überlebensinteresse der jungen Frau eine der elterlichen Familie der Frau sowie der gesellschaftlichen Stellung ihres Mannes als Arzt in der zairischen Gesellschaft entsprechende Brautgeldforderung erheben und auf diplomatischem Weg vom belgischen Botschafter in Zaire im dortigen Außenministerium übergeben, zur Weiterleitung an das Innenministerium, von dort zum Provinzialinnenministerium von Equateur und zur Sippe des Mannes, zu bezahlen in US-$ cash. Später hörte ich auf Umwegen, es sei gelungen. Die Frau kam zurück nach Europa, gleich ins Tropenkrankenhaus in Antwerpen. Dann habe ich die Spur aber verloren, nicht weiterverfolgt. Das vordringliche Ziel war erreicht.

Der Rückflug nach Europa war zwar bis Hamburg o.k. gebucht, aber nicht o.k.! In Brüssel gab es keinen Anschlußflug. Nach einem Telefongespräch holten mich belgische Mitbrüder nach Asse ab. Dabei ergab sich eine komische, aber bezeichnende Situation: Es war die Woche nach der Finanzreform in Zaire. Der neue Zaire hatte einen Nennwert von 4,--$ US; 8,--DM; 100,-- FrB. Am Postschalter des Flughafens bat ich, mir einen Zaire zu wechseln, damit ich Geld fürs Telefon bekam. Ich bekam 60,--FrB. Immerhin konnte ich damit telefonieren. – Als ich dann in Hamburg im Tropenkrankenhaus gelandet war, gab ich meinem jüngsten Bruder, der damals in Hamburg arbeitete, den Rest meiner „Zaire", es waren wohl neun, und bat ihn zu versuchen, das in DM zu wechseln. Es gelang nicht. Kein Geldinstitut wollte dieses Geld.

Im Tropenhospital war ich in guten Händen, wie 1965. Nach zwei Monaten konnte ich von einem befreundeten Arzt, der mich in seine Familie als Gast aufnahm, weiterbehandelt werden. Zur Schlußbehandlung war ich im Sommer 1968 noch einmal im Tropenhospital; ich wurde als „geheilt, aber nicht mehr tropentauglich" entlassen.

IX.

Zurück in Europa

Mein erster Einsatz nach meiner erzwungenen Rückkehr in die Heimat war in einem Internat mit Knabenrealschule meiner Gemeinschaft als Internatserzieher und Religionslehrer, daneben fallweise Aushilfe in der Seelsorge. – Die Rückumstellung auf die europäischen Verhältnisse fiel nicht nur auf den Skipisten schwer, auf die ich nach achtjähriger Unterbrechung zurückkehrte, um wieder als Skilehrer für unsere Jungen dazusein. Wie auf anderen Gebieten auch, so hatten sich hier die technischen Voraussetzungen sehr verändert. Ich bekam meine ersten Alu-Ski mit Sicherheitsbindung auf dem damals (1969) neuesten Stand, die ersten Schnallenstiefel (noch in Leder und mit flexibler Sohle, mit denen man auch noch gehen konnte). – Die ersten zwei Tage mußte ich mich recht mühsam „einfahren", mit vielen „Bodenberührungen unter dem Schnee". Vom dritten Tag an wurde es immer besser. Im dritten Winter ging es dann schon wieder sehr gut; aber zum letzten Mal.

Nach den Sommerferien 1970 wechselte ich vom Internatsdienst zur „Aktion Missio", einer ökumenischen Gruppe von Missionaren. Ich war von meinem Provinzialobern freigestellt für diesen Dienst unter Leitung von „MISSIO – Internationales Katholisches Missionswerk" in der bayerischen Sektion (München, Ludwig-Missionsverein). Evangelischerseits unterstanden unsere Kolleginnen und Kollegen dem Missionswerk der Evangelischen Landeskirche in Bayern bzw. der Landeskirche ihres Wohnortes und waren für diesen Dienst ebenfalls freigestellt. Sonntags wurde in den Pfarreien des Einsatzgebietes gepredigt und für die Missionszeitschriften und Kleidersammlungen geworben, werktags gingen wir immer zu zweit als evangelisch-katholisches und männlich-weibliches Tandem in die Oberklassen der weiterführenden Schulen, um mit Lichtbildvorträgen und daran anschließenden Diskussionen die Anliegen der Mission und der Entwicklungshilfe in den Ländern der Dritten Welt ins Bewußtsein der jungen Generation zu bringen, wobei jeweils beide Mitglieder des Tandems je einen Lichtbildvortrag, möglichst aus eigener Erfahrung, dabei hatten und der/die Nichtvortragende die sich anschließende Diskussion leitete. Für die nächste Unterrichtseinheit wurde gewechselt. So kam jeder evangelische/katholische Partner mit jeder Aufgabe etwa gleich oft dran. Selbstverständlich wechselten auch die Tandems untereinander noch die Einzelpartner.

Zuerst lief ich mit und wurde in die Arbeit eingeführt, nach wenigen Monaten übernahm ich das Einsatzteam für die Schulen. Es war eine Arbeit, die mir viel Freude machte, die ganzen Einsatz forderte und verdiente. Es war eine Arbeit, die mich mehrfach an die Mission erinnerte: Das war einmal der Gegenstand unserer Vorträge und Diskussionen; zum zweiten das Team, zusammengesetzt aus ehemaligen Missionaren und Missionarinnen oder solchen auf Heimaturlaub, und zum dritten dieses fahrende „Leben aus dem Koffer", jeden Tag neue Eindrücke, neue Schulen, neue Kollegen, neue Klassen.

In der Regel trafen wir auf sehr viel Aufgeschlossenheit und Gesprächsbereitschaft, nur selten auf Verweigerung. Die gab es eigentlich nur in Gebieten bestimmter landwirtschaftlicher Monokulturen, wenn man auf die Not der entsprechenden konkurrierenden Erzeugerländer in der Dritten Welt verwies und auf deren Situation, nicht – wie bei uns in aller Regel durchaus möglich – auf ein anderes auf dem Weltmarkt nachgefragtes Produkt umsteigen zu können. Da gab es dann schon mal harte Schädel, die behaupteten: „Uns hilft auch keiner, uns hat noch nie einer geholfen!" Dagegen konnten wir zwar die Tatsachen der Hilfe nach dem II. Weltkrieg stellen, aber das hat so verhärtete Gemüter nicht betroffen und kein Umdenken bewirkt, das erkennbar geworden wäre.

Das Ende einer Dienstfahrt

Am 25. April 1971 kam für mich „das Ende einer Dienstfahrt". Bei Vilseck in der Oberpfalz hatte ich einen schweren Verkehrsunfall mit einem amerikanischen Militärlastwagen. Mein Wagen wurde schrägfrontal gerammt. An diesem Spätnachmittag ging ein schweres Unwetter nieder. Ich fuhr mit meinem neuen weißen Opel Rekord Caravan, gerade 2.000 km alt, nach einem Alten-Nachmittag mit Lichtbildvortrag weiter, denn ich sollte am Abend in Altenstadt bei Weiden/Opf. noch eine Bildmeditation halten. Ich fuhr mit Fahrlicht, obwohl es eigentlich noch hell genug war; es war mir bei dem Wetter sicherer, um gesehen zu werden. An der Einmündung in die Hauptstraße hatte ich schweren Schlagregen auf meine rechten Scheiben, deshalb hielt ich an. Den olivgrünen amerikanischen Lastwagen ohne Licht sah ich viel zu spät und nur noch als Schemen, nachdem ich gerade angefahren war. Er kam auf der Hauptstraße von Weiden, mit Vorfahrt, aber einer Geschwindigkeitsbegrenzung auf 60 km/h, weil es dort sechsmal vor meinem Unfall schon tödlich gekracht hatte. Der amerikanische Fahrer hielt das Schild – nach seiner Aussage vor Gericht – für eine Begrenzung auf 60 miles per hour, immerhin ein Unterschied von fast 30 km/h. Zwar hatte er mich, wiederum nach seiner Aussage vor Gericht, schon etwa 800 Meter vor dem Unfall an der Kreuzung stehen sehen, hatte aber dann seine Aufmerksamkeit auf die von rechts einmündende Straße gerichtet (in die ich hinein wollte!), weil von dort mehrfach Unfallwagen gekommen waren. Ich aber fuhr aus meiner Straße heraus – zehn Tage später erwachte ich im Unfallkrankenhaus in Amberg/Opf. – Der Amerikaner hatte keine Bremsspur, ich war nur 30 Zentimeter in seine sechs Meter breite Fahrbahnhälfte geraten, als er mich erfaßte. Mein Wagen soll sich etwa fünfmal überschlagen haben. Ich wurde mit elf Brüchen aus dem Schrotthaufen geborgen.

Und hier geschah, für mich offenkundig, wieder einmal ein Eingreifen in die „Fäden des Schicksals", ein Geschenk der Vorsehung Gottes: In Vilseck gibt es eine V.H.G.-Werkstatt. Deren Inhaber hatte schon mehrmals bei Unfällen an besagter Kreuzung Hilfe geleistet. Er sah den Armeelastwagen von seinem Haus aus. Zwar konnte er die Kreuzung selbst nicht einsehen, aber ihm schwante nach seiner Erfahrung nichts Gutes. Als er den Krach hörte, lief er in die Werkstatt, griff sich seine Brechstange und rannte los. Er holte mich raus, denn die anderen standen nur rum. Und auch die beiden Amerikaner glaubten, daß ich ohnehin tot, nichts mehr zu machen sei.

Als mein Retter mich herausgeholt hatte und meine Ausweise anschaute, durchfuhr es ihn, wie mich ein Jahr später. Er kannte mich als 11jährigen Jungen, denn er hatte seinerzeit meine Mutter, meine zwei Schwestern und mich gefahren, als wir die Familie seines damaligen Dienstherrn, des Reichsführers-SS Heinrich Himmler, in ihrem Haus in Gmund am Tegernsee besuchten. Den Grund dieses damaligen Besuches weiß ich nicht, vielleicht wollten sich nur unsere Mütter treffen und besprechen. Als meine Frau und ich dann 1972 in Garmisch im Internatsdienst waren, besuchte uns mein Lebensretter und erzählte die Geschichte. Mir ist dieser Besuch am Tegernsee nur recht dunkel in Erinnerung. Doch auch im weiteren scheint mir das gütige Walten der Vorsehung Gottes erkennbar: Ich wurde nicht in das nahe Krankenhaus Vilseck gebracht, dessen Notarzt mich zunächst versorgt hatte, sondern in das Unfallkrankenhaus in Amberg/Opf., denn die Rettungsfahrer von Hirschau erkannten mich als „ihren" Prediger von vor den Osterferien. In Amberg fiel ich Dr. F. in die Hände, einem hervorragenden Unfallchirurgen und Sehnenplastiker. Er flickte mich mit seinem Team so zusammen, daß keine schwerwiegenden Behinderungen zurückgeblieben sind.

Meine Voraussetzungen waren schlecht: Oberschenkeltrümmerbruch links (fünf Brocken, am vierten Tag nach dem Unfall hat ein Stück die Oberschenkelschlagader geschlitzt, daraufhin wurde der Streckverband aufgegeben und operiert; eine Platte mit 13 Schrauben und eine Styroporschiene traten an die Stelle des Streckverbandes); Sprunggelenkabscherung und Wadenbeinbruch rechts, das Sprunggelenk wurde verschraubt; in der rechten Hand vier Brüche im Mittelhandbereich, dazu der Zeigefinger im ersten Gelenk und der Mittelfinger im Grundgelenk gebrochen, alle Sehnen gerissen, die Mittelfingersehne dreimal; der rechte Oberarmknochen durch einen Stauchbruch unterhalb des Schultergelenks zu einer „Bürste" aufgetrieben; in der linken Hand ein Daumengrundbruch; ein Nasenbeinbruch durch ein hereingeschleudertes Instrument vervollständigte das Bild. Am Kopf waren 28 Nähte nötig, um die Platz- und Schnittwunden zu schließen. Aber: Nach fünf Wochen, am 27. Mai 1971, wurde ich aus dem Krankenhaus auf eigenen

Abb. 13: „Ende einer Dienstfahrt": das zerstörte Auto nach dem Unfall am 25. April 1971

Abb. 14: Das Ehepaar Bormann 1994

Wunsch entlassen und abgeholt von einem VW-Krankentransportwagen des Roten Kreuzes von Bad Honnef und dorthin auf den Hof eines Bekannten gebracht, der mich mit seiner Frau etwa 14 Tage früher im Krankenhaus besucht und eingeladen hatte, bei ihnen gesund zu werden.

Hier muß ich, um den Zusammenhang herzustellen, noch einmal zurückgreifen in das Jahr 1965: Unmittelbar vor dem ersten Aufenthalt im Tropenhospital Hamburg wurde ich von meinem damaligen Provinzialobern zu einem Dienstgespräch eingeladen, bei dem der Prokurist eines Bayreuther Verlages zugegen war. P. Provinzial eröffnete mir, daß ich – nachdem ich gebeten hatte, mich von Vortragsreisen zum Sammeln für den Wiederaufbau unserer Kongomission angesichts der Erfahrungen bei meiner Rückkehr nach Deutschland zu befreien – für folgende Aufgabe ausersehen sei: Der Prokurist, Herr Sch., erläuterte, daß sein Verlag eine Serie „Kirche in vorderster Front" begonnen habe, und nannte die Verfasserin und den Titel der Pilotveröffentlichung: „Mütter am Kongo". Im Prinzip hatte er damit gewonnen. Jetzt ging es nur mehr um die Präzisierung des Auftrags. Er dachte an ein Buch über den Bürgerkrieg. Dagegen wehrte ich mich sofort mit dem Hinweis, daß über Wochen alle illustrierten Blätter – nicht nur in der Bundesrepublik – davon voll gewesen waren. Wenn, dann müßte es doch Aufgabe sein, zu begründen, warum wir wieder anfangen, weitermachen wollten. Das sei aber m. E. mit einer Dokumentation über den Bürgerkrieg nicht zu machen, wohl aber mit einer Darstellung der Geschichte der Mission in Zentralafrika, angefangen von der Entdeckungsgeschichte bis zur Geschichte unseres Missionsgebietes am oberen Tschuapa. Grundsätzlich wurde dem zugestimmt. Ich sollte möglichst bald ein Exposé und ein Inhaltsverzeichnis liefern, das Buch sollte zum Frühjahrstermin erscheinen. – Dann kam Hamburg dazwischen; ich wurde erst Ende April entlassen.

Der erste Teil der Arbeit konnte nur in Belgien beginnen, in den entsprechenden staatlichen und kirchlichen Archiven. Um beweglicher zu sein, suchte ich ein Fahrzeug, leihweise. Ein guter alter Freund, der ein wenig mein Vizevater gewesen war in der Zeit der Abwesenheit meines Vaters, Fahrer ebenfalls beim

Haus Bormann seit 1934, später der Dienstwagenhalle, ein ehemaliger Europameister im Motorradsport, später Präsident der F.I.M. (Fédération Internationale Motocycliste), hatte zu der Zeit eine Goggomobilvertretung in seiner Heimatstadt Mühldorf am Inn und stellte mir ein Goggomobil zur Verfügung, immerhin ein fahrbarer Untersatz, gerade eben autobahntauglich durch Erfüllung der Mindestgeschwindigkeit auf ebenen Strecken. Der „Giggi" war aber damit internationale Bergrennen gefahren – nach dem II. Weltkrieg!

Auf dem Weg nach Antwerpen, meinem Standort für die Quellenarbeit, machte ich zu einer Besprechung halt in Bayreuth und Herrn Sch. klar, daß ich die Strecke nicht in einem Stück mit diesem Untersatz fahren könne. Das wurde akzeptiert. Mein Koffer stand auf der Rückbank, die Vordersitze waren bis zum Anschlag nach rückwärts geschoben, um den Koffer zu halten. Auf dem Beifahrersitz lag meine Aktentasche mit den Schreibutensilien. Meine Schuhe standen vor dem Beifahrersitz, denn der Abstand der Pedale machte mir Probleme, in Socken konnte ich es leichter vermeiden, Bremse und Gas oder Bremse und Kupplung gleichzeitig zu treten.

Der Prokurist wußte Rat: Ein Autor des Verlages wohnte etwa in der Mitte der Strecke, die vor mir lag, in Bad Honnef. Ein Telefongespräch klärte, daß das Ehepaar K. G. bereit war, mich für die Nacht zu beherbergen. – So geschah es auf dem Wege nach Belgien und zurück. Tatsächlich erschien das Buch „Zwischen Kreuz und Fetisch" (Bayreuth 1965) dann gerade noch rechtzeitig zur Frankfurter Buchmesse.

Nun war wiederum Bad Honnef das Etappenziel, aber zum Gesundwerden.

Und noch einmal ein neuer Anfang

Eine Voraussetzung für diesen Transport mußte gegeben sein: die Einwilligung meiner Ordensgemeinschaft. Sie wurde vom Provinzialoberen erteilt, denn ich hatte bei seinem Besuch im Krankenhaus um Entpflichtung von den Ordensgelübden und um Entlassung aus der Gemeinschaft gebeten. Als Schwerbeschädigter wollte ich nicht zurück in den Dienst eines der Internate, mit der Aussicht, den Mitbrüdern nur wenig helfen zu können, eher über längere Zeit eine erhebliche Belastung zu sein. Mein Buch aber war ein Erfolg gewesen, es war verkauft, und ich hoffte, mich schreibend durchbringen zu können. – Beweisen mußte ich das nie, denn es kam wieder anders.

Der erste Mensch, an den ich mich nach meinem Unfall an meinem Krankenlager erinnern kann, war meine spätere Frau. Am Abend vor meinem Unfall war sie von einer Fotoreise aus Ghana zurückgekehrt nach München. Sie gehörte zur Gründergeneration der „Aktion Missio", war inzwischen bei „Missio" in München als Landesbildungsreferentin angestellt und für die zentrale Planung sowohl der Predigteinsätze an Sonntagen für die etwa 60 Leute, die dafür zur Verfügung standen, verantwortlich als auch für die langfristige Planung der Schuleinsätze. Die Vorbereitungsarbeit lief in der Regel ein gutes halbes Jahr voraus mit Seelsorgekonferenzen auf Dekanatsebene und Besuchen bei den Leitern der Schulen, die besucht werden sollten. Die Seelsorgekonferenzen liefen für die kirchlichen Sprengel getrennt, die Besuche in den Schulen immer gemeinsam mit einem evangelischen Partner. Daneben war sie mit anderen immer wieder auf Reisen, um neues Bildmaterial zu besorgen sowohl für unsere Arbeit in der „Aktion Missio" als auch für katechetische Serien zum Einsatz in Dritte-Welt-Ländern.

Nun war sie nach der ersten Nachricht von meinem Unfall, durchgegeben vom Einsatzteam, sofort nach Amberg gefahren, denn die erste Nachricht war sehr besorgniserregend. Sie blieb erst einmal einige Tage, war mit da in der Intensivstation und – nachdem ich auf die Privatstation des Chefarztes verlegt war – kam zwischendurch immer mal wieder. Die Planungsarbeit für das laufende Schuljahr war längst abgeschlossen, der Plan für das erste Schulhalbjahr 1971/72 stand in groben Zügen. So kam sie mit nach Bad Honnef, übernahm dort die Pflege und unter Anleitung einer Heilgymnastin die täglichen, Stunden dauernden Übungen, um die Bewegungsfähigkeit – vor allem der Hände – wiederherzustellen. Das Schwimmbad des Gastgebers tat hervorragende Dienste, sobald ich nach dem Entfernen der Gipsverbände von den Händen und der Entfernung der Nägel

aus dem Daumengrundgelenk links und dem Mittelfinger-
grundgelenk rechts und dem Abheilen der letzten Wunden ins
Wasser durfte. Da waren Unterwassermassage und Belastung
der Beine möglich. Auch beim Gehenlernen mit den Krücken
bewahrte sie mich vor Stürzen.

Fünfeinhalb Monate waren wir dort. Nebenbei konnte ich ein
paar Arbeiten als Lektor für den Verlag machen, und meine
„Krankenschwester" arbeitete für Missio ihre Bildserien aus.
Sechs Wochen nach meiner Bitte um Entpflichtung von den
Gelübden und Entlassung aus der Ordensgemeinschaft kam das
sog. Säkularisationsindult aus dem Vatikan via Generalat und
Provinzialat. Am 8. November 1971 haben wir in der bischöfli-
chen Hauskapelle in Haarlem in Holland geheiratet. Der Bischof war der erste Gratulant, sein Bischofsvikar hatte uns getraut. Bei der vorangegangenen stillen standesamtlichen Trauung in Bad Honnef waren unsere Gastgeber unsere Trauzeugen.
Drei Tage nach unserer Hochzeit übersiedelten wir mit einem
Leihwagen-Transporter nach Essen als Gäste einer Schwester
meines ehemaligen Vormunds. Zu Weihnachten zogen wir wieder um, denn wir hatten noch von Bad Honnef aus im Sommer
eine Arbeitsstelle für uns beide in Garmisch-Partenkirchen
durch eine Anzeige gefunden. Dort war zu Beginn der Sommerferien der Gründer und Leiter einer privaten Handels-, Wirt-
schafts- und Hotelfachschule tödlich verunglückt, und die Institution suchte ein Erzieherehepaar für die beiden Teile des In-
ternats. Wir hatten uns sofort telefonisch gemeldet, dann
schriftlich beworben mit der Bitte um etwas Aufschub zu meiner Genesung, dann waren wir einmal kurz zur Vorstellung
dort, und nun sollten wir ab 1. 1. 1972 unseren Dienst antreten.
Einziehen durften wir aber zu Beginn der Weihnachtsferien, um
unsere Dienstwohnung noch einrichten zu können. Die Einrichtung des Schlafzimmers baute ich selbst mit Hilfe des um-
fangreichen Werkzeugs, das mir meine Gemeinschaft als Ab-
schiedsgabe und „Mitgift" geschenkt hatte. Alles Material
konnte ich in Garmisch kaufen. Bis zum Ende der Weihnachtsferien war das Wesentliche getan, ein Bett mit Bettkasten, eine
Schrankwand mit Hochschränken waren nach Maß eingebaut.
Es fehlte nur noch die Farbe. Am Ende unserer Garmischer

Zeit, ein Jahr später, haben wir die Einrichtung dort stehenlassen, sie paßte ja genau hin. Für unsere neue Wohnung hatten wir aber noch keine Maße. Außerdem hatte ich mir auf Anraten des Chirurgen im Bezirkskrankenhaus in Garmisch, der mich für die Unfallversicherung untersuchen mußte, die Versicherungssumme auszahlen lassen. So hatten wir zu unserem in dem Jahr Ersparten das Geld für neue Möbel extra und wollten die erst am neuen Wohnort kaufen. Das wichtigste bei dem Selbstbau der Möbel in Garmisch war, daß ich mir und anderen beweisen konnte, daß vor allem meine rechte Hand wieder so gut brauchbar war, daß ich mit Material und Werkzeug sicher umgehen konnte.

Im September 1972 fragte das erzbischöfliche Schulamt der Erzdiözese München-Freising an, ob ich mich nicht für den Religionsunterricht an einer beruflichen Schule reaktivieren lassen wolle. Ich sagte zu, stellte mich in München vor und fuhr wenig später an den vorgesehenen Schulort Mühldorf am Inn, um das Vorstellungsgespräch mit dem Schulleiter und dem Vorsitzenden des Schulverbandes, dem Bürgermeister von Mühldorf, zu führen. Durch Vermittlung meines alten Freundes „Giggi" konnte ich auch schon eine Wohnung in einem Neubaugebiet anschauen und das Nötige regeln. Auch mit dem Bezirksbeauftragten für den katholischen Religionsunterricht an den beruflichen Schulen konnte ich schon ein Gespräch führen.

Alles schien in bester Ordnung, nur das entscheidende Zusammentreten der Vertreter des Schulverbandes war nicht mehr vor der Bundestagswahl möglich. Es schien nur eine Form- und Zeitfrage. Deshalb kündigten wir in Garmisch fristgerecht, denn auch unsere Nachfolger mußten ja für den Wechsel nach Garmisch rechtzeitig kündigen können.

Nach der Wahl vom 19. 11. war aber einiges anders. Die SPD war erstmals stärkste Partei, Willi Brandt wurde als Bundeskanzler der zweiten sozialliberalen Regierung wiedergewählt, das Bündnis der SPD mit der FDP, die Regierung Brandt-Scheel bestätigt. Die Stelle in Mühldorf, für die ich mich beworben hatte und vom Münchener Ordinariat vorgeschlagen worden war, wurde „nicht errichtet".

Das war eine lapidare Feststellung der nun nachgeholten Sitzung des Schulverbandes, gegen die es keinen Einspruch gab. Trotzdem gab es einigen Wirbel, Anfragen im Kreistag, „Rauschen im Blätterwald", denn es drangen Gerüchte über die Sitzung des Schulverbandes und die Gründe der „Nichterrichtung" der Stelle an die Öffentlichkeit.

Hier ein Beleg aus damaligen Veröffentlichungen:

Mühldorfer Anzeiger/ Briefe an die Redaktion
9./10. 12. 1972

„Bormann sollte nach Mühldorf

Das Angebot des Ordinariats München, Herrn Martin Bormann als Religionslehrer in der Mühldorfer Berufsschule anzustellen, wurde von den Mitgliedern des Berufsschulausschusses abgelehnt. Die Begründung dieser Entscheidung fehlte leider in diesem Artikel, so daß sich der Leser fragen muß: Gibt es dafür keine sachlichen Gründe, waren Emotionen ausschlaggebend? Liegt die Ablehnung der Anstellung in der Person des Herrn Bormann? Oder haben sich die Mitglieder des Ausschusses damit überhaupt nicht auseinandergesetzt? Meines Wissens wurde Bormann Pater, weil er die Schuld, die sein Vater als Reichsleiter der NSDAP auf sich geladen hatte, auf diese Weise abbüßen wollte. Oder störten sich die meisten Mitglieder des Ausschusses etwa daran, daß Bormann inzwischen verheiratet ist? Wie aus dem Artikel zu erfahren war, wurde Bormann vom Ordinariat vorgeschlagen. Das läßt doch nur den einzigen Schluß zu, daß er rechtens und ordnungsgemäß von seinem Ordensgelübde dispensiert wurde. Daß Bormann jetzt Religionslehrer ist, ist für mich Grund genug anzunehmen, daß er weiter im Dienst des Glaubens stehen möchte, nur eben nicht mehr als Ordensmann <...>."

Tatsächlich hatte der Gedanke stellvertretender Sühne für mich beim Eintritt in meine Ordensgemeinschaft eine Rolle gespielt. Aber bald wurde mir doch klar – durch das theologische Studium und die seelsorgliche Betreuung, die mir zuteil wurde, daß ER, den wir unseren Herrn nennen, für alle gesühnt hat. Das bedarf keiner Ergänzung. Unsere Aufgabe bleibt aber, daß wir unser Leben so seiner Botschaft widmen, daß wir sie darleben und unseren Mitmenschen – zumal heute, in einer weithin in den ehemals christlichen Ländern nicht mehr einfach „gläubigen" Umgebung – das erfahrbar machen, was mir 1945 bei meinem Bergbauern erfahrbar wurde: selbstlose, fraglose Hilfe für jene, die allein, verlassen, in Not sind, also jene Liebe, die Jesus den Armen, Notleidenden, den Sündern und Außenseitern der Gesellschaft (den „Zöllnern" etwa und Dirnen), den Kranken, Aussätzigen und „Besessenen" zuteil werden ließ. Besessenheit – dafür haben wir vielleicht heute als entsprechende Begriffe „Fanatiker", „Fundamentalisten", alle, die um ihrer Rechthaberei willen jene hassen, die anderer Meinung sind. Und dieser Haß kann tödlich sein. Auch „der Teufel" ist eine „Sündenbockerfindung" der menschlichen Bosheit. Wenn „er" mächtiger ist als des Menschen freier Wille, dann ist dieser überwundene freie Wille des Sünders entlastet, weil er eben durch die Verführung des Bösen (personifiziert!) nicht mehr frei war. Wir können aber menschliches Versagen, Sünde, Bosheit bis zum Abgründigen nicht durch Abschieben auf eine außermenschliche, den Menschen übersteigende „Ursache", die wir Teufel, Satan, Luzifer oder sonstwie nennen, bewältigen. Wieviel Zwanghaftes im Menschen durch seine menschliche Umgebung entstehen kann, das wissen wir inzwischen. Die Behandlung ist schwierig und langwierig, manchmal auch erfolglos. Aber die Lösung dieses Problems liegt nicht im Exorzismus, sondern im Leben gemäß der Botschaft Jesu, miteinander als Brüder und Schwestern umzugehen ohne Vorbehalte, ohne Vor-Urteile einander anzunehmen. Die Wahrheit tun. Dann werden wir „anstecken", es nachzutun.

„Der Spiegel" stellte die Frage nach Sippenhaft. Er fragte zu Recht, ob hier ein Sohn nur wegen der biologischen Zugehörigkeit zu seinem Vater „verurteilt", von der zugesagten Stelle ferngehalten werde. In der Tat mußte es so scheinen. Die Stelle war öffentlich ausgeschrieben und ich war der einzige vom erzbischöflichen Ordinariat präsentierte Bewerber. Meine Qualifikation konnte nicht bezweifelt werden. Aber: „Den Bormann" gab es in Bayern nur einmal, vor allem im Zusammenhang mit den Enteignungen der Bauern in der Gemeinde Salzberg und mit dem Aufbau des NS-Obersalzberg. 1958 hatte ich in Berchtesgaden nach meiner Primiz ein Dankamt gefeiert, im Gedenken an alle, die mir auf diesem Weg beigestanden hatten. Mein Ausscheiden aus meiner Ordensgemeinschaft schien trotz der Dispens durch Papst Paul VI. und die kirchliche Trauung alles zwischen 1947, meiner Konversion, und 1971, meinem Ausscheiden aus meiner Ordensgemeinschaft, ins Vergessen verdrängt zu haben. In der entscheidenden Sitzung des Mühldorfer Schulausschusses fiel die Äußerung: „Den Bormann können wir nicht anstellen. Da kommen wir ins G'red'." Dem Urheber dieses Ausspruchs konnte ich einige Zeit später, als die Sache ausgestanden war, mit einem Aphorismus von Stanislaw Lec antworten: „Ein falscher Schritt, und du bist am Ziel – anderer." – Sippenhaft – Ez 18,2: „Wie kommt ihr dazu, im Land Israel das Sprichwort zu gebrauchen: Die Väter essen saure Trauben, und den Söhnen werden die Zähne stumpf? So wahr ich lebe – Spruch Gottes, des Herrn –, keiner von euch in Israel soll mehr dieses Sprichwort gebrauchen. Alle Menschen sind mein Eigentum, das Leben des Vaters ebenso wie das Leben des Sohnes, sie gehören mir. Nur wer sündigt, soll sterben."

Auch in einem freien und von der Verfassung her toleranten Rechtsstaat ändern sich die archaischen Gefühle des Menschen nicht durch entsprechende Verfassungsnormen. Unser Grundgesetz wird auch in Art. 3 (3) von den meisten Staatbürgern *verstandesmäßig* bejaht: „Niemand darf wegen seines Geschlechtes, seiner Abstammung, seiner Rasse, seiner Sprache, seiner Heimat und Herkunft, seines Glaubens, seiner religiösen oder politischen Anschauungen benachteiligt oder bevorzugt werden." Aber wir handeln längst nicht immer „vom Kopf her". Die Entscheidung von Mühldorf kam „aus dem Bauch". Damit müssen wir leben. Denn auch diese gefühlsmäßigen Entscheidungen gehören zu unserem Menschsein. Sie sind schwerer zu korrigieren als verstandesgesteuerte Haltungen. Die Passionsgeschichte Jesu lehrt uns das eindringlich und ruft es uns jedes Jahr aufs neue ins Gedächtnis.

Den Spiegelartikel las ein Kollege in Hagen/Westf., Religionslehrer an einer gewerblich-technischen Berufsschule, dessen

Kollege an der Parallelschule zu Beginn des neuen Schuljahres Pfarrer geworden und ohne Nachfolger geblieben war. Die Stelle war noch unbesetzt. So bekam ich das Angebot aus Hagen. Am 25. 1. 73 erfolgte die Vorstellung bei der Schulleitung und am gleichen Tag beim Leiter des erzbischöflichen Schulamtes Paderborn und bei Kardinal Jaeger, die zu einer Tagung in der Katholischen Akademie in Schwerte waren. Keine Hindernisse, die „missio canonica" von Kardinal Döpfner aus München öffnete hier alle Türen. Ebenfalls am selben Tag fand meine Frau mit dem Kollegen, von dem die Initiative hier ausgegangen war, auf eine Zeitungsanzeige hin eine möblierte Wohnung für drei Monate. Das gab Zeit für die Suche nach einer endgültigen Wohnung und befreite uns von der Sorge, vorläufig in einem Gasthaus absteigen zu müssen. Meine Arbeit begann am 1. 2. 1973 und endete am Ende des Schuljahres 1991/92 mit der Versetzung in den Ruhestand aus derselben Schule.

X.

Meine Schulzeit als Lehrer

Der Einstieg war wiederum ein „Aufspringen auf den fahrenden Zug" oder ein „Einstieg von der Seite". Das erste Schulhalbjahr war ohne katholischen Religionslehrer an meiner neuen Schule vergangen, der evangelische Kollege hatte seinen evangelischen Religionsunterricht immer den ganzen Klassen angeboten, nicht nur den evangelischen Schülern. So war es nur logisch und für den stundenplanmachenden stellvertretenden Schulleiter naheliegend, die „versorgten" Klassen so weiterlaufen zu lassen und mir andere Klassen zu geben. Mit dem evangelischen Kollegen war ich schnell einig, ich würde verfahren wie er, meinen katholischen Religionsunterricht jeweils den Gesamtklassen, die ich übernehmen sollte, anbieten. – Die Trennung in konfessionelle Gruppen wäre für die auseinandergerissene Gruppe kaum verständlich und ohnehin nur mit einem völlig neuen Stundenplan zu machen gewesen, von dem alle Kollegen und Fächer mehr oder minder betroffen gewesen wären, vor allem aber der Stundenplanmacher. Um auf die vorgeschriebene Pflichtstundenzahl zu kommen, übernahm ich in zwei Klassen auch Deutschunterricht.

Im Schuljahr 1973/74 wurde der Religionsunterricht in allen Klassen jeweils in konfessionellen Gruppen angeboten, wie das ja eigentlich von der Schulordnung und den zugrundeliegenden Kirche-Staat-Verträgen vorgesehen ist. Die Folge war, daß eine Reihe Schüler, verschieden groß an der Zahl, keiner der Gruppen zugerechnet werden konnte und darum von anderen Kollegen „mitbeaufsichtigt" werden mußte – kein erfreulicher Zustand, weil allein schon deren Anwesenheitsüberprüfung Unruhe in den beginnenden Unterricht brachte. Bis heute, Stand 7. Dezember 1995, gibt es in Nordrhein-Westfalen kein Ersatzfach anstelle des RU; gesprochen wurde immer wieder darüber, aber bisher gab es keine Einigung.

Im Schuljahr 1975/76 war ich in derselben Situation wie 1972/73 mein evangelischer Kollege, bevor ich an die Schule kam: Ich mußte das Schuljahr als „Solist" für den Religionsunterricht beginnen, denn der evangelische Kollege war an eine andere große Berufsschule gewechselt, die nur Bergbauberufe ausbildet. Das Rezept, den Religionsunterricht jeweils der gesamten Klasse anzubieten, wurde wiederholt, jetzt nach dem katholischen Lehrplan. Auch diesmal kam die Ablösung für den Kollegen erst zum zweiten Schulhalbjahr; der Fachleiter für die Ausbildung der Referendare des Faches Evangelische Religionslehre übernahm den evangelischen Religionsunterricht an meiner Schule, ein schwerkriegsbeschädigter, doppelt beinamputierter, sehr liebenswürdiger und kooperativer Kollege. Er war mit unserer Lösung einverstanden, den jeweiligen RU jeweils der Gesamtklasse anzubieten. Die Schüler, die nicht der Konfession des Religionslehrers angehörten, konnten freiwillig an diesem Religionsunterricht teilnehmen, denn „Religionsmündigkeit" kann ja doch nicht nur für den Fall gegeben sein, daß ein Schüler nicht am Religionsunterricht teilnehmen will und sich deshalb – formal „aus Gewissensgründen", real, besonders wenn der RU in sog. Eckstunden zu Beginn oder Ende der Gesamtunterrichtszeit liegt, aus „gewissen Gründen" – abmelden kann.

Bei dieser Regelung sind wir geblieben, bis dieser Kollege nach einigen Jahren in den wohlverdienten Ruhestand ging. Mit den beiden Nachfolgern bis zu meinem Ausscheiden gab es ebenfalls keine Probleme. Die Lösung hatte sich zur allgemeinen Zufriedenheit bewährt. Selbst als an meiner Schule eine „Höhere Berufsfachschule mit gymnasialer Oberstufe" eingerichtet wurde, konnten wir für die Klassen 11 so verfahren, für die Klassen 12 und 13 mußte die Bitte um Teilnahme am Religionsunterricht der jeweils anderen Konfession aber schriftlich gestellt werden. Außerdem mußten diese Schüler formal dem Lehrplan und den Prüfungsbedingungen des gewählten Religionsunterrichtes zustimmen, denn es mußte ja gesichert sein, daß sie sowohl für die schriftliche als auch für die mündliche Abiturprüfung das Fach wählen konnten.

Zu meiner Zeit gab es in dieser Hinsicht keine Probleme. In der Klasse, die ich als „12." und dann als „13." zum Abitur führte in meinen beiden Fächern, Deutsch und Katholische Religionslehre, hatte ich vier katholische, sechs evangelische, sechs muslimische (vier Sunniten, zwei Schiiten) und einen konfessionslosen

Schüler. Ein katholischer Schüler unterzog sich der schriftlichen, einer der mündlichen Abiturprüfung im Fach Katholische Religionslehre. In Deutsch hatte ich keine schriftliche, aber sechzehn mündliche Prüfungen.

Insgesamt hat sich bei uns dieses Modell bewährt, was belegbar ist durch die geringe Zahl von Abmeldungen vom Religionsunterricht in Klassen, in denen überhaupt der RU angeboten werden konnte. Das war leider mangels Lehrern immer nur eine geringe Zahl an Klassen, und da hatten die Vollzeitklassen der Fachoberschule, der gymnasialen Oberstufe und die sog. „Block-Klassen" der Berufsschule den Vorrang.

Ein einmaliger Ausnahmefall war ein junger Mann, „Zeuge Jehovas", der drei Jahre lang den katholischen Religionsunterricht besucht und aktiv mitgearbeitet hat. Muslime haben recht häufig am christlichen RU der einen oder anderen Konfession teilgenommen. Und sie konnten ihrerseits wertvolle Beiträge zum Verständnis des Islams durch Referate über Jesus, Maria, das Fasten, die Paradiesvorstellungen im Koran oder über die einzelnen Aspekte der muslimischen Frömmigkeit beisteuern. Der Einfluß des Islams auf das tägliche und alltägliche Leben in allen seinen Bereichen konnte so viel deutlicher, lebensnäher dargestellt werden als nur durch die Erarbeitung von Texten. Es gab allerdings auch solche Muslime, die im christlichen Religionsunterricht über das Thema „Fremdreligionen" zum erstenmal mit Texten aus dem Koran und den Grundlehren des Islams konfrontiert wurden. Das war vor allem bei in Deutschland geborenen jungen Erwachsenen der Fall, deren Eltern schon nicht mehr in lebendigem Kontakt zu einer islamischen Gemeinde standen und ihren Glauben kaum noch praktizierten. – Insgesamt kamen so Christen der verschiedenen Konfessionen, Muslime und Konfessionslose miteinander ins Gespräch, lernten sich besser kennen und verstehen, Schranken wurden abgebaut, und echte Toleranz bei Treue zur eigenen Überzeugung konnte wachsen.

Auch meine „Lehrproben" – bei Unterrichtsbesuchen vor der Verbeamtung auf Probe, dann vor der Verbeamtung auf Lebenszeit und noch einmal vor einer Beförderung – habe ich nur mit solchen Gesamtklassen gemacht. Bei dem Besuch vor meiner Verbeamtung auf Lebenszeit in einer Tischlerklasse war ein junger

Mann besonders eifrig dabei und erzählte seine Erfahrungen zum Thema „Feiern"; es ging um die Bildhaftigkeit des christlichen Abendmahles, der Meßfeier, und die Übertragung von Elementen festlichen Feierns im „weltlichen" Bereich auf die gottesdienstliche Feier, z. B. der festlich gedeckte Tisch, Kerzenbeleuchtung, Blumen, Musik usw. Bei der Besprechung der Lehrprobe kam die Leitende Schuldirektorin auf diesen Schüler zurück und wunderte sich, daß ein offensichtlich sehr aktiver junger Mann des CVJM so engagiert am katholischen Religionsunterricht teilnahm. Ich konnte nur erwidern, daß er in der gegebenen Situation unserer Schule freiwillig und zur Bereicherung für alle so aktiv teilnehme. Voraussetzung für meine Verbeamtung war die Teilnahme an einem vom „Deutschen Institut für wissenschaftliche Pädagogik", Münster, veranstalteten Kurs, sechs Studienwochen eines berufspädagogischen Lehrgangs (Pädagogik – Psychologie – Gesellschaftswissenschaften) im „Franz-Hitze-Haus". Der Grund: Mein Abschluß an der Uni Innsbruck entsprach nicht glatt den Abschlüssen des Uni-Absolutoriums an deutschen Hochschulen. Ich war sehr dankbar für diesen Kurs, denn er entsprach auf geistigem Gebiet dem, was meine (Erst-)Fahrschule 1944 für die dazu verpflichteten „Frontfahrer" war: eine Wiedereingewöhnung in die deutsche – hier nicht Straßen-, sondern Studien-„Verkehrs"-Ordnung. Hierzu hatten wir – 18 Kollegen aus unterschiedlichen Gründen – auch eine schriftliche Hausarbeit abzuliefern. Mein Thema: „Der Religionsunterricht in der Schule im Dilemma". Dieses Dilemma nicht zum Schaden für die jungen Menschen werden zu lassen, sondern – nach Möglichkeit – positiv zu nutzen, das schien mir reizvoll. Es war die Zeit nach der Würzburger Synode, die zum ersten Mal zwischen kirchlichem und schulischem Religionsunterricht unterschieden und daraus unterschiedliche Zielvorstellungen formuliert hatte. Das Thema ist bis heute nicht überholt, die Antwort darauf im Grundsätzlichen sicher auch nicht.

Nachdem dieser Schritt, die Verbeamtung auf Lebenszeit, getan war, konnte ich einen weiteren Schritt zur Konsolidierung ins Auge fassen: Ermuntert durch unseren damaligen stellvertretenden Direktor wollte ich mein „zweites Bein" – das Fach Deutsch – „auf den Boden bringen", d. h. die ordentliche Fakultas erwerben, nicht nur mit „Hausfakultas" als „Hobbygärtner" „selfmade" Deutsch unterrichten. Seit dem Schuljahr 1973/74 war das unter dem Motto gelaufen: Mit einem vollen Studium in Philosophie und Theologie – dazu gehören ja auch Psychologie, Pädagogik, Didaktik und Methodik, Rhetorik und Katechetik – und nachdem du ein Buch gemacht hast, kannst du auch Deutsch in Berufsschulklassen und in der FOS unterrichten. Das war ja wahr, aber doch nicht ganz. Auch das Fach Deutsch hat seine besondere Fachdidaktik und Methodik, die ich so vorher nicht erlernt hatte. Um im Bild zu bleiben: Auch ein erfolgreicher Hobbygärtner kann durch eine gute professionelle Ausbildung als Gärtner nur zu besseren Erfolgen kommen. Darum meldete ich mich, als am Ende des Schuljahres 1975/76 vom Institut für Lehrerfortbildung, Essen-Werden, in Zusammenarbeit mit der Uni Köln ein Kurs angeboten wurde, der Religionslehrer mit Fakultas in zwei Jahren zur Fakultas im Fach „Deutsch an beruflichen Schulen / Sekundarstufe II" führen sollte. – Leider war es der letzte gute Rat dieses lieben Kollegen. Er starb, 46 Jahre alt, am Ende eines herrlichen Segeltörns mit Freunden, begleitet von seiner jüngsten Tochter, in Helsinki nach dem „Verhohlen" des Bootes auf einen etwas entfernteren Ankerplatz, *bei* der Übergabe des Schiffes an seinen Freund, der auf dem Landweg gekommen war, um zurückzusegeln, während „unser Jupp" auf dem Landweg zurückfahren wollte. So kam er mit dem Flugzeug zurück und wir haben ihn in seiner Heimat bestattet, alle Kollegen, die telefonisch erreichbar, weil in der Heimat, waren. – Jupp, vergelt dir's Gott! Dein Rat war gut, und er hat mir in den Jahren viel geholfen!

Im März 1979 machte ich mit 18 Kollegen die „Erweiterungsprüfung für das Fach Deutsch" beim Prüfungsamt Köln. Meine Lehrprobe für die Beförderung zum OStR machte ich in Deutsch.

Eine besondere Herausforderung, Prüfung, Versuchung war für mich wenig später das Angebot, mich für das Fach Deutsch dem Studienseminar für die Ausbildung der Referendare zur Verfügung zu stellen. Das hätte für mich bedeutet, daß ich – bei der damaligen Zahl der zu betreuenden Referendare in Deutsch – allenfalls noch eine Klasse in meinem Erstfach „Katholische Religionslehre" hätte unterrichten können. Da tat ich etwas Ungehöriges, ich stellte eine Bedingung: Ich nähme die Stelle an, wenn meine Stelle an der

Schule, wenn der Religionsunterricht durch einen Kollegen mit voller Stundenzahl gesichert würde. – Damit war der Fall erledigt, ich wurde nicht berufen, nicht Studiendirektor, blieb aber an meiner Schule, um den Religionsunterricht weiter zu erteilen.

Der Religionsunterricht war damals schon – 1980 – ein Streitfall: Die Zahl der Ausbildungsplätze war sehr zurückgegangen; Jugendarbeitslosigkeit war das besonders schwerwiegende Problem – wie heute wieder in den östlichen Bundesländern. Die vorgesehene Einführung des 2. Berufsschultages für die Teilzeitklassen [mit Deutsch, Religionslehre und Sport] stieß bei den Ausbildungsbetrieben auf heftigsten Widerstand, so heftig, daß die Drohung im Raum stand, weitere Ausbildungsplätze eher zu streichen, als mit diesem Berufsschulprogramm neu einzurichten. So kam es zu einem weiteren Abbau des schulischen Religionsunterrichts überall dort, wo ohnehin nicht genügend Religionslehrer zur Verfügung standen. Der Religionsunterricht im Teilzeitbereich der Schule ging zurück, zum Teil unter, weil zunächst der RU in den Vollzeitklassen gesichert werden mußte. Das war aber nur eine Seite: Zu dieser Zeit standen erstmals junge Religionslehrer nach ihrem Studienabschluß und Referendariat zur Verfügung, und die Kirchen pochten auf deren Anstellung und begründeten das mit den Statistiken der vergangenen Jahre, die immer den ausgefallenen RU mit dem Mangel an Lehrern begründet hatten. Dagegen gab es mehrere Möglichkeiten: Die erste: Nur Religionslehrer mit einem „beruflichen" Fach wurden eingestellt. Legitim und legal – aber: Welcher Theologe hat bei der Dauer seines Regelstudiums *auch nur die Zeit* – vom Geld ganz zu schweigen, denn das kann auch kein „Normalvater" mehr zahlen –, ein Studium als Maschinenbauer, Elektroingenieur, Zahntechniker oder Bauingenieur zu schaffen?

Schon hier wurde klar, daß man den ungeliebten RU loswerden wollte. Er paßt Materialisten einfach nicht in den Kram. Daß er eine ganz erhebliche Rolle in der Bildung von Selbstwertgefühl, Selbstbewußtsein, Wertebewußtsein, kurz, in der Entfaltung eines ganzheitlichen Menschenbildes spielt, das wird verdrängt. In ein materialistisches Menschenbild paßt Religion offenbar nicht. Die zweite Möglichkeit – nach der Landesverfassung absolut illegal, durch eine Reihe von Kultusministererlassen belegt: den Schülern in irgendeiner Form die Abmeldung vom RU *vorab* nahezulegen. Verboten – aber praktiziert! Die Folgen waren absehbar.

Ein Kuriosum damals an meiner Schule: Da für die Teilzeitform der Berufsschule an *keinem* Tag eine hinreichend große Lerngruppe für den RU zusammenkam, sollten sich die Schüler, die RU haben wollten, freiwillig für den Samstag melden. Samstags hatte ich damals in einer Klasse 11 der FOS (S) Religionsunterricht. Es blieben aus den Teilzeitklassen zunächst fast achtzig, die RU haben wollten; mit der Erschwerung, samstags in die Schule kommen zu sollen, blieben *zwei*, nicht aus Hagen, sondern aus Dortmund und Unna, Schüler einer Bezirksfachklasse bei den Zahntechnikern, die zur Teilnahme am RU in diese Klasse 11 FOS/S kamen. Eine Form jugendlichen Protestes gegen das Abwürgen ihres Rechtes auf RU, für die ich dankbar war, die aber den RU in dieser besonderen Situation in der Teilzeitform der Berufsschule bei uns in NRW nicht retten konnte. Was mir geholfen hat, das ist mir in diesem besonderen Fall sichtbar, spürbar geworden: der Zusammenhalt des Kollegiums. Die zwei Schüler, die sich hier gefunden haben, waren durch ihren Klassenlehrer aufmerksam gemacht worden, der sich weigerte, die Abmeldeformulare einfach auszuteilen.

Bedauerlicherweise wurde die Gesamtproblematik von zweierlei, nicht eigentlich mit dem Fach als solchem zusammenhängenden Problemfeldern überlagert: Zum ersten gab es zu Beginn meiner Tätigkeit zu wenig Religionslehrer mit der Fakultas für Berufsschulen; d. h., es blieben viele Klassen ohne RU. Zunächst liefen sie unter „RU nicht angeboten", weil keine Religionslehrer für sie da waren. Dann änderte sich die Situation, es gab junge Religionslehrer – ich habe selber eine ganze Reihe ausgebildet, und sie haben ihre Prüfung mit sehr guten bis befriedigenden Noten bestanden –, aber da hatte der Finanzminister kein Geld mehr. Das überschnitt sich zum Teil noch mit dem Interesse der Ausbildungsbetriebe, den zweiten Berufsschultag zu vermeiden. Nun hieß es: „Kein Unterricht erteilt, die Klasse hat sich vom RU abgemeldet." – Und das geschah reihenweise bei Klassen, denen RU nicht angeboten werden konnte, deren Schüler nie die Chance hatten, zu erfahren, was der RU eigentlich für sie hätte „bringen" können.

Wir stehen in einer „Zeitenwende". Wenn der Werteverfall, die Negierung grundlegender Menschenrechte so weiter fortschreitet, dann verderben wir das Leben der Generation nach uns, d. h. aber auch: unser eigenes, denn unser Leben als Eltern-/ Großelterngeneration hängt ab von der Zustimmung unserer Kinder. Wenn unsere Kinder uns nicht mehr bejahen, uns die Rente, Pension, das „Gnadenbrot" nicht mehr gewähren, dann wird die Wiederholung der NS-Euthanasiegesetze denkbar, dann gelten die „Menschenrechte" nur für die, die gerade die Macht haben. Und die können sie allen anderen, allen „Nicht-Genehmen" aberkennen – welch bekannte Weise!

Mein Glück war mein Zweitfach, Deutsch, nachdem ich mich hierfür qualifiziert hatte. Das zweite Fach brachte dem Stundenplanmacher mehr Variabilität für meinen Einsatz, mir mehr Kampf für den ausgewogenen Einsatz in meinem Erstfach, Religionslehre. Es brachte aber auch volle Gleichberechtigung im Kollegium, das insgesamt damals gut als Kollegium zusammenhielt. So konnte ich auch einmal in einer Konferenz die besonderen Anliegen und die Bedeutung des RU in der Berufsschule darlegen. Ein weiteres kam dazu: Das Fach Deutsch hat in der Berufsschule wie in der Fachoberschule die Aufgaben „Reflexion über Sprache", „Rezeption von Texten" und „Produktion von Texten". Besonders die ersten beiden Aufgaben sind ja „fächerübergreifend" zu verstehen und ermöglichen in besonderer Weise, die Funktionen von Sprache im positiven wie im negativen Sinne, im ethisch-moralischen, psychologischen, sozialen und politischen Sinne aufzuzeigen. Hier ergeben sich in besonderer Weise auch Möglichkeiten erzieherischen Einflusses, oft mehr als im Religionsunterricht. Hier ist aufweisbar, wie mit Sprache manipuliert werden kann und wirksam manipuliert wird, im privaten, wirtschaftlichen, öffentlichen Bereich; wie Sprache *das* Mittel unserer menschlichen Kommunikation ist, das – mißbraucht – Haß zu schüren und Mord und Totschlag auszulösen imstande ist, das anderseits als „Sprache des Friedens" zur Versöhnung, zum Frieden beiträgt.

Das ist *das eine* Ende der Geschichte, *das andere* ist noch offen. Aber ein neues Kapitel hat Ende der 80er Jahre begonnen.

XI.

Begegnung mit der Vergangenheit – eine Generation später

Ein höchst unerwartetes Treffen

Eines Tages rief ein Herr Bar-On, zu der Zeit Gastdozent an der Universität Wuppertal, bei uns an und bat mich um ein Gespräch in der Uni, es gehe dabei um seine wissenschaftliche Arbeit. Einige Tage später trafen wir uns in der Uni Wuppertal im Fachbereich Erziehungswissenschaften zu einem ersten Gespräch. Dr. Bar-On stellte sich vor und erläuterte sein Anliegen. Daraus ergaben sich zwei Interviews, die er mit mir, wie mit anderen „Täter-Kindern" durchführte und in seinem Buch „The Legacy of Silence. Encounters with Children of the Third Reich", 1989 in englischer Sprache, 1993 unter dem Titel „Die Last des Schweigens. Gespräche mit Kindern von Nazitätern", Frankfurt/ Main, veröffentlichte. Eine Gruppe der Interviewten fand sich anschließend zu unregelmäßigen Treffen zusammen, um die eigenen Erfahrungen mit dieser „Last des Schweigens" auszutauschen und zu bearbeiten.

Das Verblüffende für mich ist, daß ein jüdischer Psychologe aus Israel nach Deutschland kommt, angeregt von seinen Erfahrungen mit dem Leid von „Opfer-Kindern", die unter der Sprachlosigkeit ihrer Eltern litten, die den Holocaust der europäischen Juden – oft unter unsäglichen Leiden – überlebt hatten, aber gerade deshalb darüber mit ihren nachgeborenen Kindern nicht sprechen mochten, oft es auch nicht vermochten, nicht konnten, weil sonst alle diese Schrecken sie immer wieder angefallen hätten. Sie wollten ja vergessen, nicht immer wieder an all diese Qualen und den Tod so vieler Leidensgenossen erinnert werden. Die Traumatisierung der Überlebenden durch die Erfahrung des Überlebten wurde für ihre Kinder zu einer Traumatisierung durch das Unausgesprochene, Unaussprechliche, das darum wie eine schwarze Wand zwischen Eltern und Kindern stand. Die Eltern wollten ihren Kindern das Nachempfinden der erlebten Ängste und aller Not ersparen und waren wohl auch nicht in der Lage, die richtigen Worte zu finden, weil Sprache da versagt – die Kinder ahnten, spürten das verschwiegene Grauen, litten in wachsender Angst vor dem unausgesprochen Unaussprechbaren mit, bis hin zum Gefühl des unschuldig Mitleidenmüssens mit dem erlittenen Leid der Eltern.

Wie bewältigen die Kinder von „Tätern" die Last der Schuld ihrer Väter, wenn schon die Kinder der überlebenden Opfer so traumatisiert sind? Das war der Anfang der Fragestellung von Dr. Bar-On. Ähnlich wie bei den Kindern der Überlebenden des Holocaust „die Last des Schweigens" zur Belastung geworden ist, die oft nur mit Hilfen durch andere zu überwinden war, durch die annehmende Liebe von verständnisvollen und mitfühlenden Mitmenschen, so war das auch bei den „Täter-Kindern", soweit sie überhaupt noch von ihren Eltern diese „Last des Schweigens" erfahren konnten, soweit die Eltern das Kriegsende überlebt hatten und in der Lage waren, sich zu äußern zu Fragen ihrer Kinder, oder ihnen das „Joch des Schweigens" auferlegten.

Meine „Last des Schweigens" war anders. Ich mußte schweigen, mich selbst verschweigen aus Angst – begründet oder unbegründet –, als Kind meines Vaters entdeckt und verfolgt, mit allen mir inzwischen bekannt gewordenen Verbrechen des NS-Regimes belastet zu werden. Mit meinen Eltern hatte ich nie mehr Gelegenheit, über die Vergangenheit und ihre eigene Bewältigung dieser Vergangenheit zu sprechen. Das hat mir die Distanzierung erleichtert; die Antwort aus dem Volksbrief von Pfarrer Singer, „Gerettet – verloren", war meine Rettung, hat mich bewahrt vor dem Zusammenbruch unter dieser „Last des Schweigens", weil sie mir ermöglicht hat, zwischem meinem Vater als Vater und als Funktionsträger im System der NSDAP und ihres Regimes zu unterscheiden. Dem Vater war und bleibe ich – wie jedes Kind – dankbar verpflichtet für mein Leben. Vom Funktionsträger kann und darf ich mich ohne Urteil distanzieren, denn das Urteil steht allein DEM zu, der alle Menschen in ihrem Verwobensein in alle Verflechtungen und Verstrickungen bis auf den Grund kennt, wägt, richtet.

Inzwischen gab es viermal einen gemeinsamen „workshop" von

„Täterkindern" und „Opferkindern", 1992 in Wuppertal und 1993 in Israel, im Sommer 1993 noch einen weiteren in Boston, an dem ich nicht teilnehmen konnte, und im Sommer 1994 in Berlin. An dem „workshop" in Wuppertal konnte ich nur einen Tag, an Fronleichnam, dabeisein, weil ich die beiden anderen Tage durch Prüfungen in der Schule gebunden war.

Auf den Spuren des Exodus

Um das Treffen in Israel – nach meiner Pensionierung – einzubinden in einen etwas größeren Rahmen, buchte ich im Frühjahr 1993 eine Reise bei „Biblische Reisen", Stuttgart, dem von beiden deutschen Bibelwerken – dem evangelischen und dem katholischen, beide in Stuttgart angesiedelt – gemeinsam getragenen ökumenischen Reisebüro. Der Titel dieser Studienreise, „Auf den Spuren des Exodus", war ein gutes Motto, nicht nur über den Teil meiner Reise mit der Reisegruppe, die da unter diesem Titel zusammenkam, buntgemischt, aber durch das Motto geeint, sondern auch für den zweiten Teil meiner Reise, den „workshop" in Neveh Shalom – Wahat al Salam, und die weiteren Begegnungen in Israel.

Die Reise, geführt von einem versierten Führer – Priester und Religionslehrer –, der sie schon viele Male in dieser oder ähnlicher Form unternommen hatte, folgte dem Motto mit einem klaren historischen und seelsorglich-meditativen ökumenischen Plan.

Nur ein Erlebnis dieses ersten Teils der Reise will ich schildern, weil es für mich von besonderer Bedeutung war: Der 7. April, Mittwoch in der Karwoche 1993, begann für uns um 1.30 Uhr mit dem Wecken, für 2.30 Uhr war die Abfahrt zum Katharinenkloster angesetzt. Von dort aus stiegen wir über einen Serpentinenweg auf, der oberhalb der sog. „Eliasmulde" in unregelmäßige Felsstufen zum Gipfel übergeht. Wir hatten eine völlig wolkenlose Vollmondnacht, so daß jede künstliche Beleuchtung des Weges sich erübrigte. Wenn man aus dem Schlagschatten des Mondes in sein helles Licht hinaustrat, wurde man geradezu geblendet. Vor uns waren schon zwei Gruppen unterwegs, außerdem ungefähr zwei Dutzend Kamele mit Führern und Reitern, die bis zur Eliasmulde aufstiegen. Ich folgte dem Kamelpfad, der die langen Serpentinen abkürzte und mir dadurch ermöglichte, die recht langsam aufsteigenden großen Gruppen noch vor dem letzten Teil des Anstiegs zu überholen. So konnte ich auf dem oberen Teil des Weges auf den unterschiedlich hohen Felsstufen meinem eigenen Tempo folgen. Oben angekommen, fand ich eine Gruppe jüngerer und einiger älterer Leute, in Schlafsäcken oder in Decken gehüllt auf der Plattform neben der Kapelle schlafend, zumindest noch ruhend. Der Kiosk hatte sich schon auf den Ansturm der Pilger vorbereitet und hielt heißen Tee und verschiedenes Gebäck und Früchte bereit.

Der verblassende Mond ist noch hoch an einem Himmel zu sehen, der sich im Osten allmählich aus der heller werdenden bläulichen Dunkelheit türkis, gelb, orange, rot verfärbt. Dann taucht rot der Rand der Sonne auf. Aber ganz schnell zu gelb hin heller werdend, füllt sich das Sonnenrund, ein bezauberndes kurzes Schauspiel – Sonnenaufgang auf dem Sinai über der Wüste –, da wird das Herz weit und der Mund stumm. Selbst das ununterbroche Klicken der Kameraverschlüsse stört kaum. Der Lobpreis folgte erst nach dem großen Schauen. – Morgen auf dem Moses-Berg.

In der Eliasmulde haben wir anschließend unsere Morgenfeier gehalten, dann sind wir abgestiegen und nach dem Frühstück aufgebrochen nach Israel, über die ägyptische Grenze bei Taba am Roten Meer nach Elat, Israels Hafen nach Osten. In Elat (am Golf von Elat oder Aqaba, dem jordanischen Hafen) bezogen wir unser erstes Quartier auf israelischem Boden.

Auf der Weiterfahrt besuchten wir die Festung Massada und besichtigten die weitläufigen Anlagen dieses Berges, die ahnen lassen, wie uneinnehmbar sie waren, solange nicht ein übermächtiger Feind das ganze Umland kontrollierte und ein Bauwerk wie die Sturmrampe der Römer in jahrelanger ungestörter Arbeit aufführen konnte. Welch eine vielschichtige Symbolik liegt in der Vereidigung der Rekruten der israelischen Armee an diesem Ort: „Nie wieder Massada!"

Am nächsten Tag galt unser erstes Gedenken in En-Gedi David und Saul (1 Sam 24).

Die Osternacht feierten wir mit den Benediktinern und einigen hundert Jugendlichen aus dem internationalen Jugendlager in Tabgha. Es war ein unvergeßliches Erlebnis: Die verschiedenen Sprachgruppen wechselten einander ab, ohne daß etwas wiederholt worden wäre. Da alle Teilnehmer alle Texte mehrsprachig in Händen hatten, konnten alle dem Ganzen folgen. So wechselten deutsche, französische, arabische Gesänge mit gemeinsam lateinisch gesungenen ab, wurden alle Sprachgruppen bei den Lesungen berücksichtigt. Das feierliche Exultet sang in Latein eine junge Frau in vollendeter Weise. Über sechzig Rollstuhlfahrer aus dem Jugendlager wurden voll in diese Gemeinschaft integriert, unter ihnen Opfer der kriegerischen Gewalt im Lande. Es war eine unvergleichliche Osternacht, voller Begeisterung. Nach dem offiziellen Ende des Gottesdienstes sangen die Jugendlichen in ihren Gruppen weiter, nicht durcheinander, sondern nacheinander und miteinander, vor allem Gesänge, bei denen eine kleinere Gruppe vorsang und dann möglichst viele Teilnehmer den Refrain mitsingen konnten. So endete die Feier über eine Stunde nach dem Auszug derer, die am Altar den Dienst getan hatten.

Am Ostermontag ging die Fahrt nach Jerusalem; erste Etappe Tiberias – Nazareth – Haifa. Zwischen Tiberias und Nazareth wies unser israelischer Führer hin auf die „Hörner von Hittim", wo Saladin, Sultan von Ägypten und Syrien, aus kurdischem Stamm, 1187 ein großes Kreuzfahrerheer vernichtete, das sich ihm entgegenstellen wollte. An dieser Stelle hatte der Sultan eine Falle bereiten lassen und lag mit seinem Heer in den Schluchten der „Hörner von Hittim". Die Kreuzfahrer in ihren Rüstungen auf ihren ebenfalls gepanzerten Pferden waren schon Stunden unter der glühenden Sonne unterwegs und erschöpft, da brannte auf ein Zeichen hin rund um die Kreuzfahrer das dürre Gras und löste völlige Verwirrung aus. Die Pferde scheuten, an einen geordneten Kampf war nicht mehr zu denken. Wer nicht durch die Flammen oder die scheuenden Pferde zu Tode kam, den brauchten die Krieger Saladins nur mehr abzustechen. Ohne jede Möglichkeit einer Gegenwehr ging das Kreuzfahrerheer unter. Nach dieser Schlacht eroberte Saladins Heer Akkon und beendete die Herrschaft des christlichen Königreichs Jerusalem.

Wir fuhren bis zur Elia-Kapelle auf dem Karmel und machten dort Halt, „statio". Wir wollten gerade die Kapelle verlassen, da kamen singend und in tänzelndem Schritt sechs weißgewandete Schwarzafrikaner herein und kamen bis nach vorn vor den Altar. Einer der drei Männer, hervorgehoben durch eine rote Schärpe, sang in immer schneller werdendem Rhythmus vor, die beiden anderen und die drei Frauen respondierten, ein faszinierendes Schauspiel voll heiter-gelassenem Ernst. Als wir aus dem Garten nach unserer „statio" zurückkamen, waren die sechs auf dem Flachdach der Kapelle und sangen und tanzten immer noch.

Auf der Weiterfahrt kamen wir durch zwei Dörfer der Drusen, über die unser israelischer Führer informierte: In Israel gibt es 18 Drusendörfer. Die Drusen führen ihre Religion zurück auf Jetro, den Schwiegervater des Mose. Die Priester von Geburt sind verpflichtet zum Gebet, die anderen wissen über ihre Religion nichts (!!). Es gibt keine heiligen Schriften, keine Räume für gemeinsames Gebet, keine religiöse Unterweisung, keine Riten. In der Priesterkaste wird die Religion mündlich weitergegeben. Die drusischen Männer leisten in der israelischen Armee Wehrdienst, auch die Offizierslaufbahn steht ihnen offen. Drusische Mädchen leisten jedoch keinen Wehrdienst. Auf dem weiteren Weg erfuhren wir von ihm auch noch etwas über sich: Er kam als junger Mann 1934 aus Polen nach Palästina, damals britisches Mandatsgebiet. Er hat hier Forstwirtschaft studiert, weil es kaum noch Wald gab. Und er war dann an der Aufforstung des Karmel wesentlich beteiligt. 1934 war der Karmel noch nackt. Über zehn Jahre hat er dort Kiefern gepflanzt und die Pflanzung überwacht. Heute ist der Karmel fast vollständig bewaldet.

Von Megiddo – wichtig die Ausgrabungen, zwanzig Schichten werden gezählt – wandten wir uns noch einmal zum Meer nach Caesarea, zu Jesu Zeiten Sitz des römischen Landpflegers; hier saß auch Paulus gefangen und wartete auf seinen Transport nach Rom (vgl. Apg 23,23-26,32). Auch hier gab es vor allem wieder Ausgrabungen aus den verschiedenen Epochen der Stadt zu sehen: aus der byzantinischen, aus der der Kreuzfahrer und aus der osmanischen Epoche. Die Teile der Kreuzfahrerfestung zeigen, daß von ihren Erbauern alte Strukturen und Ruinen der Stadt einbezogen und für ihren neuen Zweck genutzt wurden. Nach derselben Methode, Vorgefundenes wieder zu nutzen, verfuhren die Erbauer der in osmanischer Zeit in der Kreuzfahrerburg errichteten bosnischen (!) Moschee.

Nach diesem Besuch in Caesarea am Meer ging es über die Autobahn nach Tel Aviv und weiter nach Jerusalem. Die Autobahn führt in Küstennähe von Haifa bis Ashdod, dem neuen Mittelmeerhafen. Hier ist Israel ganz schmal, an der schmalsten Stelle sind es nur 14 km, und auf den etwa 60 Kilometern Länge der Sharon-Ebene ist die größte Breite immer noch unter 30 km. Hier kann man sich das Sicherheitsbedürfnis Israels schnell vergegenwärtigen. 30 km war zu Zeiten, als man noch zu Fuß mit dem Rucksack „auf Fahrt" ging, schon für Zwölfjährige eine zu schaffende Tagesleistung.

Auf der Fahrt von Tel Aviv nach Jerusalem konnten wir noch die Spuren des Unabhängigkeitskrieges Israels sehen und die des „Sechs-Tage-Krieges". Welch ein Unterschied zwischen den ersten Behelfspanzern nach „Hausmacherart" von 1948 und dem späteren modernen Gerät. Doch der Zweck war derselbe: Überleben angesichts der Übermacht.

Am Osterdienstag fuhren wir über den Scopus-Berg, vorbei an der Hebräischen Universität und dem Hospital „Auguste Victoria", gestiftet von der Gemahlin Kaiser Wilhelms II. anläßlich des Besuches der Majestäten im Hl. Land 1910. Von diesem Besuch wurde uns folgende Geschichte erzählt: Der Kaiser kam mit seiner Frau und seinem Gefolge an Bord eines deutschen schnellen Kreuzers nach Haifa, damals noch osmanisch. Damit S. Majestät nicht per Barkasse an Land fahren mußte, sondern von Bord des Kreuzers in Uniform zu Pferd an Land reiten konnte – eine Frage „des Protokolls"! –, mußte zu diesem Zweck mit einigem Aufwand eine Verlängerung der Landungsbrücke bis zum Liegeplatz des Schiffes, der von dessen Tiefgang abhängig war, gebaut werden. Und so geschah es.

Neveh Shalom – Wahat al Salam – Oasis of Peace

Am Mittwoch trennte ich mich von der Gruppe „Biblische Reisen – Auf den Spuren des Exodus", um einen anderen Exodus fortzusetzen in Neveh Shalom, den Exodus als Lebensprogramm. Das ist Programm unserer workshops von Kindern Überlebender des Holocaust der europäischen Juden („Opferkinder") und „Täterkindern", deren Väter in irgendeiner Weise als „Täter" am Holocaust beteiligt waren; Programm deshalb, weil wir nur durch „Herausgehen" aus unserem „Sklavenhaus", aus dem, was uns als „Last des Schweigens" belastet, zusammenkommen können in neuer Freiheit. Exodus ist vor dem historischen Hintergrund die Geschichte von Befreiung schlechthin.

Neveh Shalom – Wahat al-Salam – Oasis of Peace: Das ist ein Programm und eine Realität und eine Utopie. Als Christ sage ich: ein Symbol für die begonnene, aber noch nicht vollendete Gottesherrschaft; es ist eine Gemeinschaft von israelischen Juden und christlichen und muslimischen Palästinensern auf dem exterritorialen Gebiet der Trappistenabtei Latroun, wo 1948 die schwersten Kämpfe tobten; sozusagen im „Niemandsland" zwischen Israel und Jordanien. Die Abtei hat das Land zur Verfügung gestellt, 1972, 200 acres Grund (80,94 ha). 1978 siedelte sich die erste Familie an, 1991 waren es 80 Menschen, inzwischen sind es etwa 150. Bis 1996 sollen es etwa 40 Familien im Dorf sein. Zwei junge Frauen aus dem Dorf informierten uns:

„Das Leben ist demokratisch gestaltet und zeigt die Möglichkeit der Koexistenz durch Schaffung einer sozialen, kulturellen und politischen Gemeinschaft, die gegründet ist auf gegenseitiger Annahme (Akzeptanz), Respekt und Zusammenarbeit, die im täglichen Leben jedem Mitglied der Gemeinschaft die Verwirklichung seiner kulturellen, nationalen und religiösen Identität ermöglicht. Die Mitglieder treffen sich regelmäßig zu Gesamtsitzungen; die alltäglichen Obliegenheiten werden von gewählten Gremien wahrgenommen. – Die Kinder haben ihre eigene Kindertagesstätte, Kindergarten und Grundschule (bis zum 12. Lebensjahr); die Erziehung erfolgt von Anfang an zweisprachig in Arabisch und Hebräisch."

Abb. 15: Mit Prof. Dr. Dan Bar-On

Abb. 16: Die Guppe „Täterkinder – Opferkinder" beim Treffen in Neveh Shalom – Wahat al Salam – Oasis of Peace

Daneben gibt es eine immer größer werdende Tagungsstätte für Begegnungen aller Arten von Friedensgruppen in der „Friedensschule" – wie z. B. unsere –, die das Angebot wahrnehmen, hier in Ruhe ihre nationalen, ethnischen, religiösen Konflikte (und deren historische Wurzeln) zu bearbeiten. Wir wurden abgelöst von einer Gruppe junger Nigerianer, die die Wunden des Bürgerkriegs (1966-70) aufarbeiten wollten.

Die Teilnehmer unseres workshops hatten sehr unterschiedliche Voraussetzungen. Die „Täterkinder" kamen alle aus den westlichen Bundesländern der Bundesrepublik Deutschland. Das hängt mit der Entstehungsgeschichte unserer Gruppe am Ende der achtziger Jahre, vor der Wiedervereinigung Deutschlands, zusammen; die „Opferkinder" kamen in einer Gruppe aus den USA, wohin ihre Eltern nach der Befreiung aus deutschen KZs ausgewandert waren, die anderen aus Israel, in Israel als Kinder Überlebender des Holocaust geboren. Mit ihnen hatte der geistige Vater unserer drei Gruppen, Prof. Dr. Dan Bar-On, die Arbeit begonnen. Wir hatten uns schon zweimal vorher in der Universität Wuppertal getroffen und ein wenig kennengelernt. Dieses Treffen in Israel war dennoch für alle zunächst vorbelastet. Die einen kamen mit einem gewissen Mißtrauen, in banger Erwartung, auch mit einer gewissen Angst, wir „Täterkinder"; andere vielleicht noch mit einem gewissen Ressentiment, trotz der beiden vorangegangenen Treffen. Aber alles war einfacher, weil die Schwierigkeiten der ersten Begegnungen, das Sich-Vorstellen, ja im wesentlichen schon hinter uns lagen.

Die Geschichte unseres jeweiligen ganz persönlichen „Exodus" kann nur jeder für seinen Part darstellen, keiner für einen anderen. Aber: Die Angst, das Mißtrauen wichen, vor allem auch durch das Zusammensein außerhalb der Sitzungen, beim Essen, Spazierengehen, Feiern. Das bereite Zuhören, Offensein für die anderen förderte das gegenseitige Verständnis. Wir wurden Freunde und fanden zu einer neuen Freiheit. Eine besondere Bedeutung hatte für mich – und nur für mich kann ich hier sprechen – die Mahlfeier am Abend des 16. April, das gemeinsame Mahl, das den Shabath einleitete. Dan feierte als unser „Familienvorstand" dieses Mahl mit uns. Wir alle teilten Brot und Wein. So ähnlich muß es gewesen sein, wenn Jesus mit den Seinen das Shabath-Mahl feierte, das Vorbild unserer „Messe", des Abendmahles. Diese so begründete Gemeinschaft bewährte sich spontan an unserem letzten Abend, einem Abend im Goethe-Institut von Tel Aviv, wo unser Mentor seine Arbeit mit den drei Gruppen vorstellte. Dann kamen nicht nur Fragen dazu aus dem Publikum, sondern auch einige böse, feindselige, haßerfüllte Äußerungen, vor allem über uns „Täterkinder" als „Kinder des Bösen". Nun zeigte sich in den raschen und energischen Reaktionen von vier „Opferkindern", die diese Äußerungen zurückwiesen und für uns einstanden und für unser gemeinsames Bemühen, daß wir nicht mehr drei, sondern wirklich schon eine Gruppe geworden waren.

Unser gemeinsames Ziel in unserer neuen Freiheit: Konsequent eintreten für die Menschenrechte aller Menschen und dafür, daß diese Menschenrechte aller Menschen von allen Menschen wirklich anerkannt werden. Und da sind wir erst am Anfang eines neuen Exodus, der der Menschheit nottut: Heraus aus allem Haß und aller Angst der Nationalismen, Gruppenegoismen, Fundamentalismen, Rechthabereien aller Art, aus dem „Sklavenhaus" der eingefahrenen Dominanzen, Herrschaftsformen und Knechtschaftsformen zu der Gemeinschaft der Kinder des einen Vaters im Himmel.

Der Weg ist noch weit. Aber wir sind aufgebrochen. Der Weg „durch das Schilfmeer" mag noch vor uns liegen, aber Gott ist unser Begleiter auf dem Weg. Er ist vor uns und er ist hinter uns, bei Tag und bei Nacht. Vor allem aber: Er ist in uns wie um uns, wir müssen uns ihm nur ganz ergeben, dann finden wir ganz zu uns selbst in IHM, in dem unser Exodus endet, sich vollendet und zur Ruhe kommt. Bis dahin geht der Weg weiter.

Was mich an Israel fasziniert

Einige Zeit ist seit meiner Israelreise vergangen. Ein Doppeltes ist als ein faszinierender Eindruck geblieben, der Eindruck einer Wechselwirkung: Die Menschen, die seit dem Ende des letzten Jahrhunderts zurückgekommen sind in „das Land ihrer Väter", verwandelten dieses Land, vor allem nach der Gründung des neuen Staates Israel, aus kargem Beduinenland in ein Land, in dem wieder „Milch und Honig fließen", ein Land, das aus den Gegebenheiten der Natur mit allen Tricks und Kniffs menschlicher Erfindungsgabe und menschlicher Mühe, vor allem durch sparsamste und durch die Mittel modernster Technik auf rationellsten Stand gebrachte Nutzung des kostbarsten Naturgutes des Landes, des knappen Wassers, ein fruchtbares Land geworden ist mit blühender Landwirtschaft aller Art, das nicht nur seine Menschen nährt, sondern landwirtschaftliche Produkte exportieren kann und mehr noch, das sein landwirtschaftliches Know-how zum Segen vieler Menschen und Staaten mit denselben Problemen weitergeben kann und schon weitergibt. – Und das alles trotz der innen- und außenpolitischen und militärischen Probleme, die immer noch nicht ganz gelöst sind, auch wenn in jüngster Zeit ein erheblicher Wandel sich angebahnt hat durch das Aufeinander-Zugehen von Israelis und Palästinensern. Das Opfer des Mordanschlags eines israelischen Fanatikers, Ministerpräsident Jitzak Rabin, ist mit seinem Blut Zeuge dieses Wandels, wie einst Ghandi, der von einem fanatischen Hindu ermordet wurde, Blutzeuge war für einen Neubeginn in Indien.

Hier setzt das zweite Faszinosum ein: Die Menschen, die hierher als Juden eingewandert und hier neu seßhaft geworden sind, sind sicher nicht Angehörige „einer Rasse", aber sie sind eins in einem wunderbaren Pluralismus von den sephardischen über die aschkenasischen bis zu den schwarzen äthiopischen Juden, sie sind eins im Glauben an den einen Gott und sein Gesetz, obwohl sich auch dieser Glaube und die Treue zur Thora in sehr unterschiedlicher, eben pluraler Weise realisieren. Die zweite Wechselwirkung: Die Einwanderer und ihre Nachkommen haben das Land verwandelt, aber das Land mit seinen Anforderungen hat auch seine Menschen geprägt. König Hussein von Jordanien sprach am Sarge des ermordeten Ministerpräsidenten Rabin diesen als seinen Bruder an. So ist es. Die Erkenntnis der Bruderschaft – hier in Abraham, dem Vater Ismaels und Isaaks – sollte dazu helfen, daß die Brudervölker einander nicht nur leben lassen, sondern einander leben helfen, zusammenhalten und zusammenarbeiten zum gemeinsamen Wohl.

Ich meine: Hier kann Israel in einer ganz neuen Weise eine *Botschaft des Glaubens* weitergeben: Einheit im Glauben an den einen Gott und sein Gesetz für uns Menschen kann sehr vielgestaltig sein, ohne die Einheit zu sprengen, wenn diese Einheit nicht im Kopf, im Intellekt, sondern im Herzen, im Für-einander-da-Sein, begründet ist. In diesem Sinn haben wir Christen von dem neuen Israel, *das vor uns war*, viel zu lernen, damit wir von Jesus, der in dieser Tradition der Einheit durch Liebe steht, lernen und so unseren Part für die Einheit der einen Menschheit unter Gottes Gesetz auf dieser einen Erde erfüllen. Shalom!

Berlin 1994

Vom 14. Juli bis zum 20. Juli 1994 trafen sich die drei Gruppen zu einem weiteren workshop. Zu Gast waren wir im Adam-von-Trott-Haus, der evangelischen Akademie am Kleinen Wannsee. Besonders in Erinnerung werden uns zwei Tage bleiben. Der erste: eine hervorragende Führung auf den Spuren jüdischen Lebens und seines Endes in der NS-Zeit in Berlin durch einen britisch-jüdischen Berliner, bis zum jüdischen Friedhof. Die renovierte große Synagoge stand damals unter starkem Polizeischutz, weil man einen Anschlag fundamentalistischer Extremisten befürchtete. Unser Besuchsprogramm wurde aber nur durch Probleme in dem sehr dichten Stadtverkehr beeinträchtigt. Der zweite herausragende Tag war bei strahlendem Wetter eine Wanderung von unserem Quartier zur Gedenkstätte „Haus der Wannseekonferenz" am Großen Wannsee, auch dort kundig geführt. Zwei Tage einer nachdenklichen und schmerzhaft-bedrückenden Reise in unsere Vergangenheit.

Unsere Eltern standen in zwei verschiedenen Lagern. Daß die Seite der „Täter" gemäß der Rasse-Ideologie, die in Hitlers „Mein Kampf" niedergelegt ist, tatsächlich mit tödlichem Haß bereit sein würde, die „Endlösung der Judenfrage" nach Möglichkeit ins Werk zu setzen, das ist wahrscheinlich den Opfern später bewußt geworden als denen, die von der Machtübernahme der NSDAP an dafür planten und die ideologischen Begründungen dafür formulierten.

Die Familie von Dan lebte seit über zwei Jahrhunderten in Deutschland. Sein Vater war Arzt in Heidelberg. Aber er ahnte, daß mit der Machtübernahme Hitlers Juden in Deutschland keinen Platz mehr hätten, und er wanderte im Frühjahr 1933 mit seiner Familie aus nach Palästina, damals unter britischem Mandat. 1938 wurde Dan geboren. Der Vater durfte seinen Arztberuf nicht ausüben und machte eine Autoreparaturwerkstatt auf. Welcher Mut, das Leben mit den eigenen Fähigkeiten, nicht erworbenen Diplomen zu bewältigen! Erst als während des Zweiten Weltkriegs die britische Armee in Ägypten im Krieg gegen die Armee Rommels dringend Ärzte brauchte, wurde Dans Vater als Arzt in der British Army approbiert. Nach dem Krieg durfte er dann natürlich weiter als Arzt praktizieren.

Die anderen Kinder von Überlebenden des Holocaust aus Israel oder den USA sind in der Regel nach dem Krieg geboren, zum Teil noch unterwegs nach der Befreiung aus den Lagern der beabsichtigten Vernichtung in den Lagern für DPs (Displaced Persons, Versprengte, Heimatlose), die es damals überall in Europa als UNRRA-Lager gab (United Nations Relief and Rehabilitation Administration, 1947 aufgelöst, aufgegangen in der IRO, International Refugee Organisation; heute kümmert sich der UNHCR – United Nations High Commissioner for Refugees – um die weltweiten Probleme der Flüchtlinge). Diese heimatlosen Kinder von heimatlosen Überlebenden des Holocaust haben in den Aufnahmeländern nicht von vornherein offene Arme und helfende Hände gefunden. Zum Teil hatten sie und ihre Eltern Probleme, die uns heute unvorstellbar sind, so etwa, wenn die spätere Mutter eines „Opferkindes" von britischen Soldaten in Bergen-Belsen aus einem Leichenhaufen geborgen wurde, weil sie noch Lebenszeichen zeigte, und derselben im neuen Gastland von dort Verschontgebliebenen – weil außer Reichweite der Verfolger – der Vorwurf gemacht wurde, sie müsse ja wohl mit der SS des Lagers kooperiert haben, sonst hätte sie nicht überlebt. Der Vorwurf: „Du lebst, weil du schuldig geworden bist; du lebst, besser aber wärest du tot und schuldlos" ist in seiner Perfidie vergleichbar mit den Vorwürfen, die manche von uns „Täterkindern" zu hören und zu lesen bekommen haben: „Kinder des Bösen", „Kinder der Sünde", „ohne Lebensrecht" – Ausgestoßene, aber es sind *dieselben Leute,* die uns und den Überlebenden Opfern des Holocaust diese Vorwürfe machen.

Dan Bar-On hat wohl als Psychologe und Psychotherapeut, zutiefst angerührt von diesem so ähnlichen Elend der zweiten, inzwischen auch der dritten Generation auf beiden Seiten, gesehen, daß hier das Zusammenführen, Kennenlernen, Austauschen der leidvollen Erfahrungen zu einem Miteinander-Überwinden dieser unterschiedlichen und doch so ähnlichen Stigmatisierungen führen können und daß wir angesichts der realen Situation unserer Welt unsere Erfahrungen weitergeben können und nach Kräften sollen, weil wir so beitragen können zur Wiederherstellung von Frieden auf der Grundlage von Versöhnung in der zweiten oder dritten Generation, durch das Aufeinander-Zugehen von „Täterkindern" und „Opferkindern". Die Täter und die Opfer sind, selbst wenn sie physisch überlebt haben, dazu meist nicht in der Lage.

Insgesamt waren es aber besinnliche und frohe Tage in unserem Quartier, sehr gut versorgt, mit dem herrlichen Park bei dem sonnigen Wetter. Einige konnten sich auch ein Bad im Kleinen Wannsee nicht verkneifen. Später stellten sie fest, daß der Große Wannsee nicht sauberer war. Das Wichtigste waren auch diesmal wieder die persönlichen Kontakte. Getrübt wurden die Tage nur durch die schwere Erkrankung einer lieben Freundin unserer deutschen Gruppe, die als „Opferkind" seit mehr als zwei Jahrzehnten durch ihre Ehe mit einem „Täterkind" in vitalster Weise Versöhnung uns vorgelebt hat. Einige von uns konnten sie nach unserem Treffen in Berlin noch besuchen. Meine Frau und ich durften sie mit bis zum Ende und Ziel, bis zu ihrem Hineinsterben in Gott, begleiten. Wir wechselten ab mit ihrem Mann und mit ihrer aus Israel gekommenen Mutter. An ihrem Sterbetag waren ihr Mann und ihre Mutter bei ihr. Wir konnten sie ein letztes Mal sehen, als sie an ihrem Todestag in der Krankenhauskapelle aufgebahrt war. Bei ihrer Beerdigung auf dem jüdischen Friedhof waren außer ihrer Mutter auch ihr Bruder aus Israel und Freunde der Familie hier sowie die Mitglieder unserer „Täterkinder"-Gruppe dabei, als der schmucklose Sarg unter den Beerdigungsgesängen des Vorbeters und ihres Bruders, in hebräischer Sprache, der Erde übergeben wurde. Trost bleibt uns aus der Hoffnung auf Gott, der kein Gott der Toten, sondern der Lebenden ist.

Ein Jahr später trafen wir uns zum Jahrestag ihrer Beerdigung wieder auf dem Friedhof und brachten Blumen oder Steine mit aufs Grab. In diesem Jahr ist so vieles geschehen. Unsere israelischen Freunde sind besonders betroffen von dem Wandel im Verhältnis zwischen Israel und Palästinensern; trotz aller Störversuche der Radikalen aus den verschiedenen Lagern scheint der Friedensprozeß voranzukommen, wenn auch mühsam. In Bosnien schweigen nach vier Jahren Blutvergießens zwar die Waffen, eine wirkliche Wende zum Frieden durch Versöhnung der verfeindeten Volksgruppen ist aber noch kaum erkennbar. Bei uns zu Lande scheint der Frieden gefährdet durch Ausbrüche von Ausländerfeindlichkeit, durch die Auseinandersetzungen ausländischer Gruppen untereinander, die ihren Bürgerkrieg als Flüchtlinge oder Asylbewerber hier weiter austragen und damit mitverantwortlich sind für das Zunehmen der Ausländerfeindlichkeit deutscher radikaler Gruppierungen und die Zunahme auch von Haß und Gewaltbereitschaft. Es wird schwerer, konsequent für die Anerkennung der Menschenrechte für alle Menschen einzutreten. Aber nur das mutige Einstehen für diese Rechte für alle und durch alle kann uns den Frieden sichern helfen.

XII.

Nationalsozialisten und Neonazis – Gemeinsamkeiten und Unterschiede

Die Anfänge nach dem I. Weltkrieg

Die Generation meines Vaters, die jungen Anhänger Hitlers in den frühen 20er Jahren, kam fast durchweg aus „deutschvölkischen" kleinbürgerlichen bis gutbürgerlichen Kreisen. Der verlorene Krieg, der Untergang des deutschen Kaiserreiches, die harten Auflagen der Friedensverträge von Versailles und St. Germain, das alliierte Verbot der Vereinigung Deutsch-Österreichs – gemäß der Volksabstimmung – mit dem Deutschen Reich, die Besetzung deutschen Reichsgebietes durch die Siegermächte (1920/21-23), der gescheiterte „Kapp-Putsch" (von rechts) und die Putschversuche von links, das war das „sozio-kulturelle Umfeld", das sie geprägt und zu Hitler geführt hat. Diese linken Putschversuche waren von der genehmigten Reichswehr nur mit Hilfe der sog. „Schwarzen Reichswehr" niedergeschlagen worden, Verbänden, die nicht der offiziell von den Siegermächten genehmigten Reichswehr zugerechnet wurden, vor allem waren das die verschiedenen „Freikorps", formal illegale Verbände zur Abwehr aller Versuche von rechts und links, die den jungen demokratischen Staat stürzen wollten. Dabei hatten die Freikorps nicht in erster Linie den Schutz des neuen demokratischen Staates, sondern die Wiederherstellung des „Reiches, seiner aristokratischen Ordnung und seiner Ehre" im Sinn. Aber nur mit der Hilfe dieser meist deutschvölkisch orientierten, von Frontoffizieren geführten Verbände – die nichts anderes als ihr „Waffenhandwerk" gelernt hatten – konnte sich die Reichswehr behaupten. Aus der Masse dieser nach und nach aufgelösten Verbände ehemaliger Soldaten, die vielfältige Schwierigkeiten bei der Eingliederung in das Zivilleben hatten, vor allem, wenn sie kriegsbedingt keinen Beruf hatten erlernen können, sondern nur für die Armee ausgebildet worden waren, rekrutierten sich die Freikorps, die sog. „Schwarze

Reichswehr" und die Gegner der Republik. Das war die „verlorene Generation", die unter verschiedenen Fahnen und oft recht undeutlichen Vorstellungen über den Weg dahin das Verlorene zurückgewinnen wollte.

Die junge Demokratie der „Weimarer Republik" hatte noch keine Erfahrungen mit dem Funktionieren einer parlamentarischen Demokratie, denn das Parlament des Kaiserreichs war zwar eine Etappe auf dem Weg zur Demokratie mit seinen Rechten, die es den Monarchen und ihren Regierungen abgetrotzt hatte, aber zu einem ganz wesentlichen Teil war es doch Akklamationsorgan für die Beschlüsse der jeweiligen kaiserlichen Regierung. Eine Mehrheit der Opposition, eine Regierungsübernahme durch die Opposition gar, die im wesentlichen aus der SPD bestand, war zu Kaisers Zeiten noch nicht denkbar, wurde als „Revolution" von den „Deutschvölkischen" befürchtet.

Die Auseinandersetzungen in den deutschen Landen zwischen Sozialdemokraten, Kommunisten, Deutschnationalen und Nationalsozialisten und den vielen kleineren Parteien zwischen diesen größeren Gruppierungen brachten meist recht kurzlebige Regierungen verschiedener Koalitionen zustande, aber schon am Ende der 20er Jahre funktionierte angesichts der wachsenden Not im Gefolge der Weltwirtschaftskrise und der Unfähigkeit, im Parlament durch tragfähigen Mehrheiten zur Gesetzgebung zu kommen, nichts mehr. An die Stelle des Parlamentes als Gesetzgeber traten Notverordnungen der jeweiligen Regierung, die nicht das Parlament gewählt, sondern der Reichspräsident berufen hatte. So lief die innenpolitische Entwicklung auf eine Präsidialdemokratie oder – wie schließlich innerhalb des ersten Jahres der nationalsozialistischen Herrschaft geschehen – auf eine Aufhebung des repräsentativen Mehrparteiensystems hinaus.

Außenpolitisch versuchten die Regierungen der Weimarer Zeit zwei Wege: Der eine – Rapallo (1922) – setzte auf eine Zusammenarbeit der „Geächteten", der UdSSR und des Deutschen Reiches (so hieß der deutsche Staat ja offiziell auch in der Weimarer Zeit noch), um gemeinsam internationale Anerkennung zu erreichen. In der Praxis bedeutete das u. a., daß die Reichswehr in der UdSSR Soldaten und Offiziere an Waffensystemen ausbilden lassen konnte, die dem Reich durch den Friedensvertrag verboten waren. – Allzu leicht wird übersehen, daß dadurch in der späteren deutschen Wehrmacht auch Offiziere und zum Teil auch noch Mannschaftsdienstgrade dienten, die in dieser „Waffenbrüderschaft" ausgebildet worden waren, und da mag durchaus mehr als nur der waffentechnische Teil der Ausbildung hängengeblieben sein, wie das so bei Menschen, auch in Uniform, ist, wenn sie zusammen leben, Gedanken austauschen. Kameradschaft, gegenseitiges Verständnis, bis zur Freundschaft kann da entstehen. Die Geschichte des Krieges zwischen dem III. Reich und der UdSSR unter diesem Aspekt bietet der historischen Forschung sicher noch manche Aufgabe. Die deutsche Armee nach dem I. Weltkrieg war in ihren Führungsspitzen weltoffener, hatte viel mehr internationale Beziehungen als die NSDAP, und sie hatte keine Rasseideologie als Grundlage, die ihr solche Beziehungen verboten hätte. Die Reichswehr war durch ihren „Chef der Heeresleitung" von 1920-26, den Generaloberst Hans v. Seeckt (1866-1936), „unpolitisch", loyal zum gegebenen Staat und seiner rechtmäßigen Regierung und einsatzbereit unter den Bedingungen des Versailler Vertrages zu halten. Unter dieser rein formalen Loyalität konnte die Reichswehr ein Jahrzehnt später, nach dem Tod des Reichspräsidenten v. Hindenburg, auf den „Führer und Reichskanzler Adolf Hitler" statt auf die Verfassung des deutschen Staates vereidigt werden. Diesem Eid folgte 1944 nach dem Attentat auf Hitler konsequent die Vereidigung auf Hitler als Person.

Der zweite versuchte Weg aus der Isolation Deutschlands war der Weg in den Völkerbund, vorbereitet durch den Locarno-Vertrag (1925) mit dem Verzicht auf Elsaß-Lothringen, der Anerkennung der deutschen Westgrenze, dem Verzicht auf gewaltsame Änderung der deutsche Ostgrenze und Schiedsabkommen mit Frankreich, Belgien, Polen und der Tschechoslowakei. Innenpolitische Folge: Die Deutschnationalen traten aus der Regierung Luther aus; 1926 folgten der deutsch-sowjetische Freundschafts- und Neutralitätsvertrag und die Aufnahme Deutschlands in den Völkerbund sowie die Verleihung des Friedensnobelpreises (je zur Hälfte) an den deutschen Außenminister Gustav Stresemann und Aristide Briand, der als französischer Außenminister den Locarno-Vertrag seinerseits vorbereitet hatte. Die Deutschnationalen und die NSDAP polemisierten gegen diese „Verzichtpolitik". Damit stießen sie auf offene Ohren bei den vielen Unzufriedenen, nicht nur bei Arbeitslosen und durch die Weltwirtschaftskrise Geschädigten, sondern bei allen, die mit den Begriffen „Republik" und „Demokratie" noch nichts anfangen konnten. In der Kaiserzeit hatte es selbstredend keine Erziehung zur Demokratie, keine Vorbereitung auf das Leben in einer demokratisch verfaßten Republik gegeben. Damals waren Gehorsam und Loyalität zum Kaiserhaus und den Landesfürstenhäusern Erziehungsziele. So hatte die erste deutsche Demokratie keine Chance, weil die Masse des Volkes noch keine innere Beziehung zu diesem Staat und seiner neuen verfassungsmäßigen Ordnung hatte; vielen erschien ja die Abdankung des Kaisers und der Landesfürsten von außen durch die Siegermächte aufgezwungen, die „Roten", „Demokraten" nur jene, die die Niederlage zu ihrem Sieg ummünzen wollten. Außerdem schienen die Kritiker des neuen Systems ja recht zu haben: Die Regierungen wechselten rasch, das Parlament brachte keine Mehrheiten zustande, die öffentliche Ordnung schien den Bach runterzugehen. Zudem drückten die Reparationen mit ihren hohen Zahlungen die Wirtschaft nieder. Gelernt haben die Sieger daraus erst nach dem Zweiten Weltkrieg.

Die Umstände, die zur Ernennung Hitlers zum Reichskanzler führten, veranschaulichen die Situation: Am 29. Mai 1932 gab Reichspräsident v. Hindenburg seinem Reichskanzler Heinrich Brüning (Zentrumspartei), Kanzler seit dem 30. März 1930, zu verstehen, er wolle sich von ihm trennen. Der Präsident ernannte und entließ den Kanzler, der Präsident wurde zwar gewählt, aber dann hatte er – fast – dieVollmachten eines Monarchen. Am 30. Mai 1932 trat Brüning zurück, und das Chaos und der Siegeszug Hitlers begannen. Reichskanzler Heinrich Brüning war der letzte demokratisch gestützte Kanzler des Reiches in der Weimarer Republik.

Am 1. Juni 1932 ernannte Hindenburg Franz v. Papen (Zentrumspartei, ab 3. Juni parteilos!) zum Reichskanzler und löste zum 4. Juni den Reichstag auf. Die Neuwahl wurde auf den

31. Juli festgelegt. Diese Reichstagswahl machte die NSDAP mit 230 Sitzen im Reichstag zur stärksten Fraktion. Hitler machte seinen ersten Wahlkampf mit Deutschlandflügen, um an möglichst vielen Plätzen reden zu können. Zugleich nahm der Terror auf der Straße zu mit Straßenschlachten der militanten Organisationen der verschiedenen Lager; die Zahl der Toten und Verletzten stieg von Woche zu Woche. Noch am Wahltag, 31. 7. 32, gab es neun Tote und fünf Verletzte. Am Tag nach der Wahl erklärte Reichskanzler v. Papen, die Staatsform stehe nicht zur Debatte, aber er werde sich auch nicht um die Bildung einer Koalition im Reichstag bemühen. Die Reichsregierung interpretierte den Wahlausgang als ein Votum für die Einrichtung eines Präsidialkabinetts. Am 29. August instruierte Hitler die neugewählte Reichstagsfraktion der NSDAP und vereidigte die in SA-Uniform erschienenen Mitglieder – auf sich persönlich. So etwas hatte es im deutschen Parlamentarismus noch nicht gegeben. Aber schon am 12. September 1932 wird der Reichstag wieder aufgelöst. Am 6. November sind die Neuwahlen. Der Stimmenanteil der NSDAP sinkt von 37,7 % auf 33,1 %. Am 17. 11. tritt von Papen mit seinem Kabinett zurück, es beginnen die Gespräche zur Neubildung einer Regierung. Zu den Sondierungsgesprächen beim Reichspräsidenten erscheint zum ersten Mal auch Hitler, aber er erklärt, er könne nur einer Regierung beitreten, in der er die Führung habe. Das lehnt Hindenburg – noch – ab: ein Kabinett unter Hitler. Am 3. Dezember 1932 wird Kurt von Schleicher zum Reichskanzler ernannt. Seine Kabinettsliste steht und wird von Hindenburg unterzeichnet. Am 6. 12. wird der neue Reichstag eröffnet, Alterspräsident ist der General a.D. Litzmann (NSDAP), zum Reichstagspräsidenten wird Hermann Göring wiedergewählt. Dieser Reichstag hält bis zu seiner Auflösung am 1. Februar 1933 **drei** Arbeitssitzungen. Inzwischen gehen die Gespräche der Parteiführer mit dem Reichspräsidenten weiter, die Patt-Situation hält an. SPD und KPD werden zu diesen Gesprächen nicht eingeladen, sie passen nicht in den Kreis der Deutschnationalen, wie Stahlhelm, auch nicht zur Zentrumspartei, gar nicht zu Hitler. Am 28. 1. 1933 tritt die Regierung Schleicher geschlossen zurück. Die für den 31. 1. vorgesehene Reichstagssitzung wird vertagt. Am 30. Janu-

ar, „kurz nach 11 Uhr" ernennt Hindenburg Hitler zum Reichskanzler. Berühmt geworden ist Hitlers Wort beim Eintritt in die Reichskanzlei am Nachmittag dieses Tages: „Keine Macht der Welt wird mich jemals lebend hier wieder herausbringen."

Kehren die Schatten zurück?

Die heutige „verlorene Generation", aus der „Neo-Nazismus", „Skinheads", „Rechtsradikale" – aber ebenso „Linksradikale" und „Autonome" – ihre Anhänger gewinnen, hat nicht die gleichen, aber doch ähnliche Voraussetzungen wie die „verlorene Generation" nach dem I. Weltkrieg, die aber für die „alten" – westlichen – und die „neuen" – östlichen – Bundesländer zu differenzieren sind.

Gemeinsam ist diesen Generationen der Verlust des Sinnhorizonts, Frust als Lebensgefühl. Was ist das? Im allgemeinen Sprachgebrauch ist der Begriff ungenau, diffus. Dahinter steckt aber die Erfahrung einer – tatsächlichen oder nur scheinbaren – Ausweglosigkeit, des „Nicht-für-voll-genommen-Werdens", der Verweigerung von Anerkennung für ehrliches Bemühen, schlimmer noch: aus der Fülle der Flimmerwelt (Fernsehen/ Film) und der darin vorgegaukelten Welt(en) im eigenen Lebenskreis nichts vorzufinden. Die eigene Lebenskraft, der jugendliche Entfaltungswille und -drang, sieht sich zurückgewiesen und ohne Aufgabe, deren Lösung oder Erfüllung ihm Anerkennung bringt oder bringen kann. Aus dieser Erfahrung der Vergeblichkeit erwachsen Aggression und Bereitschaft zur Gewalt „gegen Sachen" von „Gegnern" – Sachbeschädigungen aller Art, von Bagatellen bis zur massiven Zerstörung von Eigentum und Besitz der vermeintlichen „Gegner", „Feinde", auch wenn diese „Gegnerschaft" kaum je präzisiert wird. In Konsequenz dazu wächst die Bereitschaft zur Gewalt gegen die Menschen, die angeblich „Gegner", „Feinde" sind, auch wenn dieser Begriff im personalen Bereich ebenso diffus, unfaßbar bleibt wie im materiellen: Es können „Klassenfeinde", „Rassenfeinde", „ideologisch-religiöse Feinde" sein. Dabei kann der *jeweils*

„andere" als „Kommunist", „Nazi", „Kapitalist", „Anarchist", „Türke" denunziert werden. Hier kann die Liste endlos fortgesetzt werden, denn das wechselt(e) mit den Jahren und umfaßt inzwischen alle möglichen Völker und Stände und Berufe. Die Buhmänner wechseln, ein „Feindbild" muß bleiben! – Das „Sündenbocksyndrom" ist unausrottbar! „Die anderen" sind immer an allem schuld. „Die anderen" – das ist ganz beliebig zu füllen mit Juden, Muslimen, Slawen, Türken, Südeuropäern, Afrikanern, Leuten von „ich weiß nicht woher"; „Volksdeutsche" aus dem Südosten oder Osten sind ebenso Opfer wie alle anderen „Fremden". – Für frustrierte Schüler können schon „die Lehrer" zu Haßobjekten und Sündenböcken werden: An die Stelle des eigenen Versagens tritt die unterstellte Unfähigkeit oder Unwilligkeit eines anderen.

Angesichts der Gegebenheiten in unserer Welt von heute mit ihren politischen, wirtschaftlichen und sozialen Konflikten – die religiös-weltanschaulichen spielen im Weltmaßstab dabei eher eine untergeordnete Rolle – entsteht bei jungen Leuten, zumal wenn ihre eigene Existenz bedroht erscheint durch Arbeitslosigkeit oder sonstige soziale Probleme, der Eindruck einer Ausweglosigkeit, der dann zu gewaltsamer Entladung bei Lebenskräftigen, zu Resignation und Verzweiflung bei den Nachgiebigeren führen kann.

Die NS-Ideologie ist nicht tot. Heute, mehr als sechzig Jahre nach dem Ende der ersten deutschen Republik, tritt der „Glaube" an Adolf Hitler und seine Rezepte wieder auf, mit gleichem Anspruch, im alleinigen Besitz der „Wahrheit" zu sein, als „Revisionismus", „Neo-Nazismus", „Rechtsradikalismus". Die „Anti-Holocaust-Kampagne" ist zusammen mit dem neuen Antisemitismus und Ablehnung alles „Fremden" in der Regel in diesen neuen Spielarten inbegriffen. Alles Negative, Böse in der Ideologie und Praxis der NS-Herrschaft wird nur als „Mißverständnis" oder „Panne" abgetan und möglichst nicht zur Kenntnis genommen. Die psychologischen, soziologischen und materiellen historischen Fakten werden von den Vertretern des Revisionismus etc. geleugnet. So leicht können es sich nur die machen, die auf Grund ihrer Jugend es nicht besser wissen, oder die, die gegen ihr besseres Wissen und Gewissen die Fakten der

Geschichte nicht wahrhaben wollen. Zwei Altersgruppen sind zu unterscheiden. Die eine Gruppe sind „die Alten". Sie haben als junge Menschen noch „etwas" von der Zeit des Dritten Reiches selbst miterlebt oder „mitgekriegt", was dann durch verschiedene Quellen, vielleicht schon in gefilterter Auswahl, sich zu einem revisionistischen" Bild verfestigt hat. Die andere Gruppe sind „die Jungen", die keinerlei eigene Erinnerungen an jene Zeit haben, aber eben wieder jene gefilterten Quellen, zum Teil weitergetragen von der Gruppe der Alten, von entsprechender „Literatur", die z.T. aus den USA kommt, z.T. aus Kanada und Großbritannien, ohne Anspruch auf Vollständigkeit. Für diese Jungen ist noch ein psychologisches Moment wichtig, das ich selbst erfahren habe, wenn auch andersherum: Die „Feinde", die mir von meinem System vorgestellt wurden – in meinem Fall z. B. das Christentum und alle seine amtlichen Vertreter und die überzeugten Gläubigen –, werden dann anziehend, wenn das eigene System sich als verlogen oder verbrecherisch herausstellt oder zusammenbricht und in seinem Zusammenbruch sich völlig entlarvt, wenn sich dann der vermeintliche Feind als echter Freund herausstellt, wie mein Bergbauer in seinem Leben gemäß der Botschaft Jesu, als ein Helfer zum Leben, dann wird eine Umkehr im eigenen Leben möglich. Für die jungen Menschen, die in der offiziellen SED-Ideologie aufgewachsen sind und über die NS-Ideologie nichts erfahren haben, als daß Antifaschismus das A und O sei, ist nach dem Zusammenbruch des real existiert habenden Sozialismus dasselbe zu beobachten: Der „Feind" wird plötzlich attraktiv, und die Bereitschaft, dessen schlimme Seiten zu verkleinern, kann wiederum für neue Feindbild-Bildungen anderer Interessierter benutzt werden. Wenn sie dann Verführern unter den „Alten" in die Hände geraten, dann wird manche Blindheit dieser Jungen nur zu verständlich. Doch auch sie müssen sich der Realität in Dokumenten und in den Zeitzeugen stellen.

Sie behaupten:
– Es gab in Auschwitz keine Gaskammern!
– Es gab keine KZs als Vernichtungseinrichtungen!
– Andere haben das in viel schlimmerer Weise praktiziert!

– Das Deutsche Reich hat unter der nationalsozialistischen Herrschaft das Kriegsrecht und das internationale Völkerrecht beachtet; Zuwiderhandlungen wurden – soweit festgestellt – geahndet.

Alle diese Thesen – die im Ringelspiel wiedergekäut werden, von Deutschland über Großbritannien, Kanada, die USA zurück nach Deutschland – sind durch die historischen Fakten widerlegt, die in einer Unzahl nationaler und internationaler Dokumente aufgezeichnet sind.

Das Aufrechnen von Schuld gegen Schuld – deutsche gegen die der Kriegsgegner, wie das von jener Seite regelmäßig zur angeblichen Entlastung der deutschen bzw. der NS-Seite betrieben wird – bringt uns keinen Schritt weiter, denn das ist kein Weg zur Versöhnung, sondern verstärkt den Haß. Nur die Erkenntnis und Anerkenntnis der jeweils eigenen Schuld und die Bitte um Vergebung kann zur Vergebungsbereitschaft und Vergebung führen. Wechselseitig führt diese Haltung zum Frieden durch Versöhnung.

So kann nur eine Forderung gelten: Friede und Verständnis, Mitgefühl, Hilfe *für alle*. Aber ebenso: Unterscheidung der verschiedenen Begründungen, z. B. Asylsuchender, um Hilfe Flehender, Einwanderungswilliger. Das ist ein schwieriges Unterfangen, denn es geht um sehr komplexe weltweite Probleme, die niemand mehr auf nationaler Ebene lösen kann.

„Asylsuchende" sind vordergründig relativ leicht definiert: um ihres Glaubens, ihrer politischen Überzeugung, ihrer Herkunft, ihres Volkstums, ihrer Kultur willen Verfolgte, in ihrem Herkunftsland Ausgegrenzte. Die Überprüfung der Argumente ist schon viel schwieriger, weil uns häufig die präzisen Informationen dazu fehlen.

Die zweite Gruppe, die der um Hilfe Flehenden, wird mit wachsender Weltbevölkerung und zunehmender Verarmung vor allem in den sich rasch ausbreitenden Dürregebieten unserer Erde nördlich und südlich des Äquators erheblich zunehmen und die sozialen Probleme der sog. „Wohlstandsländer" verschärfen.

Die dritte Gruppe, die der „Einwanderungswilligen", nimmt

mit wachsendem Wohlstand in den sog. „Schwellenländern" ebenfalls zu, ist aber von der zweiten Gruppe – theoretisch – deutlich zu unterscheiden: Die „besser Gestellten" der Schwellenländer gewinnen Mobilität, und die wohlhabenderen Staaten bieten dem Einwanderer mehr Möglichkeiten, zu noch größerem Wohlstand zu kommen, als sein Herkunftsland, das ihn in den dort gegebenen wirtschaftlichen und sozialen Strukturen bremst, weil er den Ärmeren, sei es durch Gesetz geregelt oder von Brauch und Sitte genötigt, abgeben muß. Als „Fremder" ist er in den „Wohlstandsländern" vor allem von seiner Sippe weit genug entfernt.

In der Praxis ist die Unterscheidung der drei Gruppen nicht einfach, und es wird immer wieder Härten und Fehlurteile und infolgedessen Leid für die Betroffenen geben.

Wenn wir nicht in der Lage sind, die Begründungen dieser Einwanderungswilligen zu unterscheiden, nicht in der Lage sind, das in eine angemessene Rechtssprache zu bringen, dann wird alles, was wir nach dem II. Weltkrieg mit viel fremder Hilfe der westlichen Welt, vor allem der USA, und unsäglicher Mühe aufgebaut haben, für *alle* untergehen, für die ansässige Bevölkerung und für die – die aus welchen Gründen immer – hier Bleibe suchen.

Wir werden nur gemeinsam überleben, wenn sich unsere Kultur, Technik, Menschlichkeit zu behaupten vermögen gegen diesen Ansturm – ohne Anwendung von Gewalt, durch die überzeugendere Lebensform, den überzeugenderen Lebensentwurf, das überzeugendere Menschenbild, das die Zuwanderer mit Überzeugungskraft in unsere Grundgesetzordnung so zu integrieren vermag, daß sie deutsche Bürger werden können, ohne ihre kulturelle und religiöse Eigenart aufgeben zu müssen. Dazu gehört auch, daß wir die Not der anderen wahrnehmen, zum Teilen bereit sind – das heißt auch: unseren Wohlstand zu beschränken für die Armen, damit sie leben können; daß wir mit den Gütern der Erde sparsamer umgehen, besonders mit den nicht sich erneuernden Rohstoffen, den Mineralien und Metallen, aber auch den fossilen Brennstoffen Kohle, Erdöl und Erdgas; daß wir das Wasser nicht mit immer mehr Umweltgiften belasten, sondern lernen, zwischen Trinkwasser und Brauchwasser zu unterschei-

den und zu trennen. – Kurz: daß wir unsere Ansprüche ein-
schränken, um anderen den Grundanspruch auf Leben unter
menschenwürdigen Umständen zu ermöglichen. Das setzt
letztlich voraus, daß wir mit allen Menschen uns um die Verwirklichung eines ausgewogenen weltweiten Gleichgewichts
bemühen. Dazu gibt es in der Nachfolge der ersten Studie des
„Club of Rome", „Über die Grenzen des Wachstums" (1973),
eine Fülle von Literatur. Das Entscheidende ist, daß wir uns bereit machen, uns einzuschränken und zu teilen; zu bewahren
und nicht mehr zu verschwenden; an die Kinder unserer Kinder
zu denken, die gleiches Lebensrecht haben und gleiche Lebens-
chancen zu Recht einfordern. Ob *wir* das „bringen"?!
Viele der jungen Menschen in Ost und West zweifeln daran,
denn sie erleben Tag für Tag das Gegenteil: Egoismus der Besit-
zenden statt Selbstbeschränkung und Bereitschaft zu teilen; Gewalt als Mittel der Durchsetzung des eigenen Willens statt Gespräch im Hinhören auf die Bedürfnisse der anderen; Krieg statt
Frieden; Rache statt Versöhnung; Haß, Brandstiftung, Mord
und Totschlag statt gemeinsamen Bemühens um das Wohl aller.
Die junge Generation in den 20er Jahren hatte noch eine Hoffnung und ein Ziel: Sie hofften auf eine Wiederherstellung des
„Reiches" und eines „großen Deutschland" in Europa. Die junge Generation heute scheint in ihren Extremen nichts mehr zu
finden. Der Grund ist derselbe: Damals herrschte – wie heute –
eine tiefgreifende Sinnkrise. Aber die Antworten von damals
haben sich für die heute Suchenden verbraucht: Der Sozialis-
mus/Kommunismus wurde entlarvt als menschenfeindlich und
menschenvernichtend wie der Nationalsozialismus; der Kapitalismus stillt nicht den Hunger der Seelen – und wenn er nicht
mehr den Hunger der Leiber stillt, dann ist er nur noch böse,
und der Kreislauf beginnt von vorne mit der Utopie eines
„geläuterten Kommunismus/Sozialismus, Nationalsozialismus" –, die ebensowenig realisierbar sind wie die Vorbilder, solange sich nicht das Menschenbild so wandelt, daß das, was die
Allgemeine Deklaration der Menschenrechte der UN formuliert (1948!), wirklich für alle Menschen von allen Menschen
anerkannt wird.

XIII.

Und „die Kirche"?

Hier stellt sich sicher auch die Frage nach der Rolle der christlichen Kirchen in diesem Prozeß.

Wo Sinnsuche ist nach dem Zusammenbruch eines bisherigen Sinnhorizontes, sei es im Nationalsozialismus, Sozialismus/Kommunismus (Marxismus-Leninismus/Stalinismus) oder sonstigen -ismen, die den Menschen letztlich leer lassen, bieten die Kirchen zumindest potentiell eine Alternative: die Botschaft Jesu als unüberholbare Sinnerfüllung. Die entscheidende Frage ist: Wie wird diese Potenz der Botschaft Jesu als Erfüllung aller menschlichen Sinnsuche von den Kirchen dargeboten? Mein Glück war es, in meinem Bergbauern, dem alten Querleitvater, einem lebendigen und absolut glaubwürdigen Christen begegnet zu sein, der Christsein darlebte, das Darlegen der Glaubenslehre war seine Sache weniger. Erst Jahre später, bei meiner Primiz 1958, sagte er mir, daß jeden Monat ein Familienmitglied die Wallfahrt nach Maria Kirchental für mich fürbittend unternommen habe, vom Sommer 1945 an. Das war sicher kein unkritisches Christsein. Angesichts so mancher späterer Schwierigkeiten mit der menschlichen Gestalt der Kirche, die ja von Menschen durch die Jahrhunderte gestaltet, aber eben auch verunstaltet wurde, geprägt von Heiligen und von Sündern, von den letzteren oft auffälliger, hat mich immer wieder ein Wort vom Querleitvater gehalten: „Bua, die Kirch' muaß in die Apostelschuach z'ruck." Natürlich meinte er nicht eine Rückkehr zu den Strukturen des ersten Jahrhunderts. Dazu war er zu sehr Realist. Aber recht hatte er doch: Die Apostelschuhe, das Bild für die Gemeinde Jesu, noch unbelastet vom späteren Staatskirchentum des Theodosius. Der hat es sicher auch gut gemeint für das Römische Reich und die christliche Kirche, aber niemand hat das Christentum mehr verändert als dieser „Große". Vielleicht hat er sogar erst das „Christentum" geschaffen, denn nun wurden die Anhänger der heidnischen Kulte als Gottlose verfolgt mit den gleichen Gesetzen, die der Kaiser Diokletian zur

Verfolgung der Christen als Gottlosen erlassen hatte, sie verweigerten ja dem Kaiser die göttliche Verehrung. Bisher war Christsein freie Nachfolge auf den Anruf Jesu, des Christus. Nun strömten viele aus Angst in die Kirche, die Geburtsstunde der „Taufscheinchristen" und der Minimalforderungen der „Kirchengebote".

Das damals entstandene Problem: Staatskirche, Staatsreligion für das Römische Reich – und Botschaft Jesu für Juden und Heiden, für alle Völker des Erdkreises als Kinder des einen Vaters im Himmel. Das Römertum – ausgedrückt im „römisch-katholisch" – hat die Kirche Jesu so überformt, daß sie bis zum II. Vaticanum nicht mehr pluriform zu sein vermochte. Das „Gewand" war so sehr römisch geworden, daß es nicht mehr das „katholische Gewand" sein konnte, das alle Völker kleidet, weil es ihre Formen aufnimmt. Katholizität entspricht der Vielfalt der Völker, ihrer Lebensart und Lebensauffassung und sprengt den lokalen Begriff des „römischen", wenn er nicht imperial auf die ganze Welt ausgedehnt werden soll. Das findet sich zwar in manchen römischen Formulierungen im Laufe der Kirchengeschichte. Aber das ist sicher nicht mehr unser Begriff von katholischer Kirche heute. Jesus, der Christus, ist für alle da. Er ist kein Römer, kein Grieche, kein Abendländer, sondern gemäß dem Willen Gottes, des Vaters, hat er gewollt, Jude zu sein „im Land der Väter". Sein Leben ist nur in diesem Volk und mit den jüdischen heiligen Schriften sein menschliches Leben. Sein Volk ist noch auf dem Weg zu ihm. Paulus verheißt die Rückkehr der Juden in ihr Land und ihre Bekehrung vor der Wiederkunft des Erlösers. Die Rückkehr ist mit der Gründung des Staates Israel erfüllt. Auch der Islam hat den Propheten Isa, Jesus, schon in seiner heiligen Schrift, im Koran, als den Weltenrichter des Endes. Tut sich nicht so eine neue Katholizität auf, eine pluriforme Ökumene, die unsere lange und langsam gewachsenen römischen Verhärtungen sprengt? Eine Kurie ist ein Verwaltungsapparat, und Verwaltungen sind immer konservativ, sie wollen ja ihre eigene Rolle bewahren und stärken. Aber Jesus ist mit seiner Botschaft immer aufs neue ein Weiter-Beweger, in Liebe und Verstehen für jeden Menschen, für jede Kultur, für jede zivilisatorische Entfaltung, ein Provokateur, d. h., er ruft uns immer neu heraus zum Exodus aus dem „Sklavenhaus" in die Freiheit Gottes. Sein Maß ist nicht die Macht, sondern der Mensch. Und als Menschen nimmt er gerade die Ausgestoßenen, die Zöllner, die Sünder, die Dirnen, die Unwissenden, die „Nichtse", in der Gesellschaft an. Darauf müssen wir in seiner Nachfolge uns immer wieder besinnen. ER ist das Maß, niemand und nichts sonst.

Das „Volk Gottes unterwegs" mit allen seinen Ständen, auch den Amtsträgern, besteht ja immer aus Menschen, die gleichzeitig Christen und Staatsbürger sind. Die wenigsten davon sind Staatsbürger des Vatikanstaates, aber selbst für diese wenigen gibt es den Unterschied zwischen staatsbürgerlichen Verpflichtungen und der Nachfolge Jesu.

Das Konstrukt des selbständigen Kirchenstaates, des Vatikans als völkerrechtliches Subjekt, entzieht die oberste Spitze der katholischen Kirche zwar der direkten Einflußnahme anderer Staaten, mindert aber die eigentliche Problematik kaum und gibt zudem zu anderen Fehldeutungen nur allzuleicht Anlaß. So ist der Vatikan als selbständiger Staat zwar in der UNO und einzelnen Unterorganisationen vertreten, aber: Werden dadurch nicht die „bloß religiösen" Vertreter der Kirche in nichtchristlichen Mitgliedstaaten der UNO, z. B. Missionare aus anderen christlichen Mitgliedstaaten, in einem neuen Sinn „kolonialistische Emissäre", weil sie in ihrer Sendung von der römischen Zentrale der Kirche abhängen, nicht von ihren nationalen Mutterländern? Selbst der einheimische Klerus, die einheimischen Bischöfe in überwiegend nichtchristlichen Ländern werden so als Vertreter einer ausländischen Institution verstanden, was die Inkulturation der Botschaft Jesu nicht erleichtert, sondern eher erschwert (Beispiele: Indien, China, Japan; die islamische Welt hat hier sicher noch viel weiter gehende Probleme).

Erst in der Begegnung mit der christlichen und der *jüdischen Exegese* des NT in unserer Gegenwart, in den 70er und 80er Jahren, fand ich *den Juden* Jesus und damit einen neuen Zugang. Außerdem wurde mir begreiflich, inwieweit die Evangelien, vor allem das Johannesevangelium, die Situation der jeweiligen Gemeinde nach dem Untergang Israels angesichts der Notwendigkeit spiegeln, eine „Überlebensstrategie" im römischen Imperium zu entwickeln. Gerade das Johannesevangelium „entlastet" Pilatus als „Humanisten" – allen außerchristlichen Quellen widersprechend –, denn er repräsentierte den römischen Staat, mit dem die christlichen Gemeinden einen „modus vivendi" finden mußten. Der Endredaktor des Johannesevangliums läßt „die Juden" schreien: „Wenn du ihn [Jesus] freiläßt, bist du kein Freund des Kaisers; jeder, der sich als König ausgibt, lehnt sich gegen den Kaiser auf" (Jo 19,12b). Und den Hohenpriester läßt er sagen: „Wir haben keinen König außer dem Kaiser" (Jo 19,15c). Der Hintergrund: Pilatus war bekannt als „Freund des Kaisers" (ein verliehener Ehrentitel), aber auch als Freund des im Jahre 31 als Verschwörer gegen seinen Herren, Kaiser Tiberius, hingerichteten Präfekten der Prätorianergarde, Sejan. So war dieser Ruf, „den Juden" in den Mund gelegt, eine deutliche Drohung gegenüber Pilatus. Der johanneischen Christengemeinde gegenüber war es eine Entlastung des Pilatus, eine Belastung „der Juden" mit der Verantwortung für die Hinrichtung Jesu.

Der Endredaktor des Matthäusevangeliums belastete ebenfalls „die Juden" mit dem „Sein Blut komme über uns und unsere Kinder" (Mt 27,25), eine jüdische Wirklichkeit, die zur Zeit der Abfassung seines Evangeliums so nicht mehr existierte, weil die „Belasteten" nicht mehr lebten und ihr Gemeinwesen mit dem Jüdischen Krieg und dem Aufstand des Bar-Kochba (132-135 n. Chr.) aufgehört hatte zu existieren. Daß daraus über Jahrhunderte bis hin ins 20. Jahrhundert eine Begründung für die Verfolgung der Juden, des Volkes Jesu, erwachsen würde, daran haben die Verfasser/Endredaktoren der beiden Evangelien sicher nicht zu denken vermocht.

Heute ist die Sprache der Kirche auf Versöhnung ausgerichtet, aber die öffentlichen politischen Konsequenzen fehlen häufig noch. Um es in einem Paradox auszudrücken: Jüdische Beamte des Vatikan sind noch so undenkbar wie katholische Staatsbeamte in Israel – aber immerhin arbeiten christliche und jüdische Bibelwissenschaftler schon zusammen. Zwischen dem Volk Jesu und dem Staat Israel und der „Kirche der Völker", die sich „seine Kirche" nennt, regiert nicht mehr eine Sprache des Hasses, aber immer noch weithin Sprachlosigkeit. – Inzwischen ist auf der Ebene des internationalen Rechtes die gegenseitige diplomatische Anerkennung des Vatikan und des Staates Israel erfolgt. Aber dieses Umgehen miteinander auf der Ebene des internationalen Rechts ist noch weit entfernt vom Umgang miteinander als „Kinder des einen Vaters im Himmel". Wann wird die biblische Idee, die Kraft und die Sprache des Shalom, des Reiches Gottes an die Stelle der Sprachlosigkeit treten?

An einem weiteren Beispiel möchte ich ein heutiges Problem verdeutlichen, das mir zum ersten Mal im Gespräch mit unserem einheimischen Mitbruder vor dem Bürgerkrieg in Zaire deutlich geworden ist. Bei meiner Rückkehr nach Zaire 1966 habe ich es in einem Gespräch mit einem afrikanischen Weihbischof zur Sprache gebracht:

Seit dem Konzil von Florenz (1438-45) ist materielle Voraussetzung für eine gültige Eucharistiefeier (materia consecrabilis) zwingend Weizenbrot und Traubenwein. Das ist für uns selbstverständlich und für alle Völker der nördlichen und der südlichen gemäßigten Zone unseres Globus ebenso. Für die Völker rund um das Mittelmeer ist Weizenbrot in verschiedenen Formen nach wie vor Grundnahrungsmittel und Wein, weiß oder rot, ebenfalls Bestandteil zumindest festlicherer Mahlzeit.

Zwischen den gemäßigten Klimazonen und nördlich der nördlichen gemäßigten in der Polarzone sind aber Breiten, in denen Weizen und Wein nicht gedeihen, den Völkern als einheimische Lebensmittel nicht vertraut sind und für die Eucharistiefeier importiert werden müssen. Im Bürgerkrieg in Zaire waren wir vom Import abgeschnitten und mit unseren Vorräten hart an der Grenze.

Die seinerzeitige dogmatische Fixierung der Materia consecrabilis hatte den Horizont noch nicht, den wir heute haben. Wir dürfen aber sicher heute fragen, ob diese Fixierung der Intention Jesu entsprechen kann. Jesus hat seine Vergegenwärtigung im Gedächtnismahl seiner Gemeinde sicher nicht abhängig gemacht von der physikalisch-chemischen Voraussetzung der Materie. Er hat sich als unser Mahl, unser „Lebensmittel", gegeben in den ihm damals zugänglichen selbstverständlichen Zeichen von Brot und Wein, er ist unser Leben, die Grundlage unserer Lebenshoffnung, die wir auf ihn, den gekreuzigten Auferstandenen, kraft seines Lebens, seiner Worte, seiner Taten, seiner Mahlgemeinschaft mit ihm setzen. Er macht aber diese Mahlgemeinschaft sicher nicht materiell von bestimmten „Nahrungsmitteln" abhängig, die den Menschen fremd sind, mit denen er Gemeinschaft haben will im Mahl, denen er sich ganz schenkt, um ihr Leben zu sein. Ich bin sicher: Er hat in Brot und Wein alles „tägliche Brot", die normale Grundnahrung der Menschen, und allen „Wein", die Getränke ihrer Feste, mitgemeint, etwa auch Reis und Reiswein oder Maniok oder Hirse und Palmwein oder Hirsebier.

Erst dann und nur dann, wenn wir diese „Kulturrevolution" in unseren Köpfen vollzogen haben, wird die Botschaft Jesu, wird sein Mahl im eigentlichen Verständnis in den Völkern wurzeln können und nicht mehr kolonialzeitlicher Fremdkörper sein. Erst dann werden wir das „katholische Kleid" der Botschaft Jesu tragen, das in jede Kultur, in jeden Lebenskreis, zu jeder Klimazone, zu allen Menschen paßt. Wenn schon Paulus von sich sagt, er sei allen alles geworden, um wieviel mehr gilt das für Jesus, der alle Menschen seine Schwestern und Brüder, Kinder seines Vaters nennt.

XIV.

1992-1995, nach der Pensionierung

Der Übergang in den Ruhestand brachte keine Schwierigkeiten, statt dessen große Erleichterung, denn die Bürokratie auf den verschiedenen Ebenen der Schulverwaltung hat uns mehr und mehr mit nichtpädagogischen zusätzlichen bürokratischen Aufgaben zugedeckt, die einem das Leben erschwerten, ohne die eigentliche erzieherische Aufgabe in irgendeiner Weise zu erleichtern oder die Lösung der gestellten Aufgaben effektiver zu ermöglichen.

Unter dem Eindruck von Hoyerswerda, Rostock, Mölln, später Solingen – inzwischen immer wieder bestätigt – habe ich als erstes nach meiner Pensionierung eine Arbeit über die Anfänge des III. Reiches gemacht, „nie wieder! ... statt dessen ...", die sich mit der Manipulation durch Sprache im ersten halben Jahr der NS-Zeit und mit den Methoden des NS-Terrors in Analyse und Interpretation auseinandersetzt und dann an wenigen exemplarischen Texten die spätere Entwicklung aufzeigt. Dem ersten Teil ist ein zweiter mit Texten gegenübergestellt, der die positive Wirkung von sprachlicher Einflußnahme aufzeigen kann.

Weil ich der Meinung war, daß diese Arbeit möglichst schnell Kollegen in der Schule zur Verfügung sein sollte, habe ich auf den herkömmlichen Weg über einen Verlag verzichtet, alles auf einer Computerdiskette gespeichert und zur freien Kopie weitergegeben – Schneeballsystem „von unten".

Als nächstes habe ich an alle Unterrichtsministerien Kopien der Originaldiskette geschickt mit ausgedruckter Zweckbestimmung und Inhaltsverzeichnis. Alle 16 Bundesländer haben positiv-zustimmend reagiert, zwei der neuen Bundesländer etwas distanzierter, weil sie über die technischen Voraussetzungen (Computer) in den Schulen noch zu wenig verfügten – das „Schneeballsystem von oben". Offenbar hat es auf dieser Ebene manchen Schwierigkeiten gemacht, daß hier eine „Dienstleistung" ohne Honorarforderung angeboten wurde. Inzwischen ist die Veröffentlichung dieser Arbeit im Druck über das Religi-

onspädagogische Institut Loccum als Unterrichtshilfe in der
Reihe „Schwerpunkte" erfolgt.

Reise ins Baltikum

Im Frühjahr 1994 war ich mit einer Gruppe von Lehrern, die
Mehrzahl noch im Dienst, einige schon a. D./i. R., auf einer Stu-
dienfahrt im Baltikum, von Vilnius bis St. Petersburg, Litauen,
Lettland, Estland, Rußland.

Es war eine sehr dichte Reise durch verschiedene Epochen hi-
storischer Blüte und vielfacher kriegerischer Auseinandersetzungen bis in die jüngste Gegenwart, die Zeit der Befreiung aus
der Okkupation und ihre Folgen. Hier werden auch die Unterschiede am deutlichsten. In den drei baltischen Staaten ist ein
neuer Aufbruch allerorten, wenn auch mit verschiedenen Ak-
zenten und in unterschiedlicher Intensität, spürbar, vergleichbar dem in unseren „neuen Bundesländern": die „Altlasten"
drücken noch schwer genug, aber die Menschen sehen Zukunft
vor sich, haben Hoffnung.

In Kaliningrad (Königsberg) stehen noch die Lenindenkmäler
– „denk mal!" ist die Wurzel dieses Wortes! –, und sein Geist
schwebt über der Garnisonsstadt. Am 4. März 1933 hatte Hitler
hier am „Tag der erwachenden Nation" seine letzte Rede zur ersten Reichstagswahl unter seiner Regierung am folgenden Sonntag (5. März 1933) gehalten. Die Rede endete mit dem „nieder-
ländischen Dankgebet", dazu läuteten die Glocken des Königs-
berger Doms. Die russische Besatzungsmacht ist daran, nach
der „Wende" von der UdSSR zur „Russischen Union" den
Dom zu renovieren. Aber: Nach dieser Reise wundert es mich
nicht mehr, daß die russische Regierung diese Militärkolonie
noch für einige Zeit unangefochten dort belassen will – so können die hier versammelten Kader des alten SU-Militärimperia-
lismus im Mutterland Rußland nicht so leicht Schaden anrichten
und den Ansatz der Reformen gefährden.

In St. Petersburg war auch ein deutlicher Unterschied zu den
baltischen Staaten zu erkennen: Die Menschen sind zwar auch
hier prowestlich eingestellt, sie besinnen und berufen sich auf

Peter den Großen und die beiden großen Katharinen, verweisen auf deren deutsche Herkunft, aber das ist ein Rückgriff ins 17. und 18. Jahrhundert, in die Zeit, als St. Petersburg das Zentrum des russischen Reiches war. Unmittelbar hinter ihnen liegt aber nicht die Befreiung von fremder Okkupation zu neuer Freiheit, sondern der Zusammenbruch der im wesentlichen doch von Russen getragenen Sowjetunion. Der Neuanfang aus der Bewältigung dieses Zusammenbruchs ist viel schwerer. Der Namenswechsel der Stadt symbolisiert das gut: St. Petersburg bis 1914, Petrograd bis 1924, Leningrad bis 1991, bis zur letzten Wahl und Volksabstimmung über den Namen; nun wieder St. Petersburg. Es ist ein enges Geflecht der verschiedenen Einflüsse in dieser Stadt bis hin zur neuen russischen „Mafia". Früher gab es Schlangen vor den Geschäften, langes Warten; wenig Waren, aber die Existenzgrundlage war, wenn auch mühsam, gesichert. Heute gibt es alles, keine Schlangen mehr, aber durch die Geldentwertung ist die Existenzgrundlage der Armen, vor allem der Rentner und aller Alten, die nicht mehr in der Arbeit mithalten können, nicht mehr gesichert. Die Preise steigen von einem Tag zum anderen. Die Schwächsten sind davon am meisten betroffen, Kinder und Alte betteln, aber auch „Profi-Bettler" sind nicht zu übersehen: Hat der Touristenpulk abgedreht, den Bus bestiegen, so machen die „Profi-Bettler" lachend und schwatzend eine Zigarettenpause. Für die nächsten Touristen nehmen sie wieder ihre Posten ein.

Einige mitreisende Kollegen hatten in den letzten zwei, drei Jahren schon Kontakte zu Künstlern, Schriftstellern, zu Initiativen der Erneuerung mit Leuten geknüpft, die Verbannung und Lager erlitten und überlebt hatten und den Neuanfang wagten. Sie verdienen sicher Unterstützung. Aber gerade sie wissen, daß die bloß materielle Unterstützung für den geistigen und moralischen Neuanfang nur wenig hilft. Die Kirchen sind allerorten wieder offen und den ganzen Tag über von Betern besucht. Die Gottesdienste sind überfüllt, nicht nur die Alten sind wieder da, sondern auch viele junge Leute, junge Familien mit Kindern, Jugend. Und die Kirchen sind sehr aktiv, die russische wie im Baltikum auch die evangelische und die katholische Kirche. Für die russisch-orthodoxe Kirche ist das nicht nur Genugtuung, Aufgabe, sondern auch Versuchung, Versuchung durch Verquickung mit den – wechselnden, unsicheren, nicht durchweg gleich seriösen – politischen Mächten und Gruppierungen wieder zu Macht zu kommen.

Herbstfahrt nach Sachsen-Anhalt, Brandenburg und Mecklenburg-Vorpommern – ein Ausflug in die Vergangenheit

Die ersten Etappen dieser Fahrt folgten der „Romanischen Straße", denn gerade in den neuen Bundesländern sind herrliche Baudenkmäler der deutschen Romanik zu sehen. Freilich ist ihr Zustand zum Teil noch nicht wieder völlig hergestellt. Ähnliches gilt für die Baudenkmäler der norddeutschen Backsteingotik. Alles in allem kann man im Blick auf diese Bauwerke des christlichen Mittelalters nur sagen: Die Wende kam gerade noch rechtzeitig. Dasselbe gilt auch für spätere historische Bauwerke. 1943 war ich in den Sommerferien auf dem Gut Alt Rehse in Mecklenburg als Erntehelfer. Meine Frau und ich haben eine Tour auf diesen Spuren gemacht. Der Landschaftspark in Krumbeck wird laut Tafel durch eine ABM (Arbeitsbeschaffungsmaßnahme) wieder gesäubert und restauriert. Von den ursprünglichen Gebäuden ist vieles zerstört, anderes erhalten und noch genutzt. Durch den herrlichen Park haben wir einen trotz Regens schönen Spaziergang machen können. Die alte Patronatskirche ist leider am Verfallen. Die letzten Grabmäler mit christlichen Hinweisen auf dem kleinen Friedhof daneben stammen aus dem Jahr 1953 (!). Die Begräbnisstätte der früheren Gutsbesitzer, eine Kapelle neben der Kirche, ist verschlossen und ebenfalls am Verfallen.

Von Neubrandenburg aus ging es über Wulkenziehn nach Neurhäse und Alt Rehse: Zunächst fuhren wir durch das Dorf. Die Häuser sahen noch aus wie 1943. Die Besonderheit dieser in den ersten Jahren der NS-Ärzteschule gebauten Häuser für die Arbeiterfamilien des Gutes war erhalten: Sie tragen noch ihre Namen nach deutschen Städten oder Ländern und das Baujahr, z. B. „Haus Dresden, gebaut im 3. Jahr". Das meinte damals das

3. Jahr nach der Machtübernahme, also 1936; dieser Unsinn der Zählung wurde aber ab dem 4. Jahr offiziell eingestellt. Nachdem die Balken mit den eingehauenen Zahlen aber schon verbaut waren, blieben sie an ihrer Stelle. Ob die Leute später noch an diesen ursprünglichen Zusammenhang dachten, das weiß ich nicht. Die frühere Ärzteschule ist noch militärisches Sperrgebiet. Unterhalb des Gutshauses entstanden neue Rohbauten, für ein Kongreßzentrum oder Ähnliches. Wir fuhren alte Sträßchen: Siehdichum, Penzlin, Neustrelitz, Ravensbrück, vorbei an dem erhaltenen größten Frauen-KZ der NS-Zeit im Wald, gleich neben der Straße; wenn diese Mauern reden könnten! Die Ohren müßten uns allen gellen zur Warnung vor jeglicher Wiederholung solchen Unrechts!

Wirklich stabil Gebautes hat die DDR wie die Zeit davor überdauert: In Boitzenburg steht die gewaltige Burganlage, von 1429 bis 1945 im Besitz der Grafen von Arnim. Jetzt wird ein Käufer gesucht. Der Park ist gut erhalten und öffentlich zugänglich. In den Jahren vor der „Wende" wurden einige Zubauten in den Park gestellt in Dauerbarackenform, denn die Burg wurde Erholungsheim für die Nationale Volksarmee der DDR. Gut, daß es heute die Deutsche Gesellschaft für Denkmalschutz gibt. Sie hat schon manches gerettet.

Unterwegs kommen wir durch Pasewalk: Hier erlebte am 10. November 1918 ein erblindeter Verwundeter die Revolution und beschloß, „Politiker zu werden", Adolf Hitler. Dieser Entschluß hat unser Jahrhundert geprägt, besonders in „seinen" zwölf Jahren, die fast mit dem Ende der Deutschen endeten.

In Wismar hat uns die inzwischen im Wiederaufbau befindliche St.-Georgi-Kirche beeindruckt (vor Jahren stürzte in einer Sturmnacht der Nordgiebel der Ruine auf zwei Wohnhäuser und zerstörte sie; da wurde mit der Sicherung und dem Wiederaufbau begonnen, auf Intervention des damaligen Bundespräsidenten, Dr. Richard von Weizsäcker). Die Kirche ist ein Kunstwerk der Hochgotik.

Wir haben überall gesehen, daß die Menschen anpacken, ihre Situation zu verbessern. Wir haben in Gesprächen nicht Resignation, sondern Anerkennung dessen, was geschieht, und Hoffnung und Dankbarkeit für die wiedergewonnene Einheit und die Freiheit und die Hilfe zu neuem Beginnen erfahren. Natürlich wird anerkannt, daß es manchen schwerfällt, selbst Initiative, Verantwortung übernehmen zu müssen, nicht mehr Befehlsempfänger zu sein, der nur zu tun hat, was „die da oben" entscheiden; und bezahlt, versorgt zu sein, ohne Rücksicht auf wirkliche Leistung für das gemeinsame Wohl. Das muß neu wachsen. Die guten Ansätze haben wir überall gesehen: Besinnung auf die eigene Geschichte, auf die Notwendigkeit der Bewahrung der Natur. Nirgendwo haben wir mehr und schönere Alleen gesehen. Freilich steht im Land noch viel Schrott herum, vergammelte Maschinen aller Art auf den aufgelassenen LPGs, auch noch viele abrißreife Gebäude, aber daneben solche, deren Fassade gestützt wird, weil erhaltenswert, und dahinter wird das Haus neu gebaut. Die Straßen sind im Lande inzwischen überall gut instand gesetzt, nur die Ortsdurchfahrten sind häufig wie gehabt: buckliges Kopfsteinpflaster. Das hängt aber mit den alten Zuständigkeitsstrukturen zusammen.

Christi Himmelfahrt 1995:
ein Klassentreffen nach 50 Jahren

Der Donnerstag, Christi Himmelfahrt, war unser Anreisetag für unser erstes Feldafinger Klassentreffen nach der Trennung in Steinach am Brenner Ende April 1945. Meine Frau und ich hatten Quartier in Würzburg, das Gros der Klasse mit ihren Damen in einem Hotel in Margetshöchheim, wo der Organisator des Unternehmens, unser Kamerad P., Rechtsanwalt, wohnt. Der Freitag gehörte Würzburg. Geführt wurden wir von einem jungen Historiker, Corpsbruder unseres Kameraden P., mit hervorragender Sachkenntnis. Ein besonderes Glück: In der Festung war gerade eine große Tilman-Riemenschneider-Ausstellung.
Am Samstag gingen wir alle von Margetshöchheim über die Fußgängerbrücke über den Main nach Veitshöchheim mit seinem herrlichen Rokokogarten des Schlosses. Doch unser erstes Ziel war die sehr gut renovierte Synagoge aus dem 17. Jh., die das III. Reich als Feuerwehrhaus überstanden hat, weil die klei-

ne jüdische Gemeinde sie schon 1937 nicht mehr unterhalten konnte und sie an die Ortsgemeinde verkauft hatte. Die Umgestaltung zum Feuerwehrhaus bedingte bauliche Änderungen, unter anderem eine Nivellierung des Bodens auf das Niveau der Straße für den Spritzenwagen. Zum Verfüllen wurden die störenden Innenbauten der Synagoge verwendet – und blieben dadurch in einem wiederherstellbaren Zustand als Brocken erhalten! Heute gibt es dort keine jüdische Gemeinde, aber die Synagoge ist so restauriert, daß sie als solche zum Gottesdienst zugelassen ist, wenn die übrigen Bedingungen für einen synagogalen Gottesdienst gegeben sind. Im übrigen befindet sich in dem Gebäude ein kleines, instruktives Museum zum Leben der jüdischen Gemeinde in Veitshöchheim in früheren Zeiten, inklusive Lehrerwohnung und Schulraum über dem Gebetsraum. Eng geht es zu und einfach, aber nachvollziehbar, wie seit der Gründung bis zur Aufgabe des Gebäudes als Synagoge jüdisches Leben in einem fränkischen Dorf sich vollzogen hat. Ein Teil der Exponate wurde von einem Passanten durch „Zufall" während der Renovierungsarbeiten gefunden: Man hatte unter dem Dach, im Dachstuhl des Feuerwehrhauses eine ganze Reihe Schriften, alte Bücher, alles „nicht lesbares Zeug" (in hebräischer Schrift und Sprache) gefunden und mit dem Schutt in einen großen Müllcontainer geworfen. Der Passant erkannte die Schriften als hebräische. Sie wurden gerettet: alte Gebet- und Gesangbücher der Synagoge und Teile der hl. Schriften.

Nach dem Spaziergang durch den Schloßpark und dem gemeinsamen Mittagessen in Veitshöchheim wanderten wir wieder zurück nach Margetshöchheim, und dort war offizielles Ende der Veranstaltung, Abschied und Abfahrt.

Es war ein sehr anregendes und gut organisiertes Treffen alter Schulkameraden. Einige aus den neuen Bundesländern waren deutlich gezeichnet von Leiden und Entbehrungen in der alten DDR, vom Zuchthaus Bautzen, von Verschleppung nach Rußland in Lager, von Gefangenschaft und Zwangsarbeit. Einer aus dem Westen, Jahrgang 1929, der noch gemustert worden war, aber – wie die anderen seines Jahrgangs auch – nicht mehr eingezogen worden, sondern mit uns nach Steinach gekommen war, hat gleiches nicht unter den Sowjets, sondern unter Ameri-

kanern und Briten erlebt: Er wurde von US-Truppen gefangengenommen und wurde dann an die Briten überstellt, die Besatzungsmacht seines Heimatortes, und zwei Jahre zu Zwangsarbeit herangezogen.

In Summe kann man sagen, daß alle es schwer hatten, den „Einstieg ins Leben" unter den Bedingungen von 1945-48 zu finden.
Dennoch: Alle haben es geschafft, außer den Kameraden, die –
kaum nach Hause in die SBZ gelangt – verschleppt worden sind,
ohne daß man je von ihnen wieder gehört hat. Nur einer von
acht so Verschleppten kam als schwer TBC-Kranker nach dem
Besuch Adenauers in Moskau (1955) in seine Heimat Leuna
zurück, konnte sich bald darauf in den Westen absetzen und
wurde hier gesundgepflegt, konnte studieren, hat eine Familie
gegründet und lebt in „Deutschland".

Deutschland – es ist wieder eins. Deshalb konnten wir Feldafinger uns nach 50 Jahren wieder treffen. Es ist unser gemeinsames
Vaterland. Wir „Westler" haben uns längst in die „freiheitlich
demokratische Rechtsordnung" integriert, die Kameraden aus
den „neuen Bundesländern" haben es ebenso geschafft, um so
lieber, als sie in den Jahren des „Sozialismus" erhebliche Nach-
teile zu ertragen hatten.

Die Schatten der Vergangenheit – 50 + 12 Jahre! – liegen hinter
uns. Die zwölf Jahre des NS-Regimes wiegen nicht nur für unser Volk und Land wie „1000 Jahre". Wir können das so wenig
ungeschehen machen, wie wir dafür Verantwortung tragen. Soweit es uns Alten, die wir inzwischen sind, möglich ist, wollen
wir helfen, daß sich nicht wiederholt, was uns widerfahren ist.
Das Grundgesetz für die Bundesrepublik Deutschland ist uns
Verpflichtung, und sicherlich in besonderer Weise:

Artikel 3

(1) Alle Menschen sind vor dem Gesetz gleich.

(2) Männer und Frauen sind gleichberechtigt.

*(3) Niemand darf wegen seines Geschlechtes, seiner Abstam-
mung, seiner Rasse, seiner Sprache, seiner Heimat und Herkunft, seines Glaubens, seiner religiösen oder politischen Anschauungen benachteiligt oder bevorzugt werden.*

Ein Wort zum Schluß

Liebe Leserin, lieber Leser, es ist wirklich nicht möglich, der Vergangenheit zu entfliehen; ich muß – wie jeder Geborene – mit meinem Leben, zuvörderst mit meinen Eltern, zufrieden sein, auch mit meinem so belasteten Vater. Als meinem Vater danke ich ihm mein Leben, und ich hoffe und bemühe mich darum, daß ich es verantwortet lebe. Dabei handele ich nach meines Vaters Lebensmotto – das war der „kategorische Imperativ" von Immanuel Kant: „Handele so, daß die Maxime deines Willens jederzeit zugleich als Prinzip einer allgemeinen Gesetzgebung gelten könne" (Kritik der praktischen Vernunft, 1788, § 7). Das ist gleichzeitig ein Beweis dafür, daß selbst dieser „kategorische Imperativ" Kants nicht vor den schlimmsten Verirrungen und Verbrechen schützt, weil der Begriff der „allgemeinen Gesetzgebung" zu vage ist; es fehlt ihm der Grundbegriff der „allgemeinen Menschenrechte" – für alle Menschen und von allen Menschen bedingungslos anerkannt: „Alle Menschen sind frei und gleich an Rechten und Pflichten geboren" – das geht nur auf der biblischen Grundlage der Gottesebenbildlichkeit aller Menschen.
Diese „Gottesebenbildlichkeit" ist biblischer Hinweis auf den Ursprung des Menschen in seinem Wesen, aber die biblische Ergänzung dazu ist die Sündenfallerzählung – der Mensch ist eben nicht Gott gleich! – und in der weiteren Folge die Erzählung vom Brudermord Kains an Abel: Der Mensch, der nur sich selbst „Gesetz" ist, der „Größte" (sich selbst „Gott") ist, der ist potentieller „Brudermörder", geht über die Leichen von seinesgleichen. – Alle Angebote von „Heil", Glück, Wohlstand für alle *auf dieser Erde*, unter welcher menschlichen Maske auch immer – als Nationalsozialismus, Kommunismus, Kapitalismus, Sozialismus, in einem versprochenen „Großdeutschen Reich", „Großrußland", „Großserbien" oder was immer da an menschlich-politischen Gebilden „groß" sein soll –, halten in der Regel keines ihrer Versprechen. Es ist schon wahr, was einmal so formuliert wurde: Jeder Versuch, den Himmel auf Erden zu schaffen, bringt eine Hölle hervor. Man kann auch sagen: Wer den

Menschen zum Übermenschen, Heroen, Halbgott oder Gott macht oder machen will, der überfordert ihn, geht an der menschlichen Kreatürlichkeit vorbei. Wenn Politiker sich so geben, als seien sie selbst oder die Angehörigen ihres Volkes solche Übermenschen oder fähig, solche zu werden, dann ist die Wirklichkeit des Bösen nicht mehr weit.

Die Wirklichkeit des Bösen ist jener Teil unserer menschlichen Natur, der als Erfahrung sich hinter der biblischen Sündenfallerzählung und hinter der Lehre von der Erb- oder Ursünde verbirgt. Der Mensch ist in der Sicht der heiligen Bücher der Juden und Christen ein gebrochenes und gebrechliches Wesen, „Sünder" und „Heiliger" in einem. „Sünder", das ist seine „dunkle Seite", die ihn versucht, das zu tun, was er als böse oder als nicht so gut erkannt hat. Wenn er aber seine „dunkle Seite" wahrnimmt und anerkennt als ihm eigene Wirklichkeit, dann kann er sie beherrschen lernen, ohne seine Natur zu vergewaltigen und ohne vor ihr Angst haben zu müssen. Er kann sich selbst gegenüber barmherzig sein, barmherzig gegenüber seiner Schwäche, und dennoch ihr Herr bleiben. Er wird auch anderen gegenüber barmherzig sein, weil er selbst immer wieder sich Gottes Barmherzigkeit zuwenden, sie erbitten muß und sie erfahren darf. So lernt er die Erfüllung des Hauptgebotes gegenüber allen Menschen: Liebe deinen Nächsten *wie dich selbst*. Das setzt die richtige, nicht egoistische Selbstliebe, diese die richtige Selbsterkenntnis und Selbstannahme voraus. Aus dieser Wurzel kann der Mensch „geheiligt" werden, so wie der Apostel Paulus von den Christgläubigen seiner Gemeinden als den „Heiligen" spricht, ohne daß sie aufhörten, Sünder zu sein. Diese „Heiligkeit" ist keine menschliche Leistung, sondern Gottes Geschenk schon in diesem Leben unter der Voraussetzung der Hinwendung zu Gott, seiner Barmherzigkeit und Liebe. Die „dunkle Seite" wird ertragbar und beherrschbar, wenn der Mensch seinen Blick auf das Gesetz Gottes und Seine Liebe und auf das Leben, Lehren und Handeln Jesu lenkt, auf seinen Tod und seine Auferweckung von den Toten.

Literaturhinweise

1. Daim, Wilfried, Der Mann, der Hitler die Ideen gab, Wien 1985, Berlin 1991

2. Fest, Joachim C., Das Gesicht des Dritten Reiches – Profile einer totalitären Herrschaft, München 1963, ⁹1988

3. Heer, Friedrich, Gottes erste Liebe – Die Juden im Spannungsfeld der Geschichte, Ullstein-TB 34329, 1986
   Der Glaube des Adolf Hitler. Anatomie einer politischen Religiosität, Ullstein-TB 34598, 1989

4. Hofer, Walther (Hg.), Der Nationalsozialismus – Dokumente 1933-1945, Frankfurt am Main 1957, 844.-950 Tausend, 1982

5. Höhne, Heinz, Der Orden unter dem Totenkopf – Die Geschichte der SS, München 1984 – Bindlach 1990

6. Klemperer, Victor, LTI – Lingua Tertii Imperii – Die Sprache des Dritten Reiches, Halle 1957, Leipzig ³1975, gesamtdeutsche Reclamausgabe Nr. 278, ¹¹1992

7. Maser, Werner, Adolf Hitler – Legende, Mythos, Wirklichkeit, München/Esslingen ¹³1993
   DAS REGIME – Alltag in Deutschland 1933-1945, München 1983
   Der Sturm auf die Republik – Frühgeschichte der NSDAP, Düsseldorf 1972; Sonderausgabe Düsseldorf – Wien – New York – Moskau 1994

8. Overesch, Manfred / Saal, Friedrich Wilhelm, Das III. Reich, Eine Tageschronik der Politik, Wirtschaft, Kultur, 2 Bde, Düsseldorf 1982, Augsburg 1991
   Die Weimarer Republik, Eine Tageschronik der Politik, Wirtschaft, Kultur, Düsseldorf 1982, Augsburg 1992

9. Rauschning, Hermann, Gespräche mit Hitler, Zürich 1940, Wien ²1988

10. Wistrich, Robert, Wer war wer im Dritten Reich – Anhänger, Mitläufer, Gegner aus Politik, Wirtschaft, Militär, Kunst und Wissenschaft, München 1983

11. Zentner/Bedürftig, Das große Lexikon des Dritten Reiches, München 1985, Augsburg 1993